DROEMER ✱

Über die Autorin:
Lilly Lindner wurde 1985 in Berlin geboren. Bereits mit fünfzehn begann sie autobiografische Texte und Romane zu schreiben. In *Splitterfasernackt* (2011) verarbeitete sie ihre eigene Geschichte – das Buch stand monatelang auf der *Spiegel*-Bestsellerliste und wurde von der Presse gefeiert. Zuletzt erschienen von ihr die Romane *Bevor ich falle* (2012) und *Da vorne wartet die Zeit* (2013).

LILLY LINDNER

WINTER WASSER TIEF

DROEMER

Besuchen Sie uns im Internet:
www.knaur.de

Originalausgabe Januar 2015
Knaur Taschenbuch
© 2015 Droemer Taschenbuch
Ein Unternehmen der Droemerschen Verlagsanstalt
Th. Knaur Nachf. GmbH & Co. KG, München
Alle Rechte vorbehalten. Das Werk darf – auch teilweise –
nur mit Genehmigung des Verlags wiedergegeben werden.
Umschlaggestaltung: NETWORK! Werbeagentur, München
Umschlagabbildung: Silke Weinsheimer
Illustrationen innen: Lisa Wöhling
Satz: Adobe InDesign im Verlag
Druck und Bindung: CPI books GmbH, Leck
ISBN 978-3-426-30423-5

2 4 5 3 1

unrape me

Vielleicht stehst du da und fragst mich,
wo ich gewesen sei,
vielleicht beißt du dir auf die Lippe,
bis du mein Blut schmeckst.
Vielleicht weinst du zum Abschied,
vielleicht lachst du dem Ende entgegen.
Vielleicht läufst du davon,
vor meinen weißen Gebeinen,
vielleicht stolperst du,
über mein nacktes Gesicht.
Vielleicht ist all das.
Die Wahrheit.

Und die Zeit dazwischen
ist eigentlich gar nicht hier.

Prolog

Am Abend vor Chase' erstem Tag in der Schule saßen wir gemeinsam auf seinem bunten Spielteppich und taten so, als wäre alles wie immer. Ich schob Eisenbahnwaggons durch die Gegend, und Chase belud sie mit einem Gabelstapler. Dann schob ich sie in eine andere Gegend, und Chase entlud sie mit einem anderen Gabelstapler. Es war eines der besten Spiele, die ich kannte, weil Chase' Spielzimmer so groß war, dass es ziemlich viele Stationen gab, und außerdem hatte er mehr Waggons, als ich zählen konnte. Und obwohl ich erst drei Jahre alt war, konnte ich schon ziemlich gut zählen, was wohl hauptsächlich daran lag, dass Chase seit meinem ersten Tag im Kindergarten mein bester Freund war und ich dementsprechend möglichst schnell laufen, sprechen und denken lernen musste, um wenigstens halbwegs mit ihm mithalten zu können.

Nachdem wir unsere vierte Verladestation erreicht hatten, ging die Tür auf, und Chase' Mutter kam mit zwei Tassen heißem Marshmallow-Kakao zu uns herein. Sie strich mir über mein Haar, wie sie es so oft tat, weil sie das bei Chase nicht mehr machen durfte, seit er vier war, und warf anschließend einen stolzen Blick auf den blauen Schulrucksack, der neben dem Bett bereitstand. Chase wollte keinen Schulranzen wie die anderen Erstklässler tragen, er hatte ganz entsetzt geguckt, als seine Mutter ihn danach gefragt hatte.

»Ich brauche keinen Plastikkasten mit Trennfächern, um Ordnung zu halten. Mir reicht ein Rucksack!«, hatte Chase sich beschwert, obwohl seine Mutter ihm vorgeschlagen hatte, den schönsten und größten von allen zu kaufen.

Und nun hatte er also einen blauen Rucksack und eine blaue Federmappe und einen blauen Radiergummi und war damit ziemlich zufrieden, wobei ihm die Farbe eigentlich egal war, weil er alle Farben mochte.

»Freust du dich schon auf morgen?«, hat Chase' Mutter aufgeregt gefragt, während sie uns die dampfenden Becher und einen kleinen Teller voll mit Keksen auf dem Fußboden zurechtstellte.

»Ja, ja«, hat Chase beiläufig geantwortet und zwei Container von einem der Waggons geladen. »Aber ich glaube nicht, dass es ein guter Ort für mich sein wird.«

»Jeder Ort, an dem du bist, ist ein guter Ort«, hat Chase' Mutter daraufhin lächelnd erwidert und ihm einen Kuss auf die Wange gegeben. »Ich wecke dich morgen früh mit Blaubeerpfannkuchen, du wirst sehen, mein Schatz, es wird ein wunderschöner Tag.«

»Ich weiß«, hat Chase gesagt und sich ihren Kuss mit dem Handrücken weggewischt, so wie er es immer tat. »Meine Tage sind meistens schön, nur manchmal etwas langweilig. Und du brauchst mich morgen übrigens nicht zur Schule zu bringen, ich finde den Weg alleine.«

»Aber Chase, alle Eltern bringen ihre Kinder am ersten Tag in die Schule«, hat seine Mutter erschrocken erwidert.

»Du warst doch heute bei der Einschulung – das war der erste Tag«, hat Chase daraufhin entgegnet. »Morgen ist nur ein anderer erster Tag, und du wirst nicht bei allen ersten Tagen in meinem Leben dabei sein können. Außerdem weiß ich, wie man über die

Straße geht, ohne dabei überfahren zu werden, das hast du mir beigebracht, weißt du noch? Wir wohnen drei Blocks von der Schule entfernt. Ich gehe nicht verloren.«

Da hat Chase' Mutter geseufzt und sich eine Haarsträhne aus ihrem hübschen Gesicht gestrichen.

»Du wirst so schnell erwachsen«, hat sie schließlich mehr zu sich selbst als zu Chase gesagt.

Dann hat sie uns noch eine Weile dabei zugesehen, wie wir die Eisenbahn von einer Gegend in die andere schoben und zwischendurch Marshmallows aus unseren heißen Kakaos angelten.

Sie hat gelächelt.

Gedankenversunken, aber nicht allzu tief.

Ja. Damals dachte ich, sie wäre glücklich, weil Chase einer der klügsten Jungen auf der Welt war und sich schon mit sechs Jahren ganz alleine Geschichten vorlesen konnte und niemanden brauchte, der ihn ins Bett brachte. Aber jetzt, im Rückblick, finde ich, dass sie traurig ausgesehen hat an diesem Abend, als ob sie weinen wollte. Und ich denke, vielleicht ist das so, wenn man dabei zusehen muss, wie ein Gehirn zu schnell für eine kleine Seele heranwächst.

Denn es ist schön, Intelligenz zu besitzen.

Aber es ist schwer, sie zu verwalten.

Und heute, über zwanzig Jahre später, an diesem Tag, an dem ich bei Chase im Wohnzimmer stehe und mich umsehe, zwischen all den lautlosen Splittern, frage ich mich, wie es wohl hätte sein können, wenn alles anders gewesen wäre. Wenn ich mit sechs Jahren nicht von meinem Nachbarn vergewaltigt worden wäre und mit siebzehn nicht von all diesen fremden Männern entführt, wenn ich nicht losgerannt wäre, um im Bordell abzutauchen und unter Wasser wieder auf.

Aber was bringt es, zu zweifeln, an einer Geschichte, die längst durch die Zeit bestätigt worden ist? Was bringt es, die Schnitte auf seinem Arm zu zählen, wenn man immer noch Rasierklingen zu Hause hat? Und dort, auf dem Sofa neben Chase, ist ein Platz, der mir gehört. Ich lasse mich fallen, lehne meinen Kopf an seine Schulter und sage: »Du und ich, wir hatten in diesem Jahr schon zweiundachtzig Lesungen. Das ist mehr als doppelt so viel, wie ich wiege.«

»Ach, Lilly«, meint Chase und lässt das Drehbuch, in dem er gerade gelesen hat, auf den Couchtisch fallen. »Die Gegenwart sollte mehr wiegen als die Vergangenheit.«

Dann zieht er mich so dicht an sich heran, dass ich keine Luft mehr bekomme.

»Au«, sage ich. »Du zerdrückst meine Hüfte.«

Chase seufzt und verknotet mich irgendwie anders zwischen seinen viel zu großen Armen, die mir Angst machen, immer wieder, auch wenn er mir noch so oft erzählt, dass sie da seien, um mich zu beschützen. Aber so ist das mit Kondomen schließlich auch, bis sie reißen.

»Autsch«, sage ich.

»Was denn jetzt?!«, knurrt Chase.

»Meine Rippen tun weh«, erkläre ich und versuche mich freizustrampeln.

»Lilly, du trittst mich«, sagt Chase.

»Entschuldigung«, sage ich und trete weiter.

»Himmel!«, meint Chase. »Wenn du mich noch einmal trittst, habe ich Sex mit dir bis zum Morgengrauen.«

Da halte ich totenstill und die Luft an.

»Ach, mein Herz«, murmelt Chase und vergräbt seinen Kopf in meinem Nacken. »Wann wirst du endlich begreifen, dass diese Zeiten vorbei sind. Du bist frei. Dein Körper gehört dir. Du entscheidest, wann und wie und wo und wie lange.«

»Oder überhaupt nicht«, sage ich.

»Auch das«, bestätigt Chase, »ist ein Recht, das dir gehört.«

»Und was ist mit dir?«, will ich wissen.

»Ich kann warten«, meint Chase.

»Für immer?«, hake ich nach.

»Für im Meer«, murmelt Chase. »Das weißt du doch – all die Gezeiten, die Tiefen, die Wellen, die hungrigen Haie, die verteerten Robben, die Bohrinseln. Alles das. Und du.«

»Bist du dir sicher?«, will ich wissen.

»Herrgott, Lilly! Was meinst du, warum ich seit einem Jahr mit dir durch Deutschland toure, von einer Schule zur nächsten? Meinst du etwa, es macht mich glücklich, an diesen bildungsverseuchten Unheilstätten abzuhängen und Literatur zu verbreiten, unter linguistisch verkümmerten Xboxfreaks, die Kafka für eine moderne Art zu kiffen halten? Nein, verdammt! Ich stehe dort an deiner Seite, weil es keinen besseren Standpunkt gibt, den ich vertreten könnte. Und ja, ich liebe es, dich aufzufangen, wenn du von Tischen springst und fällst und stolperst. Denn ich weiß, was es bedeutet, dabei sein zu dürfen, wenn du dem Schweigen widersprichst.«

»Also bin ich dein Mädchen?«, frage ich.

»Du bist meine Frau«, erwidert Chase.

13

Was ist Glück?
Abzüglich Verstand.
Immer noch Glück?
Oder nichts weiter.
Als belangloses Treiben.
Davontreiben.
Im Nachspiel.

Wortgewand

Im Spätsommer 2010 wollte ich sterben. Nicht wirklich, aber genug, um meinen vorläufig erreichten Lebensumfang in sinnvoll genutzte Zeitabschnitte umzurechnen. Es war erschreckend, wie wenig unterm Strich übrig bleibt, wenn man auf dem Strich gestanden hat.

Also habe ich meine Worte genommen und sie zusammengefügt, als wären sie ich. Als könnte ich mich auf diese Art wieder zusammenpuzzeln. Ich habe geschrieben und geschrieben, bis ich leerzeichenbesessen und buchstabenverwandt war.

Ich wusste: Worte sind zum Sätzemachen da.

Und wenn man keine Stimme hat.

Dann nimmt man eben Papier.

Anschließend lagen die Worte auf meinem zweifelhaften Untergrund. Ich wollte sie gerne wieder loswerden, aber ich wusste nicht, wie. Doch da ich wusste, dass ich sowieso nur noch ein paar Monate leben würde, dachte ich, es wäre klug, meine Geschichte irgendwem anzuvertrauen, damit ich mich nicht zu Tode schweigen muss.

Ich habe kurz darüber nachgegrübelt.

Und dann noch etwas länger.

Nach einer Woche ist mir schwindlig geworden, das lag wohl daran, dass ich Essen und Nachdenken nicht miteinander verbinden konnte. Jedenfalls bin ich umgekippt und auf meinem blutverschmierten Fußboden wieder aufgewacht.

Mein Kopf hat weh getan.
Er hat geknirscht wie ein kaputtes Triebwerk.
Aber auf einmal war alles gut, ich musste sogar lächeln, denn mir ist klargeworden, dass es dauert, bis ein Buch erscheint. Ungefähr ein Jahr.
Ein ganzes Jahr.
So viel Zeit.
Hatte ich ganz bestimmt nicht mehr.
Also würde ich sowieso nicht dabei sein müssen – im kreischenden Wortgeschehen, im hinterfragten Satzverlauf, im hässlichen Nachhall, im interpretierten Buchstabentakt.
Ich wäre auf und davon.
Gekommen.
Ja. So einfach sind todesnahe Gedankengänge. Sie machen keine großen Umwege und steuern direkt ins Ziel. Also habe ich aufgehört zu denken und die ersten achtzig Seiten meines Manuskripts an einen Literaturagenten geschickt.

Eine Woche später saß ich in seinem Büro und hätte einiges dafür gegeben, woanders zu sein. Eigentlich wollte ich aufspringen und wegrennen, aber gleichzeitig wollte ich auch nicht als tragische Ansammlung verschwendeter Hautfetzen enden.
Also bin ich geblieben.
Und habe gelächelt, als wäre alles okay.
Das mache ich schon mein ganzes Leben lang; ich kenne den Text der unzweifelhaften Glückseligkeit längst in- und auswendig. Und wer würde schon mein bezauberndes Lächeln hinterfragen?
Niemand.
Der nicht die richtige Antwort weiß.

Und der Wortagent wusste nur, dass ich Buchstaben auf Papier häufen kann, bis das Blatt voll ist. Außerdem hat er wahrscheinlich geahnt, dass ich mehr Schwachsinn angestellt habe, als in ein Buch passt. Aber er hat trotzdem nichts Unfreundliches zu mir gesagt.

Er war so diskret, dass ich unsicher geworden bin. Normalerweise musste ich mit allen Männern schlafen, die ich besucht habe, aber der Literaturagent wollte nur den Rest meines Manuskripts haben. Und weil in seinen Augen geschrieben stand, dass er an erster Stelle die Menschlichkeit vertritt und sich erst dann Gedanken über den dazugehörigen Papierkram des paragrafeninfizierten Marketing-Zeitalters macht, habe ich ihm meine Worte gegeben.

Damals wusste ich noch nicht, dass er derjenige sein wird, der mich einbindet.

In ein Buch.

Und in das Leben.

Anschließend bin ich wieder nach Hause gegangen und habe mich unter mein Bett gelegt. Ich hatte noch nie zuvor meine Geschichte aus den Händen gegeben, ich hatte noch nie ein Wort über meine Entführung verraten, und nun hatte ich schreckliche Angst davor, dass der Literaturagent anrufen würde, um zu sagen: »Es tut mir leid, aber eine derartige Aneinanderreihung gestörter Verhaltensweisen und sexuell bedenklicher Verfehlungen will kein Mensch lesen.«

Doch als ich zwei Tage später wieder in seinem Büro saß und versucht habe, mich hinter einem der roten Sofakissen zu verstecken, hat er mir nur ein paar Kürzungsvorschläge gemacht, weil mein Manuskript deutlich mehr Umfang hatte als ich, und dann hat er mir noch einen Haufen Kommata dazugeschenkt und mich wieder nach Hause gehen lassen. Ganz ohne mich zu vergewaltigen.

Ja. So etwas fällt mir jedes Mal auf.

Wenn ich die Räume eines Mannes betrete.

Und davonkomme.

Ohne Sex.

Ich habe meine neunhundert Seiten genommen und angefangen zu kürzen, ein paar Sätze zu verschieben, ein paar Absätze auszuweiten, die Lücken zu füllen und aus meinem zerhackten Leben und den schnell dahingeschriebenen Passagen ein richtiges Manuskript zu basteln. Fünf Tage später war ich fertig und der Agent geschockt.

Das hat er mir natürlich nicht verraten.

Wir kannten uns schließlich kaum.

Erst viel später hat er zu mir gesagt: »Weißt du, Lilly, manchmal bist du etwas zu schnell für dein verwirrtes Umfeld.«

»Warum?«, habe ich gefragt. »Bin ich ein nackter Wortsturm?«

»Eher ein sanftes Wortgewitter«, hat der Agent lächelnd erwidert.

Aber das war, nachdem wir Freunde geworden sind.

Zuerst waren wir nur eine Wortgemeinschaft.

Und so hat der Agent noch die letzten vergessenen Kommata eingefügt, dreieinhalb Männer aus meinem Leben gestrichen und mein Manuskript schließlich auf eine Sprachreise geschickt. Eine ziemlich kurze Reise, um genau zu sein, denn fünf Wochen nachdem ich zum ersten Mal bei meinem Agenten gewesen bin, haben sich schon die ersten Verlagswesen ins Flugzeug gesetzt und wollten mich kennenlernen. Da wusste ich, dass man mit den richtigen Worten Menschen in die Luft befördern kann, auch wenn sie noch so bodenständig sind.

   Aber dann kamen die Fragen.
   Und die Fragen.
   Und Ana.
   Ana kam auch.

Die erste Frage, die mir gestellt wurde, war, wer denn mein Ghostwriter sei. Dabei war ich ganz offensichtlich das einzige leichenblasse Gespenst im Raum. Aber keiner konnte mich sehen, ich war nur ein Ausstellungsstück im Wortmuseum. Und sogar dort war ich fehl am Platz. Denn ich sah zu jung aus zum Schreiben, kein Mensch hätte mir einen Stift anvertraut in dem Glauben, dass ich etwas damit anfangen könnte, geschweige denn Literatur erschaffen. Richtige Schriftsteller sind erwachsen und strahlen Wortweisheit und Satzruhe aus. Ich hingegen sah mit vierundzwanzig immer noch aus wie sechzehn und wurde ständig gefragt, in welche Klasse ich gehe und ob Menschen aus meiner Generation überhaupt wüssten, wie ein Buch funktioniert.

   Dabei braucht man es nur aufzuklappen.
   Und abzuwarten, was passiert.
   Das kriegt jeder hin.
   Die zweite Frage, und ganz nebenbei bemerkt, die Lieblingsfrage aller Verleger, Wortvertreter und Pressewesen, lautete natürlich: »Warum hast du dieses Buch geschrieben?«
   Dabei steht die Antwort in jedem noch so fiktiven

Buch. Man muss nur genau hingucken, dann findet man die flüsternden Worte, die beschriebenen Leerzeichen, die viel zu weiten Absätze. Keine Geschichte wird aus Versehen geschrieben. Aber Verleger sind auf den ersten Blick zielgruppenorientierte und satzgebundene Buchstabenbürokraten, die mehr als ein undefinierbares Wortspiel brauchen. Und während all diese Verlagswesen mich angestarrt haben, als wüssten sie nicht, dass ich unsichtbar bin, habe ich gesagt: »Ich wollte ausdrücken, wie es sich anfühlt, abseits von seinem Körper in fremden Vorgärten zu stehen und zu beobachten, wie die Zeit davonrennt. Ich wollte von Schönheit schreiben, von Glück, von der lautesten Stille, von der hässlichsten Berührung. Ich wollte meine sanftmütigen Gefühle direkt neben meine eiskalte Ausdruckslosigkeit stellen, und erzählen, von einem Schmerz, der so groß ist, dass man ihn sich in die Haut schneiden muss, um zu begreifen, wie real er ist. Ich wollte erklären, was es bedeutet, sich Ana zu nennen, obwohl man ganz genau weiß, dass Magersucht kein passender Name für ein Dasein ist, eher für ein Wegsein. Ich wollte, dass jemand meine Worte liest und einen Moment lang verharrt, in diesem Bild, das ich von mir gezeichnet habe, auch wenn ich mich nicht sehen kann.«

Dann habe ich gar nichts mehr gesagt und mich stattdessen gefragt.

Wie viel Liter Worte man braucht.

Für fließende Literatur.

Eine Woche später hat mir der erste Verlag ein Angebot für die Publizierung meines Buches gemacht, und ich hatte weitere Einladungen in die großen Literaturfabrikhäuser. Es war absurd, auf einmal wollten alle mein Leben lesen.

Auf einmal war ich ein Wortwesen.

Ich.

Das Satzgerippe.

Auf einmal haben alle gesagt: »Was für ein Text!« Dabei hätten sie auch das Offensichtlichere sagen können: »Mein Gott! Was hast du bloß für einen hirnlosen Mist gemacht? Wie konntest du dir das antun? Das Leben ist viel zu kurz, um vorher zu sterben.«

Aber keiner hat gebrüllt.

Und Sex wollte auch keiner.

Ich musste mit keinem Lektor, keinem Grafiker, keinem Programmleiter und keinem einzigen Verlagschef schlafen. Es war wie im Himmel. Beinahe hätte ich vergessen, dass Sex überhaupt existiert. Wenn da nicht mein dämliches Manuskript gewesen wäre.

Und obwohl ich mich gefreut habe, obwohl mir so langsam klargeworden ist, dass meine zerknickten Sätze demnächst zwischen zwei mehr oder weniger stabilen Buchdeckeln landen würden, habe ich panische Angst bekommen. Denn irgendwie war ich mir nicht ganz sicher, ob ich im Vergleich zu einem richtigen Schriftsteller überhaupt wusste, wie ein Wort aussieht.

Und wo der Unterschied liegt, zwischen mir und einem Fehler. Und einem noch größeren Fehler.

Das wusste ich auch nicht.

Chase

Die Nächte sind zu dunkel, um einzuschlafen. Aber Chase stört das nicht. Er kann immer schlafen, tagsüber und nachts, und in jeder Minute davor und dazwischen. Also liege ich alleine wach und lausche den Regentropfen. Sie verschwimmen in der Dunkelheit, und ich verliere mich in Erinnerungen an die letzten Monate.

Ich hatte mich zusammen mit sechs fremden Männern, fünf Kostümkisten, einem zerknitterten Drehbuch, einem Boxsack und meinem Laptop in einen Tourneebus gesetzt und gehofft, dass ich unbeschadet zurückkehre. Eric, der Produzent und Hauptdarsteller dieser Theatergruppe, hatte mich auf einer Party kennengelernt und war anschließend so fasziniert von unserem Wortaustausch gewesen, dass er mich auf der Stelle engagieren wollte. Mein Job war ziemlich simpel, ich war für die Organisation der Termine und Hotels sowie die Programmhefte zuständig. Wir hatten fast jeden Abend eine Vorstellung, und während die Zeit zu einem monströsen Ungeheuer aus inszenierten Nichtigkeiten um das Leben eines verkannten Boxers geworden ist, habe ich entweder am Bühnenrand oder in irgendeiner ruhigen Ecke gesessen und im Schein des zu mir hinüberschimmernden Rampenlichts nach Worten gesucht.

Die Schauspieler und der Tontechniker waren alle aufmerksam und freundlich. Sie haben meine Programmkisten durch die Gegend geschleppt und mich vor zudringlichen Theaterfreaks und anzüglichen

Bühnenarbeitern gerettet. Außerdem haben sie massenhaft belegte Brötchen um mich herum aufgetürmt und aufgepasst, dass ich nicht aus Versehen verlorengehe.

Während der Fahrt im Tourneebus saß ich meistens zwischen Jason und Mike, und manchmal habe ich meinen Kopf an eine der beiden benachbarten Schultern gelehnt und bin leise hin und her ruckelnd eingeschlafen.

Es war, als hätte die Zeit mir vergeben.

Als wäre es letztendlich okay.

Am Leben zu sein.

Aber es war ein trügerischer Frieden. Zwischen Marburg und Erfurt ist dann doch noch alles zerbrochen. Denn Eric musste mir unbedingt beweisen, dass er nicht nur auf der Bühne hervorragend im Umgang mit seinen Fäusten ist.

Auf einmal war die Gewalt.

Wieder mitten in meinem Leben.

Es hat keine sechs Monate gedauert, da habe ich das Tourneemanagement gekündigt und das weiße Licht der Scheinwerfer wieder gegen den undurchsichtigen Nebel meines Schweigens eingetauscht.

Meine Gedanken wären wahrscheinlich noch für den gesamten Rest der Nacht auf Tournee gewesen, wenn da nicht auf einmal dieses wohlbekannte Flüstern in meine Gehirngänge gekrochen wäre.

Sag mir, wie du heißt. Lilly? Nein. Längst nicht mehr. Vergiss, was andere zu dir sagen, vergiss, wie sie dich nennen. Zieh dich zurück, hinter die weiße Wand aus Spiegelbildern. Hier wird dich keiner finden. Am Anfang werden da vielleicht ein paar Menschen sein, die versuchen dich wachzurütteln. Sie werden dich anrufen, jeden Tag, nur um zu hören, ob dein Schweigen wieder verschwunden ist. Aber mit der Zeit werden sie aufgeben. Niemand wird um dich kämpfen. Du kennst doch dieses Spiel, es heißt Vergessen. Und du, du heißt Ana. Genau wie ich.

Also vertraue niemandem.

Denn niemand vertraut dir.

Ich blinzele in den Nachhall dieser Worte. Was für ein Schaden in mir. Fundamentale Selbsterniedrigung ist ein wunderbarer Grund, am Boden zu bleiben, nicht abzuheben, die Zeit in Plastiktüten zu verpacken. Einzufrieren. Und dann, wenn nach dem eisverfrorenen Knochenwinter doch noch ein Frühling kommt, wieder aufzutauen, dahinzuschmelzen, alles davonzuschwemmen, was nicht von Dauer ist.

Und Ana?

Sie ist beständig, auf ihren staksigen Beinen. Sie legt ihre Hände um mein Gesicht und tut so, als würde sie mich streicheln, dabei versucht sie nur meine Gedanken in ihren Griff zu bekommen und mir einzureden, dass Verhungern der einzige und wahrhaftige Grund meines Daseins ist.

Ich sage zu ihr: »Meinst du nicht, diese Zeit ist längst vorbei?«

Ana lacht und sagt: »Mädchen wie wir haben alle Zeit der Welt. Denn die Zeit hängt nicht an uns, und wir hängen nicht an ihr.«

»*Du* bist mein Verhängnis«, sage ich.

»Ich bin deine Beständigkeit in dieser flüchtigen Welt«, entgegnet Ana und zupft an dem roten Armband, das sie mir vor Jahren um mein Handgelenk geschlungen hat und von dem ich mich einfach nicht lösen kann. Das Armband, das so viele von uns verhungernden Mädchen tragen, nur um uns zu beweisen, dass wir nichts auf der Welt besser können, als zu verschwinden.

Wir starren uns an. Ana und ich.

Freundinnen von damals.

Befremdete im Hier.

Ich frage mich, wie der Ort wohl heißt, an dem ich mich befinde, wann immer ich meinen Verstand verliere, und wie viele Menschen sich gleichzeitig dort aufhalten können, ohne voneinander Kenntnis zu nehmen. Ich frage mich, was ich kann und was nicht, und was davon zählt. Ja. Was weiß ich eigentlich, über mich und mein Wissen und das der anderen? Nicht annähernd so viel, wie ich gerne wüsste.

Dafür habe ich gelernt, wie sehr man sich täuschen kann.

Am meisten in sich selbst.

Noch heute ziehe ich hin und wieder los und kaufe mir Rasierklingen, weil ich nicht weiß, was ich sonst tun könnte. Ana findet das gut. Aber Ana findet generell alles gut, womit man sich zerstören kann. Also sollte ich vielleicht lieber das Gegenteil tun: Rasierklingen verkaufen.

Die Frage ist nur.

An wen.

Der Regen wird wieder lauter. Ich schließe meine Augen und sehe zu, wie sich die Erinnerungen an die Bordelltage mit denen an die Escortstunden vermischen. Die langen Nächte, der Einbruch des Morgengrauens, die ewigen Stunden. Manchmal versuche ich all das in meinem Kopf zu sortieren, aber irgendwie erscheint es mir sinnlos. Männer anzuordnen kommt mir vor wie Dominosteine aufstellen, eine falsche Bewegung, und sie fallen um, in Reih und Glied auf mich drauf.

Ja. Ich erinnere mich daran, unterlegen zu sein.

Und ich weiß: Die Steigerung von Selbstverletzung ist Prostitution.

Ich blinzele der Vergangenheit entgegen. Wie leicht es war, eine bezugslose Hülle zu sein, ein willenloses Ausstellungsstück, eine nackte Zeitabrechnung. Was für eine Abart, in den Tiefen meines Bewusstseins. Zeit verrechnet mit Sex, Sex ohne Seele.

Und dazwischen.

Mein Schweigen.

Anas Hand fährt durch mein Haar, verfängt sich in meinen Gehirnsträngen, zieht mich mit sich in die hungernde Stille. Ich versuche, mich an Chase' ruhigen Atem zu halten. Er murmelt etwas im Schlaf. Ich öffne meine Augen und flüstere ihm zu: »Vielleicht, ganz vielleicht, wird die Luft eines Tages nach regennassen Büchern riechen. Es wird ein schöner Regen sein. Und ein wundersamer Augenblick. Und wir, wir werden dastehen und den Worten dabei zusehen, wie sie davonschwimmen, in einem Meer voller Geschichten, in dem jede Wahrheit verborgen liegt.«

Chase wacht auf und sieht mich aus verschlafenen Augen an.

»Unterhältst du dich etwa schon wieder mit Ana der Bekloppten?«, murmelt er.

»Nein«, sage ich, »mit dir.«

»Das ist gut«, gähnt Chase. »Worüber unterhalten wir uns?«

»Über das Meer«, antworte ich.

»Und was geht gerade in deinem Kopf vor?«, fragt Chase und reckt sich.

»Prostituierte haben immer das Recht zu sagen, es war ein harter Tag«, sage ich.

»Mein Herz«, murmelt Chase. »Das wissen wir beide. Und die anderen Mädchen wissen es auch. Aber können wir jetzt bitte weiterschlafen? Ich bin nämlich todmüde.«

Kurz darauf schnarcht er leise.

Und ich? Ich liege wach.

Zwischen Ana.

Und ihm.

*Einmal im Leben will ich atmen wie du,
damit ich weiß, was es bedeutet,
bei mir zu sein,
ohne zu wissen, wie es ist,
ich zu sein.*

Herbst

Es ist September. Wie in jedem Jahr zu dieser Zeit. Was für ein Zufall. Und ich bin am Fallen, trotz des Beifalls der letzten Tage. Meine Freunde sagen zu mir: »Lilly. Du hast deine Worte gefunden! Du hast es geschafft! Jetzt kannst du frei sein.«

Und ich lächele. Mein Herz hüpft ein bisschen vor Freude, und ich würde auch hüpfen, wenn ich nicht solche Angst vor dem Aufprall hätte.

Also sitze ich auf dem Fußboden meines Badezimmers und zeichne gleichmäßige Streifen auf meinen linken Unterarm. Neben mir steht eine Flasche mit Desinfektionsmittel, ein paar Kompressen liegen auf den Fliesen, ein Verband wartet auf seinen Einsatz.

Ich bin vorbereitet.

Auf den Verlust meiner Gedanken.

Der Schmerz ist nicht stumpf. Er ist glasklar und einfach zu verstehen. Ich betrachte das Blut. Es fließt etwas schneller, als ich gedacht hätte.

Ich beobachte mich aus den Augenwinkeln.

Ich suche mich mit geschlossenen Augen.

Ich rufe meinen Namen.

Lilly.

Lilly?

Lilly!

Aber ich höre mir nicht zu. Denn Ana stellt sich quer vor meine Verfassung und wispert mir zu, dass Verschwinden die Höchstform von Existenz sei und Todsein die Steigerung von Dasein. Sie lügt. Wie immer. Doch da ich schon so weit bin, eine Krankheit wie Magersucht liebevoll als Ana zu bezeichnen, mache ich mir darüber nicht allzu viele Gedanken. Meine Erinnerungen, sie schlingen sich um meinen Verstand wie uralte Spinnweben. Ich verheddere mich in einen toten Handlungsstrang, und alles um mich herum verschwindet.

Dann kommt sie zurück. Die Zeit.
Die damals war.
Ich stehe in einem nackten Raum und halte die Luft an. Im Nebenzimmer wartet ein Mann darauf, dass ich meine Haare zu zwei Zöpfen flechte und weiße Schleifen in die Enden binde. Ich soll funkelnden Lipgloss tragen, mit Pfirsichgeschmack, und so tun, als wäre es das erste Mal. Und wenn ich vielleicht auch noch ein Schulmädchenoutfit auftreiben könnte, mit dunkelblauem Faltenrock, schneeweißem Oberteil und Matrosenkragen, dann wäre alles perfekt.

Absolution.
In dieser Illusion.

Am nächsten Tag muss ich zu meinem Literaturagenten. Ich hoffe inständig, dass er keinen Laserblick hat, der sich durch meine Pulloverärmel bis hin zu meinen Armen bohren kann, sonst bin ich enttarnt.

»Geht es Ihnen gut?«, fragt mein Agent zur Begrüßung.

»Klar«, lüge ich.

Aber mein Agent sieht nicht so aus, als würde er mir glauben.

»Wirklich?«, fragt er zweifelnd.

»Ja«, lüge ich noch einmal.

Mein Agent seufzt leise und schüttelt nachdenklich

seinen Kopf, schließlich fragt er: »Waren die ersten Verlagsgespräche denn okay für Sie?«

Ich nicke. »Sonst wäre ich weggerannt.«

»Sie brauchen nicht mehr wegzurennen«, sagt mein Agent. »Sie sind doch jetzt in Sicherheit.«

Das sind so Sätze.

Die ich mir auf mein Hirn tätowieren sollte.

Bevor ich sie wieder vergesse.

»Haben Sie noch irgendwelche Fragen?«, erkundigt sich mein Agent.

»Könnten Sie Lilly zu mir sagen?«, frage ich zurück. »Denn ich kann kaum meinen Vornamen behalten, wie soll ich mir da meinen Nachnamen merken.«

»Okay«, sagt mein Agent.

»Und könnten Sie Du sagen?«, frage ich weiter. »Ich bin nämlich noch klein.«

Mein Agent sieht mich von oben bis unten an.

»Du bist nicht klein«, sagt er dann.

»1,64«, erwidere ich.

»Das ist groß genug«, meint mein Agent. »Und du kannst übrigens auch gerne Du zu mir sagen. Ich bin Harry.«

»Ich bin Ana«, erwidere ich.

»Diesen Namen will ich hier nie wieder hören«, sagt Harry.

»Auch nicht rückwärts?«, frage ich.

»Von keiner Seite«, antwortet Harry. »Du heißt Lilly. Lilly!«

Und weil es nichts bringt, über einen längst vergebenen Namen zu streiten, nicke ich brav. Dann falle ich in Ohnmacht, und mein Agent bekommt den Schreck seines Lebens.

»Alles okay«, sage ich, als ich schließlich wieder zu

mir komme, und stehe schwankend auf. »Das war nur die Schwerkraft.«

»Hast du dich verletzt?«, fragt Harry entsetzt. »Soll ich einen Arzt rufen?«

»Nein, nein«, sage ich hastig, denn wenn mich der falsche Arzt in die Finger kriegt, stellt er mich auf eine Waage, und dann lande ich höchstwahrscheinlich in einer Nahrungsmittel-Verabreichungs-Klinik. Außerdem würde meine Krankenkasse pleitegehen, wenn ich nach jedem Ohnmachtsanfall einen Krankenwagen rufe. Das gehört nun mal leider dazu, wenn man sich einmal quer durch seinen Verstand hungert und dabei ganz nebenbei seine inneren Organe in tickende Zeitbomben verwandelt.

»Du bist ganz blass«, meint Harry unruhig.

»Das ist meine Hautfarbe«, erkläre ich schnell, »die ist immer so.«

»Vorhin war sie nicht so«, entgegnet Harry.

»Das ist das Licht«, sage ich.

»Das glaube ich nicht«, erwidert Harry.

Na toll.

Jetzt muss ich auch noch ehrlich sein.

Also sage ich langsam und etwas wortverzerrt: »Vielleicht. Habe ich ein bisschen zu wenig gegessen. In den letzten Wochen. Und Monaten. Und Jahren.«

»Das habe ich gelesen«, sagt Harry und sieht mich nachdenklich an.

»Und vielleicht«, füge ich hinzu. »Auch in den letzten Tagen. Und ganz besonders gestern und heute. Und morgen.«

»Komm«, sagt Harry daraufhin und steht auf.

»Wohin?«, frage ich. »Ich will nicht in eine Irrenanstalt. Da war ich schon, das hilft nicht.«

»Wir gehen nicht in eine Irrenanstalt«, erwidert Harry stirnrunzelnd.

»Ich will auch nicht zum Arzt«, sage ich.

»Wir gehen nicht zu einem Arzt«, seufzt Harry und verdreht die Augen.

»Nimmst du mir jetzt meine Worte weg und schickst mich zurück ins Bordell?«, frage ich unsicher.

»Was?«, fragt Harry. »Lilly! Nein, natürlich nicht! Wir gehen Nudeln essen.«

»Nudeln?«, wiederhole ich.

»Ja«, sagt Harry und lächelt.

Da stehe ich auf.

Und folge ihm aus seinem Büro hinaus.

In die wartende Herbstsonne.

Im Restaurant stochere ich so lange in einem Stück Tomate herum, bis Ana sich weit genug von mir zurückgezogen hat, dass ich etwas essen kann. Ich pike eine Nudel auf meine Gabel und versuche widerstandslos das Leben zu schlucken. Es bleibt in meinem ausgetrockneten Hals stecken.

Aber ich schlucke und schlucke.

Und irgendwann habe ich es geschafft.

»Hast du eigentlich auch mal in einem Verlag gearbeitet?«, frage ich Harry. »Oder warst du schon immer Wortfänger?«

Harry lacht.

»Nein, ich war nicht von Anfang an Wortfänger«, sagt er dann. »Ich war früher Lektor in einem großen Verlag.«

»Und, hat dir das gefallen?«, frage ich weiter.

»Teilweise«, meint Harry. »Ich bin lieber Wortfänger.«

»Teilweise ist ein schönes Wort«, überlege ich. »Es kommt bestimmt daher, dass Teilen weise ist, meinst du nicht auch?«

Harry lacht wieder.

»War das ein dummer Satz?«, frage ich.

»Nein«, sagt Harry. »Ich fand ihn schön.«

»Wenn du magst, kann ich ein Buch daraus machen«, biete ich an. »Das dauert aber ein paar Tage.«

Harry schüttelt lachend den Kopf.

»Ein paar Tage?«, fragt er dann.

»Ist das zu viel?«, frage ich zurück.

»Eher zu wenig«, meint Harry. »Worte brauchen Zeit.«

»Meine nicht«, erkläre ich. »Die sind es gewohnt, durch die Gegend zu rennen, da können sie sich auch schnell zu einer Geschichte formatieren. Wie schreiben denn deine anderen Autoren?«

»Soweit ich weiß, formatieren sie keine Worte«, sagt Harry.

»Was machen sie dann?«, will ich wissen.

»Keine Ahnung«, meint Harry schulterzuckend.

»Weißt du, was der Unterschied zwischen einem Schriftsteller und einem Literaturagenten ist?«, frage ich.

»Nein, was denn?«, will Harry wissen.

»Der Literaturagent muss den ganzen Schwachsinn am Ende lesen«, sage ich.

»Ich lese nur die Geschichten, die ich mag«, erwidert Harry lächelnd.

»Also magst du meine Geschichte?«, frage ich.

Harry hört auf zu lächeln und denkt einen Augenblick lang nach. Schließlich sagt er: »Ich bin beeindruckt von den Worten, die du gefunden hast, um deine Geschichte zu erzählen; aber was dir alles geschehen ist, was du ertragen musstest und was du dir daraufhin selbst angetan hast, das mag ich nicht. Ich würde mir wünschen, dass du eine schönere Geschichte erlebt hättest.«

»Danke«, sage ich.

»Wofür?«, fragt Harry.

»Dafür, dass du mich nicht nur als Buch siehst«, erwidere ich. »Denn manchmal vergesse ich, dass ich ein menschliches Wesen bin, und dann komme ich mir vor wie die lautlose Abspaltung einer verfehlten Zeit.«

»Du bist mittendrin in deiner Zeit«, sagt Harry. »Du hast sie nicht verfehlt.«

Während des Mittagessens besprechen wir noch den Ablauf eines Verlagstermins in München. Es ist das letzte Gespräch mit einem Verlag, bevor ich mich endgültig entscheiden werde. Nachdem wir alles abgeklärt haben, fällt mir auf einmal etwas ein. Eine Frage. Sie ist gewichtig. Oder vielleicht ist sie auch eher untergewichtig. So wie ich. Aber ihr Gewicht drückt auf meine knochigen Schultern, und ich muss sie stellen, damit ich im Nachhinein, wenn doch alles den Bach hinuntergeht und ich als Leiche am Bundespressestrand angespült werde, wenigstens sagen kann: »Ich habe mir Gedanken darüber gemacht. Ich habe diese Möglichkeit in Betracht gezogen. Ich habe dazugelernt. Ich weiß, wie viel Schaden ein einziger Mann anrichten kann.«

»Ich muss dich etwas fragen«, sage ich deshalb. »Aber du darfst mich anschließend nicht feuern.«

»Okay«, sagt Harry. »Ich werde dich nicht feuern.«

»Ganz sicher?«, frage ich.

»Ganz sicher«, bestätigt er.
»Also«, sage ich. »Ich. Ähm. Also.«
»Ja?«, fragt Harry.
Und da schaffen es die Nudeln auf meinem Teller, sich in drei Sekunden um das Vierfache zu verdoppeln. Ich sehe zu, wie sie sich mit leuchtend roter Tomatensoße umgeben. Blutig. Wie mein Verstand.
»Also«, wiederhole ich. »Also. Ähm. Ich.«
Harry sieht mich an und fragt sich wahrscheinlich, was das werden soll. Aber die Angst in mir, sie umspielt meine Narben, mit gezielten Stichen. Und ja, ich weiß, mein Agent ist ein guter Mensch. Ich kann so etwas beurteilen. Ich weiß, wie Sanftmütigkeit sich in die Gestik eines Menschen verirrt. Ich weiß, wie ehrliche Worte klingen, auch wenn sie ganz nebenbei fallen. Und vielleicht sollte ich einfach still sein oder noch ein paar Nudeln essen.
Aber ich muss fragen.
Ich muss doch ganz sicher sein.
Ich muss die richtige Antwort hören.
So oft, bis ich sie begreife.
»Selbst wenn niemand mein Buch kaufen wird«, fange ich schließlich zögernd an, »selbst wenn ein gesamter Verlag meinetwegen pleitegeht und alle Buchläden auf der Welt für immer schließen. Ganz egal, was passiert. Du wirst mich nie schlagen, oder?«
»Was?«, fragt Harry erschrocken.
Und der Ausdruck in seinen Augen ist Antwort genug.
»Nein!«, sagt er dann. »Nein, natürlich nicht! Warum sollte ich das tun?«
»Ich weiß nicht«, sage ich. »Manche Männer tun so etwas.«

»Ich würde dich niemals schlagen«, sagt Harry. »Und falls es dich beruhigt – ich habe noch nie jemanden geschlagen, weder einen Mann noch eine Frau.«

Ich blicke in mein Wasserglas, in dem ich mich ertränken könnte, wenn ich nicht wüsste, wie man unter Wasser atmet. Und es tut mir leid, dass ich ihn gefragt habe. Niemand sollte so eine Frage an den Kopf geschmissen bekommen. Auch dann nicht, wenn weiterführende Gedanken zu dem logischen Schluss führen, dass ich diese Frage niemals jemandem stellen würde, von dem ich denken würde, dass er mit »Ja! Natürlich werde ich dich zusammenschlagen!« antworten könnte.

Es gibt Fragen, die stellt man nur.

Wenn man die Antwort darauf schon kennt.

Wenn man weiß, dass man die Antwort bekommt, die man hören möchte.

Und meine Fragen, sie sind manchmal nichts weiter als die von Angst umhüllte Gewalt in meinem Kopf. Die Gewalt, die ihre unendlichen Bahnen zieht und mich daran erinnert, wie leicht ich zu schlagen bin. Und wenn ich meinen Mund schon nicht öffnen kann, um zu schreien, dann doch zumindest, um Vorverhandlungen über meine unbestätigten Körperrechte zu führen.

Ja. Es beruhigt mich. Dass es Männer gibt, die mich nicht schlagen wollen; dass es Männer gibt, die nicht verstehen, warum mir irgendwer etwas antun sollte.

»Ich hoffe, du glaubst mir«, sagt Harry schließlich.

Und natürlich glaube ich ihm.

Denn ich habe nie aufgehört.

An etwas Besseres zu glauben.

Als an Gewalt.

Es fängt an zu regnen, genau in dem Moment, in dem ich mich von Harry verabschiede. Die Tropfen trommeln unruhig an die großen Fensterscheiben, und der Himmel wird so schnell dunkel, als wäre es schon Nacht.

»Bis bald«, sagt Harry.

»Bis bald«, sage ich.

Aber mitten im Türrahmen bleibe ich stehen und drehe mich noch einmal um.

»Wenn ich es nicht schaffe«, sage ich unsicher. »Wenn ich nicht mehr da bin, im nächsten Jahr, wenn ich zu krank bin, um alles wiedergutzumachen, kümmerst du dich dann darum, dass irgendwer meine Geschichte liest? Ich meine, bei dir sind meine Worte in guten Händen. Nicht wahr?«

Und da sieht Harry mich an, aus seinen graublaugrünen Augen, müde sehen sie aus in diesem Augenblick und hilflos. Vielleicht auch fragend. Oder wissend.

Ich weiß es nicht.

Wir kennen uns doch kaum.

Und ich. Wie sehe ich aus, wenn ich zugebe, wie verloren ich bin, wie unsichtbar, wie farblos. Bin ich überhaupt noch zu sehen?

»Lilly«, sagt Harry schließlich.

Er spricht leise.

Aber ich höre jeden Buchstaben.

»Du wirst dabei sein«, sagt er.

»Du *musst* dabei sein«, fügt er hinzu.

Breathing underwater

Sie liegt neben mir unter einem keuchenden Mann und sieht durch mich hindurch, als gäbe es mich nicht. Aus ihrer Nase läuft Blut. Es mischt sich mit dem ihrer Lippen. Auf dem zerwühlten Laken hat sich ein leuchtend rotes Farbspiel ausgebreitet. Es sieht aus wie die übermütigen Kornkreise, die betrunkene Aliens in Amerika durch die weiten Felder ziehen.

Es ist ein Kalender der Zeit.

Dunkelrot gestern.

Blutrot heute.

Ich finde das unendlich traurig. Aber weinen kann ich nicht.

Das Mädchen ist totenstill. Sie hat gelernt, nicht zu schreien. Denn wenn sie schreit, dann haben die Männer noch mehr Spaß. Und wenn sie noch mehr Spaß haben, dann wollen sie noch mehr Blut sehen.

Noch Meer.

Ja. Die Wellen der Angst.

Die Gezeiten.

Die blassen Nächte.

Die dunklen Tage.

Und wir.

Das Mädchen blinzelt und blinzelt. Ihre rechte Hand liegt direkt neben meinem Arm, und wenn sie zuckt, dann spüre ich einen Lufthauch. Sie ist nicht unumstößlich. Bei jedem Stoß verschwindet ihr Gesicht.

Lauft, flüstert eine Stimme.
  Lauft, solange ihr noch könnt.
  Ich sehe mich um. Wohin?
  Da sind zu viele.
  Männer.

Keine Angst, sagt die Gewalt zu mir, wenn du lange genug die Luft anhältst, wirst du unsichtbar.
  Dann musst du nur noch ausatmen.
  Und schon bist du.
  Verschwunden.

*Als Kinder verstecken wir uns vor den Ungeheuern und Monstern, die in der Dunkelheit auf uns lauern. Dann wachsen wir heran und stellen fest: Es bringt nichts, sich zu verstecken, die Ungeheuer und Monster sind überall.
Sie sehen aus.
Wie Menschen.*

Zeit

Manchmal ziehe ich mir zu wenig an. Ich stehe morgens auf und wandere vor meinem Kleiderschrank hin und her, von den hellblauen Shirts zu den weißen Röcken, von den rosafarbenen Kleidern zu den dunkelblauen Hosen, von den gestreiften Shorts zu den lilafarbenen Pullovern. Irgendwann greife ich nach einem BH und streife die Träger über meine Schulterknochen. Dann schließe ich den Verschluss und betrachte unruhig mein schneeweißes Spiegelbild.

Es ist blind.

Und von Sinnlosigkeit umrandet.

Also ziehe ich den BH wieder aus. Wo nichts ist, braucht man auch nichts zu verstecken. Dann schlüpfe ich in ein langes Shirt, es verwandelt sich in ein zu kurzes Kleid. Aber was soll's. Es sind doch nur Beine. Alle Menschen haben Beine.

Ich ziehe einen Slip an. Einen von denen mit aufgedruckten Wochentagen, aber ich trage nur die von Montag bis Donnerstag; obwohl ich den vom Samstag am schönsten finde. Er hat rosafarbene Streifen mit hellgrünen Zwischenlinien auf weißem Hintergrund.

Hinter dem Grund. Steht immer die Wahrheit.

Das ist das Gesetz.

Der Realität.

Und wenn man von Freitag bis Sonntag entführt worden ist, dann fehlen drei endlose Tage. Ja. Ein kleiner Fehler in der großen Zeitrechnung, und schon verändert sich alles.

Ich ziehe mir noch eine schwarze Strumpfhose an, drei Pullover und meine Schuhe, dann gehe ich hinaus, um mich von dem lauwarmen Herbstwind treiben zu lassen. Er tänzelt durch die Stadt, auf der Suche nach einem Baum, der bereit ist, seine Blätter fallen zu lassen.

Ich blicke auf den Boden.

Wahrscheinlich würde ich barfuß gehen, wenn die Pflastersteine nicht so holprig wären und die winzigen Steinchen sich nicht stechend in meine blasse Haut bohren würden. Und höchstwahrscheinlich würde ich stehen bleiben, an jeder noch so überfüllten Kreuzung, wenn die Straßenschilder mit handverlesenen Sätzen über den Lauf der Welt beschrieben wären. Und dann würde ich mit aufmerksamen Augen die Wegweiser der anderen betrachten und schließlich meinen eigenen Gedanken folgen.

Aber den Weg zu Chase.

Finde ich auch mit geschlossenen Augen.

Das liegt unter anderem daran, dass er mittlerweile direkt um die Ecke wohnt, in dem schönsten Haus der Stadt. Jedenfalls nennt er es so, und keiner hat ihm bisher widersprochen. Aber das ist ja nichts Neues. Chase' Wohnung ist so groß, dass alle seine Ex-Freundinnen darin Platz haben, ohne sich dabei öfter als zehnmal am Tag in einem der drei Badezimmer zu begegnen.

Aber heute ist er alleine.

Mit seiner Melancholie.

»Hast du schon einen Vertrag unterschrieben?«, fragt er, kaum dass ich zur Tür hereingekommen bin.

»Nein«, antworte ich. »Vorher muss ich noch zu einem letzten Verlag nach München fliegen.«

»Hast du Angst vor dem Gespräch?«, will Chase wissen.

»Ich habe nie Angst«, erwidere ich. »Ich weiß gar nicht, was das ist.«

»Ach, du«, meint Chase. »Du brauchst keine Angst zu haben. Ganz egal, was passiert, du wirst immer das Mädchen mit dem schönsten Gehirn im Raum sein.«

»Woher willst du das wissen?«, frage ich.

»Weil ich hören kann, wie du die Luft anhältst, wenn alle denken, du würdest atmen«, sagt Chase.

»Das ist die Erklärung?«, hake ich verwirrt nach.

»Das ist die Voraussetzung«, entgegnet Chase. »Die Voraussetzung für alles. Und wenn du nicht alles bist, wer ist dann nichts?«

»Danke«, sage ich.

»Bitte«, erwidert Chase.

»Meinst du, ich werde nach München wissen, zu welchem Verlag ich gehöre?«, frage ich nachdenklich.

»Natürlich«, antwortet Chase. »Mach dir keine Sorgen. Entscheidungen sind etwas Gutes. Auch wenn sie letztendlich die Basis für alle Fehlentscheidungen und Scheidungen sind.«

»Eigentlich ist es ein Wunder, dass du noch nie verheiratet warst«, sage ich. »Bei all den Frauen.«

»Wieso?«, meint Chase. »Dich brauche ich ja nicht zu fragen, da würde nur wieder eine Sicherung in deinem Kopf durchbrennen, und in dem daraus entstehenden Blutbad würde ein weißes Hochzeitskleid ziemlich albern aussehen. Und all die anderen Frauen, die kannst du im Grunde genommen vergessen. Vom Heiraten wird der Sex auch nicht besser, eher schlechter, wegen all der Verpflichtungen.«

»Chase ...«, fange ich an, aber Chase unterbricht mich.

»Sei einfach still«, sagt er kopfschüttelnd. »Das war ein Kompliment und um ein Haar ein Heiratsantrag. Wehe, du machst jetzt Buchstabensalat daraus.«

»Aber ich ...«, fange ich erneut an, doch Chase ist auch dieses Mal schneller.

»Was habe ich gerade gesagt!?«, fragt er. »Mein Gott! Alle Frauen hören auf mich. Alle! Aber du – du kannst nicht einmal unsere Fastverlobung würdigen.«

»Aber ich wollte doch nur ...«, setze ich an.

»Verdammt, Lilly!«, ruft Chase dazwischen. »Du und deine Worte!«

»Und du«, sage ich.

»Ich?«, wiederholt Chase. »Was ist mit mir?«

»Nichts«, sage ich. »Ich wollte dir nur sagen, dass ich bei dir bin. In deinem Wissen, in deinem Denken, in deinem Verstand. Und dein Herz. Es gehört auch mir.«

Da sagt Chase nichts mehr.

Und ich auch nicht.

Später an diesem Tag kochen wir zusammen. Chase schneidet Zwiebelringe, und ich rühre geistesabwesend in einer großen Pfanne herum. Neben mir liegt eine Paprika, die darauf wartet, zu Würfeln verarbeitet zu werden, aber ein Messer darf ich bei Chase nicht in die Hand nehmen. Nicht mehr, seit ich einmal während einer Gemüseschnippelaktion meinen Verstand verloren habe und das Messer direkt in meinem linken Arm gelandet ist. Das ist mittlerweile vier Jahre her. Aber es gibt Augenblicke, die vergisst man nicht.

Sie starren unablässig.

Zurück.

Ich konzentriere mich auf die herumwirbelnden Hähnchenstücke und die zerhackten Karotten. Im Hintergrund überflutet Placebo die unförmige Zeit, und auf der Straße bellt ein Hund. Ein anderer Hund bellt zurück, dann bellen sie beide. Vielleicht sind sie Freunde. Vielleicht treffen sie sich jeden Tag auf ihrem Nachmittagsspaziergang, an ungefähr derselben Stelle, und freuen sich riesig darauf, sich anbellen zu können. Oder vielleicht können sie sich auch nicht ausstehen und würden sich totbeißen, wenn sie nicht an der Leine wären.

Chase erzählt mir etwas. Aber es dringt nicht zu mir durch, bis irgendwann ein Topflappen an meinen Kopf fliegt.

»Sag mal«, erkundigt sich Chase, »was ist eigentlich so schwer daran, etwas zu kochen und sich gleichzeitig in dem Raum zu befinden, in dem man kocht?«

»Was?«, frage ich. »Ich bin doch hier!«

»Himmel«, seufzt Chase. »Ich habe dir gerade zehn Minuten lang von meinem neuesten Film erzählt. Aber egal. Du bist ja immer auf der Flucht.«

»Bin ich nicht«, erwidere ich. »Ich bin nur vorsichtig. Denn die Zeit verschluckt gerne Menschen, die zu viel verstehen. Vielleicht hat sie Angst davor, dass wir sie durchschauen.«

»Muss ich das jetzt verstehen?«, fragt Chase stirnrunzelnd.

»Nein«, sage ich. »Du bist ja noch hier.«

Kurz darauf sitzen wir am Küchentisch, und ich tue so, als würde ich etwas essen. Ana sitzt neben mir und zerrt an meinem ausgeleierten Ärmel. Ein herrschendes Stück, von meinem lauernden Fall. Ich reiße mich los und esse ein bisschen Paprika.

»Also, in welchem Tagtraum hast du vorhin schon wieder festgesteckt?«, fragt Chase währenddessen.

»In gar keinem«, sage ich. »Da waren nur die Erinnerungen an eine längst vergangene Zeit und ein paar überbelichtete Momentaufnahmen.«

»Hm«, meint Chase. »Vielleicht sollten wir zusammen nach Australien auswandern und ein neues Leben beginnen.«

»Warum gerade Australien?«, frage ich.

»Na, du magst doch Kängurus«, erwidert Chase. »Da hättest du endlich ein paar sprunghafte Freunde.«

»Ach, du«, sage ich. »Du bist doof.«

»Nein«, entgegnet Chase. »Laut der *Bild am Sonntag* bin ich ein unverschämt gutaussehender Mann und noch dazu ein großartiger, hochbegabter Schauspieler, dem die Frauen scharenweise zu Füßen liegen.«

»Seit wann interessiert es dich, was in der *Bild am Sonntag* steht?«

»Seit ich eine Affäre mit dieser rothaarigen Blondine aus der Redaktion hatte.«

»Wann war denn das?«, frage ich.

»Damals«, antwortet Chase. »Als du noch im Männermanagement tätig warst.«

»Ach ja«, sage ich. »Wie gut, dass du mich daran erinnerst.«

»Zum Glück hast du dich aus dem Verkehr gezogen«, meint Chase.

Ich nicke.

Was mehr könnte ich dazu sagen?

Bis heute steht sie da, auf meinen splitterfasernackten Seiten, die Verfehlung meiner Selbst. Und ich erinnere mich an all die Sprachlücken in meinem Wortschatz. Aber vielleicht ist das okay. Vielleicht ist ohnmächtig werden nichts weiter als ein Fallbeispiel. Vielleicht ist Abgrenzung die beste Form der Anpassung. Vielleicht ist jeder Freier mit Glied in einer Genossenschaft. Vielleicht ist Mundpropaganda Oralverkehr. Vielleicht sind Persönlichkeitsstörungen multiple Orgasmen. Vielleicht sind Weingummis Kondome. Vielleicht ist jedes Denken gefangen in sich selbst und somit nichts weiter als eine greifbare Illusion. Vielleicht werde ich irgendwann nie wieder nach stichhaltigen Beweisen für meine Vergewaltigungen gefragt.

Ja. Die meisten anderen Menschen in meinem Alter sind damit beschäftigt, ihre virtuellen Freundschaften wie Viren im Social Network zu verbreiten – ich hingegen bin das Social Notwork. Bis heute verstehe ich nicht, warum Menschen sich freiwillig unter andere Menschen begeben.

Es ist doch so viel einfacher.

Alleine zu sein.

»Bist du müde?«, fragt Chase und schiebt seinen Teller beiseite. »Du siehst aus wie ein kaputter Schlafhase. Hattest du letzte Nacht wieder Alpträume?«

»Ja«, antworte ich und lege meinerseits erleichtert die Gabel aus der Hand.

»Dann lass uns schlafen gehen«, sagt Chase.

»Aber es ist mitten am Tag«, erwidere ich.

»Na, und?«, meint Chase. »Haben wir den Scheißkalender und den befuckten Uhrzeitkram etwa erfunden? Oder hat uns irgendwer gefragt, ob wir dem Un-

fug zustimmen? Nein! Also können wir auch schlafen, wann wir wollen, und solange wir wollen.«
    Und das tun wir dann auch.
    Vom Herbstlicht.
    Bis hinein.
    In die Nacht.

Und mein Herz, es schlägt.
    Ganz tief in seinem Verstand.

Entfernungen

Am nächsten Tag gehe ich meine Mutter besuchen. »Ich bin gesund«, sage ich zu ihr. »Sieh doch, ich wiege bestimmt 47 Kilo.«

Das ist eine sechs Kilo schwere Lüge.

Aber meine Mutter rechnet sowieso nicht mehr mit meinem Gewicht. Und ich habe das auch längst verlernt, obwohl Magersüchtige jedes Wort auf die Waage legen.

Und jeden Knochen.

Einzeln.

Mein Vater ist nicht da. Er ist in Indien auf einem Berg und blickt wahrscheinlich gerade in die Ferne, aus der ich ihn kenne. Auf seinem Schreibtisch stapeln sich zerfledderte Landkarten und Bildbände mit Landschaftsfotografien. Ich greife nach einem der Bücher und blättere durch die Seiten. Ein kleines Blatt Papier fällt heraus. Ich hebe es auf und überfliege die Handschrift meines Vater. Es ist ein Notizzettel mit einer To-do-Liste vor der Abreise. Punkt sieben lautet: Dieses Jahr an Lillys Geburtstag denken.

Und das hat er sogar getan.

Er hat sich extra irgendein indisches Dorf gesucht, aus dem man E-Mails verschicken kann, und mir geschrieben, dass es schön sei, dass ich geboren bin, und dass er froh darüber wäre, daran beteiligt gewesen zu sein. Dann hat er noch geschrieben: Es gibt kaum Touristen hier, dafür ausreichend Inder. Ich sehe zu, was sie den ganzen Tag so machen. Wahrscheinlich das Gleiche wie wir.

Anschließend hat er sich sofort wieder in seine Einsamkeit zurückgezogen, denn mein Vater ist einer dieser Menschen, die alleine auf einen Berg stapfen, oben ankommen, wieder runtersteigen und sich nichts Schöneres vorstellen können, als es noch einmal zu machen. Vielleicht, weil umgeben von Felsen und Bächen und Bäumen und Murmeltieren alles andere so herrlich nebensächlich erscheint.

Wer weiß.

Ich war noch nie so weit oben.

Nachdenklich klappe ich das Buch wieder zu.

Meine Eltern und ich. Was für ein seltsames Gefüge. Manchmal frage ich mich: Wenn wir schon in drei verschiedenen Welten leben, können wir uns dann nicht wenigstens in ein und derselben Zeit befinden?

Vielleicht.

Vielleicht aber auch nicht.

Ich gehe hinüber ins Wohnzimmer und unterhalte mich noch eine halbe Stunde lang mit meiner Mutter über Sachen, die wir beide anschließend sofort wieder vergessen, dann mache ich mich auf den Weg nach Hause. Er dauert länger als von jedem anderen Ausgangspunkt, und ich frage mich, warum ich meine Eltern so oft besuche. Ich weiß nie, was genau ich dort suche; ich weiß nie, was ich vorfinde. Ich stolpere durch das Treppenhaus, in dem alles angefangen hat, ich stehe an dem Fenster, aus dem ich so oft springen wollte, ich gieße die Blumen, bis sie ertrunken sind. Ich lege mich auf den Fußboden, in dem Zimmer, das einst mir gehört hat, und frage mich, ob ich direkt durch das helle Parkett bis hinunter in den dunklen Keller fallen könnte.

Ja. Die Zeit ist ein seltsamer Ort.
Aber vielleicht ist es okay.
Zu verweilen.

Alle Fenster meiner Wohnung sind geöffnet. Die Luft riecht nach Regen. Es ist kalt, und eine leichte Gänsehaut legt sich wie ein Schutzfilm über meine dünne Haut. Ich ziehe meinen Pullover aus. Und dann den Pullover unter dem Pullover. Und schließlich den Pullover darunter. Anschließend das Shirt. Und ganz zum Schluss die Strumpfhose.

Am Ende ist nicht mehr viel übrig.

Mein Spiegelbild sieht verschwendet aus.

Aber ich habe noch mehr Angst davor, wie ich aussehen könnte, wenn mein Schmerz sich nicht mehr auf meinem Körper abzeichnet. Ich kenne mich doch nur so.

Verwundet. Ausgezehrt.

Wie soll ich mich erkennen, mit Brüsten?

Das Telefon klingelt. Es ist meine beste Freundin Lady, die letztes Jahr mit ihrer kleinen Tochter Hailie nach London ausgewandert ist, um dort ihr eigenes Café zu eröffnen. Ihr Timing ist perfekt, wie immer, maßlos meinen Gedanken zugeschneidert, trotz der spürbaren Distanz.

»Ich wollte dir nur viel Glück in München wünschen!«, ruft Lady noch lauter als gewöhnlich in den Hörer.

»Danke«, sage ich. »Danke, dass du an mich denkst.«

»Ich denke den halben Tag an dich«, meint Lady. »Den Rest des Tages verbringe ich damit, Hailie hinterherzuräumen. Dieses Kind braucht sich nur zu bewegen, und schon fallen die Möbel auseinander, während sämtliche Bilder von den Wänden purzeln. Es ist kaum zu glauben, wie viel Krach so ein kleines Wesen machen kann. Und ich bin mir übrigens todsicher, dass wir letzte Woche noch einen Stuhl mehr im Wohnzimmer hatten.«

»Ach, Lady«, sage ich. »Ich vermisse euch.«

»Wir dich auch«, erwidert Lady. »Hailie fragt jeden Tag, wann wir endlich wieder zurück nach Berlin ziehen können, zu dem knochigen Wortmonster, das die coolsten Höhlen bauen kann, und zu dem großen Geschichtenzauberer Chase, mit seinen dämlichen Glühwürmchen und dem somalischen Hausbootmärchen.«

»Und wann kommt ihr wieder zurück?«, frage ich hoffnungsvoll.

»Fang du nicht auch noch an!«, stöhnt Lady. »Ich mag London, und ich mag mein Café.«

»Aber dein eigenes Café hättest du doch auch in Berlin aufmachen können«, sage ich.

»Ich mag aber dieses Café«, erwidert Lady. »Genau dieses!«

»Vielleicht könnte man es maßstabs- und einrichtungsgetreu in Charlottenburg nachbauen«, überlege ich. »Und wir könnten ein paar Engländer importieren, damit du das Londoner Feeling auch hier in Berlin hast.«

»Du bist noch schlimmer als Hailie«, brummt Lady. »Ihr beiden solltet euch gemeinsam hinsetzen und eure absurden Ideen zu Papier bringen.«

»Ich mag gerade nicht schreiben«, sage ich.

»Lass mich raten, du warst soeben deine Eltern besuchen«, meint Lady trocken.

»Meine Mutter«, brumme ich. »Mein Vater ist auf irgendeinem Berg.«

»Ach, weißt du, Süße, so langsam solltest du dir wirklich andere Eltern zulegen. Du bist doch klug und liebreizend und hübsch und nett – da müsste sich ja wohl irgendwer finden lassen, der dich adoptieren will.«

»Meinst du nicht, ich bin ein bisschen zu alt, um adoptiert zu werden?«, will ich wissen.

»Unsinn!«, entgegnet Lady heftig. »Man ist nie zu alt, um geliebt zu werden.«

»Okay«, sage ich. »Aber ich glaube, meine Eltern lieben mich. Und ich sie auch. Sonst wäre es ja nicht so kompliziert.«

»Das stimmt«, meint Lady. »Im Vergleich zu mir hast du Glück gehabt.«

»Vielleicht sollten Erwachsene zuerst einen Verhaltenstest bestehen, bevor sie Kinder in die Welt setzen dürfen«, überlege ich. »Und vielleicht sollten Männer erst einen Vergewaltigungs-Verzichts-Vertrag unterschreiben, bevor sie ihren Schwanz ausgehändigt kriegen.«

»Vielleicht sollten Menschen wie du aufhören zu hungern und sämtliche spitzen Gegenstände aus ihrer zerkratzten Haut ziehen, bevor es zu spät ist«, entgegnet Lady.

»Jaja«, sage ich.

»Sag nicht jaja zu mir«, beschwert sich Lady. »Das kannst du zu Chase sagen, wenn er gerade eine Folge *Lie to me* guckt, dann hört er dir eh nicht zu.«

»Entschuldigung«, erwidere ich.

»Und sag nicht Entschuldigung, wenn du nicht weißt, was das bedeutet«, meint Lady. »Denn solange du dich selbst verletzt, hast du ganz bestimmt keine Ahnung vom Ende der Schuld.«

»Sag mal, habe ich dir in letzter Zeit irgendwas getan?«, frage ich stirnrunzelnd, denn normalerweise ist Lady etwas weniger aggressiv.

»Nein«, erwidert sie, und ihre Stimme klingt auf einmal müde und angespannt. »Nein, mir nicht – aber dir.«

»Woher willst du das wissen?«, frage ich.

»Ich weiß alles«, sagt Lady.

»Das glaube ich nicht«, entgegne ich.

»Komm mir jetzt bloß nicht mit Glauben«, brummt Lady. »Ich hasse Vermarktungspolitik. Und lenk nicht ab, ich kenne dich zu gut, Lilly. Ich muss nicht in Berlin sein, um zu wissen, dass du dich verlierst. Es ist okay, dass du manchmal die Kontrolle aus deinen Händen gibst, ich kann mir vorstellen, wie schwer es für dich war, deine Geschichte aufzuschreiben. Aber vergiss nicht, dass du eine Verantwortung für dich trägst. Und wenn du das nicht alleine kannst, dann mach verdammt noch mal deinen Mund auf und lass dir helfen. Wozu hast du denn Freunde wie Chase und mich?«

Ich schweige.

Nach dieser Ansage.

Und während ich auf Ladys Atemgeräusche lausche, wünsche ich mir meine Unschuld zurück. Nicht die körperliche, die habe ich mit sechs Jahren abgeschrieben, man kommt schließlich auch gefickt durchs Leben, aber die Bilder in meinem Kopf, die Erinnerungen, die Klarheit der vergebenen Zeitspanne und das isolierte Licht – sie machen meine Gedanken so furchtbar berechenbar. Ich beobachte mich auf meiner Selbstflucht und wie ich meine Darstellungsweisen ändere, um durch die Tage zu kommen, die in keinen Kalender mehr passen, egal wie sehr ich mich verbiege.

»Ich bin müde«, sage ich schließlich zu Lady.

»Ich weiß«, erwidert sie leise. »Ich weiß, Lilly. Aber du musst wach bleiben. Hörst du? Versprich mir das.«

Ich nicke.

Und Lady kann es sehen.

Trotz der Entfernung.

*Die Minuten schlagen dich,
und schon stehst du verloren da.*

*Vielleicht scheiterst du im Nachhall,
an der Differenz zwischen dir und all den anderen,
vielleicht verwechselst du eine Rasierklinge
mit deinem scharfen Verstand.*

*Vielleicht legst du dich auf einen Zebrastreifen
und wartest ab, ob irgendwer dich sieht,
oder ob du getarnt genug bist,
um auf alle Ewigkeit
zu verschwinden.*

München

Es ist warm in diesem Herbst, fast so warm wie im Sommer, obwohl ein kühler Wind durch die Straßen streift und an meinen Haaren zieht, als wollte er mich entführen.

Ich stehe neben meinem Literaturagenten in München auf dem Marienplatz und blinzele in die Sonne. Sie blendet mich mit Leichtigkeit, und ich schließe für einen Moment meine Augen. Die Menschen streifen an mir vorbei, und ich versinke in einem Stimmengewirr aus Unkenntlichkeit.

Das Gespräch mit dem Münchener Verlag habe ich hinter mir. Es war die letzte Vorstellung bei einer Buchstabenfabrik, und ich bin froh, dass ich die Fragen überstanden habe, obwohl sie dieses Mal gar nicht so schlimm waren. Die einzige, die ich nicht beantworten konnte, war: »Wo sehen Sie sich selbst in zehn Jahren?«

Sehr witzig.

Woher soll ich wissen, was nach dem Tod passiert?

Oder war die Frage lediglich auf meinen Körper bezogen?

Um eine Friedhofswunschäußerung aus mir herauszubekommen.

Ich wusste nicht, was ich sagen sollte, denn ich wollte nicht mit meinem Anaarmband herumwedeln und die Wahrheit verbreiten: »Wenn ich in zwölf Monaten noch hier bin, dann ist das ein Wunder. Denn ich muss nur vier Kilo abnehmen, und schon verringert sich mein Körpergewicht um zehn Prozent.«

Ja. Das ist Magersucht.

Das ist eine Krankheit, deren Ausmaß kaum ein Mensch begreift. Und wenn man zehn Jahre lang vor sich hin gehungert hat und zwischen 35 und 45 Kilo hin- und hergependelt ist, dann kann man sich darauf verlassen, dass man kein Immunsystem mehr hat. Und das Schlimme daran ist, dass man sich daran gewöhnt. Man vergisst, wie es sich angefühlt hat, gesund zu sein. Das Herzrasen, die Schwindelanfälle, die Körperschmerzen, die Dauererkältungszustände, das Zittern, die Müdigkeit – es wird selbstverständlich. Und auch wenn man bessere Tage hat, in denen man 46 oder 47 Kilo wiegt, selbst wenn man halbwegs gesund aussieht: Man ist es nicht.

Im Gegenteil.

Man ist todkrank.

Aber die wenigsten Magersüchtigen sterben, weil sie verhungern, oder sich in Luft auflösen. Nein. Wir sterben vielmehr an den körperlichen Folgen. Wir fühlen das unruhige Pochen, das Davondriften, die leeren Blutbahnen, den wispernden Schmerz in unserer tauben Verfassung. Und auf einmal wissen wir genau: Es ist bald vorbei.

Ja. Es ist vorbei.

Und die Zeit, die unbändige Zeit.

Sie wird auch ohne uns munter weiterschlagen.

Aber so etwas darf man nicht sagen, wenn man ein Buch veröffentlichen möchte. Denn Verlage mögen lieber lebende Autoren als tote. Tote Autoren können nämlich keine Fortsetzungsbücher mehr schreiben, und die Pressefragen beantworten können sie auch nicht.

Also habe ich meine Lebenserwartungshaltung für mich behalten und stattdessen gesagt: »In zehn Jahren gehört mir das erste literarische Bordell in Berlin, und die zwanzig schönsten und intelligentesten Frauen der Welt arbeiten dort. Die Zimmer sind mit nackten Wortverbindungen tapeziert, und die Männer, die zu Besuch kommen, haben Lust auf standfeste Sätze.«

Nachdem ich das gesagt hatte, war es still in dem sonnenlichtumrahmten Raum. Der große runde Konferenztisch hat angefangen sich zu drehen, im Hinblick auf die kreisenden Gedanken oder vielleicht auch im Rausch der falsch bemessenen Geschwindigkeit.

Es war zu still.

Einen Moment lang habe ich ernsthaft daran gezweifelt, dass mein Humor in irgendeiner Form mit dem von Verlagswesen kompatibel sein könnte. Aber dann hat mein Literaturagent angefangen zu lachen. Und die Lektorin schließlich auch. Und am Ende hat sogar die höhere Verlagsebene gelächelt.

Ich mache meine Augen wieder auf. Die Sonne ist immer noch da. Sie funkelt so aufgeregt vom Himmel herab, als wüsste sie von den Zeichen der Zeit.

»Wenn du magst, können wir uns noch in ein Restaurant setzen und etwas essen«, schlägt Harry mit einem Blick auf seine Uhr vor. »Ich muss erst um vierzehn Uhr bei meinem nächsten Termin sein.«

»Okay«, sage ich.

»Okay?«, fragt Harry überrascht.

Wahrscheinlich hatte er gedacht, ich würde nach dem Gespräch meine Ruhe haben wollen, um mich unbemerkt in der Isar zu ertränken. Und das hatte ich eigentlich auch vor. Aber irgendwie fand ich auf einmal, ich könnte wachsen, an mir und an meinen Fehlern, und vielleicht sogar an den Dingen, die ich richtig mache.

»Wenn ich nicht aufessen muss«, füge ich hinzu.

»Musst du nicht«, meint Harry. »Aber es wäre schön.«

Und so laufen wir durch die Straßen und setzen uns schließlich in ein Restaurant, das nicht ganz so überfüllt von den angereisten Oktoberfest-Touristen ist wie die anderen.

Ich bin unsicher.

Weil ich nicht weiß, wie viel ich essen muss, damit Harry mich für einen halbwegs intakten Menschen hält. Vielleicht arbeitet er ja nur mit verantwortungsbewussten und zukunftsorientierten Autoren zusammen. Und vielleicht kann man ein Wortgewand nicht mit einem roten Anaarmband kombinieren, weil die Farben sich gegenseitig ausstechen.

Vielleicht würde Harry ganz entsetzt sagen: »Lilly! Du bist doch wohl intelligenter als das!«

Aber Magersucht wird in Kilogramm abgewogen.

Nicht an einer IQ-Skala gemessen.

Und wenn magersüchtiges Verhalten sich antiproportional zu Intelligenz verhalten würde, dann wäre ich mit Abstand der dümmste Mensch auf der Welt. Und dann sollte ich lieber aufhören zu schreiben, bevor ich noch jemanden anstecke.

Das Essen kommt, und ich beschließe, mindestens 45 Prozent der Spätzle zu essen. Dafür kann ich dann morgen in Ruhe hungern. Außerdem ist mir schon seit einer Stunde so schwindlig, dass ich auf der Stelle zusammenklappen und zu Boden gehen könnte. Aber wenn man Schrift stellen kann, dann kann man sich auch seinen Worten stellen. Und wenn ich schon fast alles falsch mache, dann kann ich wenigstens versuchen aufrecht zu stehen, um den Überblick über meine zerspaltene Seele zu behalten.

Vielleicht erwische ich mich dann eines Tages doch. Und bringe mich zurück nach Hause.

»Schmeckt es dir?«, fragt Harry und reißt mich aus meinen abtrünnigen Gedanken.

Ich nicke. Dabei habe ich viel zu große Angst, um überhaupt etwas zu schmecken. Außerdem habe ich keine direkte Kontrolle über die Andockstationen meiner Rezeptoren, und soweit ich weiß, werden alle Nervenreizinformationen zur Gefühlsumwandlung ins Gehirn weitergeleitet, aber wenn Ana direkt vor dem Hirntor steht und den Eingang blockiert, dann kann das Ganze ja nichts werden.

»Bist du demnächst eigentlich wieder auf Tournee?«, fragt Harry weiter. »Mit dieser Theatergruppe, von der du mir mal erzählt hast?«

Ich schüttele den Kopf.

»Ich habe gekündigt«, sage ich dann.

»Aber warum denn?«, fragt Harry überrascht. »Ich dachte, die Arbeit würde dir Spaß machen.«

Mir fallen innerhalb von zehn Sekunden fünf mögliche Ausreden ein, die alle logisch genug klingen würden, um nicht als Lügen identifiziert werden zu können. Aber dann, ohne so richtig zu wissen, warum, erzähle ich Harry die Wahrheit, die ich bisher noch nicht einmal Chase und Lady verraten habe.

»Der Hauptdarsteller hat mich zusammengeschlagen«, sage ich und schiebe dabei ein paar Spätzle auf meinem Teller hin und her. »Vier Monate lang. Und weil er wusste, wie hilflos ich bin, wenn ich mit Gewalt konfrontiert werde, und wie leise meine Stimme dabei wird, hat er mir auch gleich noch die schrecklichsten Arten von Sex angetan.«

»Bitte was!?«, fragt Harry erschrocken. »Er hat was getan? Aber warum!? Warum?«

Es ist wie ein Wunder.

Dass er es nicht begreifen kann.

Dass ein Mann keine Ahnung hat, warum man mich schlägt und für sexuelle Handlungen missbraucht. Genau so stelle ich mir immer Märchen vor: Da sind lauter anmutige Fabelwesen, die alle nicht verstehen, was Gewalt ist und wozu man so etwas braucht.

Aber eine Erklärung kann ich Harry nicht liefern. Ich weiß nur, dass Eric eines Tages, als wir gerade auf seinem Sofa gesessen und an einer neuen Szene geschrieben haben, seinen Stift aus der Hand gelegt und mich an sich gerissen hat, als wäre ich sein Privateigentum.

Dann hat er gesagt: »Wenn du nur wüsstest, Lilly, was ich alles mit dir machen könnte.«

Ich wollte es gar nicht wissen.

Aber er hat es mir gezeigt.

Er hat angefangen mich zu schlagen, er hat mich so heftig an den Haaren gepackt, dass sie sich von meiner Kopfhaut gelöst haben, und um mich herum zu Boden gefallen sind. Er hat den Reißverschluss seiner Hose geöffnet.

Und ich. Ich habe mich gewehrt.

Ein bisschen.

Zu viel. Zu wenig.

Genug? Nicht genug.

Keine Ahnung.

Anschließend hat er mich gefragt: »Alles okay?«

Ich habe nicht geantwortet. Nur genickt. Natürlich war es okay, dass ein Mann mir weh tut. So war es schon immer, so wird es immer sein. Und während ich ein Taschentuch auf meine blutende Lippe gepresst habe, hat Eric zu mir gesagt: »Du hast etwas an dir, Lilly, etwas so Sanftes und Zerbrechliches. Welcher Mann würde es nicht lieben, dich zu besitzen?«

Ich habe ihn angestarrt.

Und er hat einfach weitergeredet.

»Ich will, dass du mein Mädchen bist«, hat er gesagt. »Mein Mädchen! Komm schon, sag, dass du mein Mädchen bist!«

Seine Augen waren schwarz wie die Nächte im Bordell. Und seine Hand hat bedrohlich gezuckt. Ich wollte nicht mehr geschlagen werden, ich hatte genug von den blauen Flecken. Also habe ich es gesagt.

Ich habe geflüstert: »Ja, okay. Ich bin dein Mädchen.«

Und da hat er mich noch härter geschlagen und gesagt: »Das kannst du auch überzeugender sagen!«

So hat es angefangen.

Und genauso ist es weitergegangen.

Manchmal, wenn ich anschließend im Badezimmer auf den Fliesen gesessen und versucht habe, meine Wunden wieder zusammenzupflastern, hat Eric sich bei mir entschuldigt. Dann hat er gesagt: »Ich wollte dir nicht weh tun – jedenfalls nicht so doll. Ehrlich nicht! Entschuldigung.«

Ich habe jedes Mal stumm genickt.

Und versucht, meinen Körper zu ignorieren.

Ja, habe ich gedacht, *ja, schon gut, es ist okay.*

Aber es war nicht okay.

Denn nichts ist okay, wenn man sich nicht wehren kann und zulässt, dass einem etwas angetan wird, an dem man früher oder später kaputtgehen wird.
Nichts ist okay.
Wenn man verblutet.
Tropfenweise.

Mein Rücken war wochenlang aufgeschürft und blutig, weil Eric mich quer durch sein Schlafzimmer und gegen die Bettkante geschmissen hat. Es war fast wie fliegen. Aber ich hatte keine Flügel.
Und eines Tages, als ich Eric angefleht habe, mich endlich in Ruhe zu lassen, da hat er zu mir gesagt: »Du bist unglaublich schön, wenn du lächelst, aber wenn du weinst, dann bist du noch tausendmal schöner.«
Ich kam mir vor wie Schneewittchen.
Hinter den sieben Gesichtern, gefangen in den sieben Abgründen. Aber ich hätte freiwillig in jeden vergifteten Apfel gebissen, anstatt alleine mit sieben Männern in einem verfluchten Wald zu leben.
Eric hat meine Gedanken zerredet.
Er hat sie auf Umwege gelotst.
Er hat gesagt: »Den Schmerz in deinen Augen funkeln zu sehen ist atemberaubend sexy. Ich liebe es, deine nackte Seele in meinen Händen zappeln zu spüren.«
Was soll ein Mädchen wie ich mit dieser Information anfangen, was soll sie tun?
Eine Sexsklavin werden? In die Apotheke gehen und Unmengen von Tabletten kaufen? In eine Drogerie spazieren und Rasierklingen besorgen? Schweigen? Schreien? Eine Selbsthilfegruppe ins Leben ru-

fen? Einer Selbstmordvereinigung beitreten? Ins Bordell flüchten? Aus dem Fenster springen? Ein Buch schreiben?

Es gibt so viele Möglichkeiten.

Und keine hilft.

Keine verändert den Ursprung der Niederlage, die einen dazu bringt, sich in kaputten Verhaltensmustern wiederzufinden und sich der Gewalt zu ergeben, anstatt sein Recht auf Unversehrtheit einzufordern.

Ich erinnere mich noch an die letzte Tournee, da hatte Eric jeden Tag schlechte Laune, und weil ihm gerade nichts Besseres eingefallen ist, hat er unseren Tontechniker über den Parkplatz einer Autobahnraststätte geschleudert und anschließend noch eine Flasche nach ihm geworfen.

Unser Tontechniker hat auf der Stelle gekündigt. Er war so viel klüger als ich. Er hat einfach seinen Mund aufgemacht und gesagt: »Das reicht! So lasse ich mich nicht behandeln. Auch nicht von einem Eric Lake!«

Dann hat er sich in der nächstbesten Stadt in einen Zug gesetzt und war weg.

Ich wäre auch gerne weg gewesen. Aber ich habe mich nicht getraut. Stattdessen habe ich zitternd im Tourneebus gesessen, meinen Kopf zwischen meinen Armen vergraben und versucht, nicht zu weinen.

Jason, der neben mir saß, hat tröstend gesagt: »Du brauchst doch keine Angst zu haben, Lilly. Eric ist zwar manchmal etwas aggressiv, aber dir würde er nie etwas tun! Dir doch nicht! Wer könnte dir etwas antun? Du brauchst wirklich keine Angst zu haben! Glaub mir.«

Ich habe geantwortet: »Ja, ich weiß.«

Dabei wusste ich es besser.

Dabei kannte ich Erics Gewalt in all ihren Facetten.

Und dann, in Marburg, als Eric nach der letzten Aufführung nicht beim Abbau mithelfen wollte, weil er Rückenschmerzen hatte, da haben die anderen Jungs zu mir gesagt: »Hey, Lilly, du kannst gerne schon mit Eric rüber ins Hotel gehen. Du brauchst uns nicht zu helfen. Geh ruhig schlafen, du hattest heute doch so viel zu tun.«

Mein Herz hat aufgehört zu schlagen. Und die Luft war erfüllt von meinem hilflosen Schweigen. Ich habe sie gespürt, die Gefahr, sie stand direkt neben mir und hat lauernd gewartet.

»Ich kann euch gerne noch beim Einpacken helfen«, habe ich schnell gesagt. »Das macht mir nichts aus. Ich bin gar nicht müde.«

Das war mein Ausweg.

Mein Fluchtversuch.

Meine Chance zu entkommen.

Aber Mike hat gesagt: »Ach, Quatsch, das schaffen wir schon alleine, du musst keine Kisten schleppen, geh du mal lieber mit Eric ins Hotel. Es ist schon so spät, und wir müssen morgen früh los.«

Jason hat zustimmend genickt, Levin auch, und Josh hat mir sogar schon meine Jacke hingehalten. Sie hatten alle vier keine Ahnung. Sie haben die blauen Flecken nie gesehen, und Eric war immer darauf bedacht, keine erkennbaren Spuren in meinem Gesicht zu hinterlassen.

»Ruh dich aus«, hat Levin noch freundlich gesagt. »Du machst doch schon so viel für uns. Seit wir keinen Techniker mehr an Bord haben, musst du dich immer darum kümmern, irgendwen vor Ort aufzutreiben und hast den doppelten Stress.«

Ich habe meinen Mund aufgeklappt, um zu schreien. Meine Gedanken haben angefangen, wirres Zeug zu flüstern, und ich habe sehnsüchtig nach einer Ausrede gesucht, um bleiben zu können. Aber mein Mund war zu trocken, und Eric stand direkt hinter mir. Sein berechenbarer Blick hat sich in meinen Nacken gebohrt, so eiskalt, dass er mir das Genick gebrochen hat. Genau wie meinen Willen.

»Okay«, habe ich schließlich leise gesagt und nach meiner Jacke gegriffen. »Okay, dann gehe ich mit Eric.«

Was hätte ich auch sonst sagen sollen.

Vielleicht die Wahrheit: *Ich will lieber bei euch bleiben, weil ich heute Abend nicht geschlagen werden will. Ich will nicht, dass Eric mir diese schrecklichen Dinge antut. Ich will nie mehr sein Spielzeug sein, nur weil ich es nicht schaffe, laut genug zu widersprechen.*

Ein falsches Wort, und Eric hätte mich auf der Stelle erschlagen. Und hätte mir irgendwer geglaubt?

Vielleicht.

Vielleicht aber auch nicht.

Also bin ich mit Eric aus dem Theater gegangen. Die ersten Schritte waren die Stille vor dem Sturm. Ich wusste, dass er wütend auf mich war, weil ich ihm ein paar Tage zuvor gesagt hatte, dass ich all das nicht mehr einfach so ertragen könnte, dass ich zerbrechen würde an seiner Gewalt.

Es war ein Waffenstillstand.

Ein Spiel auf Zeit.

Und ich wusste, dass er mich nicht einfach so in

Ruhe lassen würde, und dass seine ewig schlechte Laune mit mir zusammenhing.

Wir sind durch den Schnee gestapft, ich habe mir auf die Lippe gebissen und gehofft, dass ich in einem Schneeloch verschwinden könnte.

Schließlich hat Eric gesagt: »Ich werde dich wieder zu meinem Mädchen machen.«

»Nein«, habe ich geflüstert. »Nein.«

»Doch!«, hat Eric entgegnet. »Du wirst schon sehen, du wirst wieder mir gehören.«

Im Hotel hat er mich an den Haaren zu sich ins Zimmer gerissen und versucht, mich auf den Boden zu schmeißen, während er angefangen hat, an seiner Hose herumzufummeln.

»Lass mich los!«, habe ich gesagt.

Aber Eric hat es geliebt, wenn ich ihn darum gebeten habe, mich nicht zu schlagen, wenn ich ihn angefleht habe, mich nicht zum Sex zu zwingen, das alles hat ihn nur noch gewalttätiger gemacht. Und dann hat er immer gesagt, ich sei selbst schuld, wenn ich mich so sehr wehren würde, dann müsste er mir schließlich noch mehr weh tun.

»Bitte, lass mich los«, habe ich wiederholt.

Aber er hat nicht auf mich gehört; seine Hand hat sich um meinen Hals gekrallt, bis sich alles zu drehen begann und die Nacht im Mondschein verschwunden ist.

Und dann.

Dann hat er für eine Sekunde seinen Griff gelockert, und ich konnte mich losreißen, aus seinen groben Händen, die so viel Schaden angerichtet haben, auf meiner längst gezeichneten Haut.

Ich bin zur Tür gerannt.

Und Eric hat mich nicht aufgehalten. Er hat mich nicht zurück ins Zimmer gezerrt, wie sonst, und angefangen auf mich einzuschlagen, bis ich bereit war, alles, alles zu machen, was er wollte. Er hat mich gehen lassen, weil er wusste, dass ich dabei war, meine Stimme zu finden, um mich zu wehren. Deshalb bin ich davongekommen.

Ein weiteres Mal.

In diesem nackten Leben.

Das Letzte, was Eric nach meiner Kündigung zu mir gesagt hat, war: »Wegen dir bin ich impotent! Seit unserer Zeit erregt mich nichts mehr, abgesehen von dem Gedanken daran, dir weh zu tun. Gott, ich will dich ficken, bis du wimmerst und mir versprichst, mein Mädchen zu sein. Kapierst du das? Du sollst verdammt noch mal mein Mädchen sein!«

Unsere Zeit.

Das hat er tatsächlich gesagt.

Und er hat ernsthaft geglaubt, dass eine Zeit, in der er mich verprügelt und missbraucht, eine geteilte Zeit sein könnte. Ja. Geteilt in meinem Kopf, gespalten in meinem Verstand.

Aber *unsere Zeit.*

Unsere.

Was soll das bedeuten?

Nichts. Denn Zeit ist nur ein Wort. Drück viermal auf die *Entf.*-Taste, und schon ist es einfach weg.

Das alles erzähle ich Harry, während er über den Tisch hinweg mein Gesicht betrachtet. Ich frage mich, ob er die winzigen Narben über meiner Nase zählt oder ob ich die Einzige im Raum bin, die weiß, dass sie dort sind.

Das Essen wird kalt, die Überreste stehen zwischen uns.

Genau wie meine Worte.

Und meine entblößte Schande.

»Aber wie konnte das passieren?«, fragt Harry schließlich kopfschüttelnd. »Warum hast du denn nicht sofort gekündigt? Warum hast du ihn nicht angezeigt?«

Ich zucke die Schultern.

Denn egal, wie viele Worte ich habe, und auch wenn ich es schaffe, sie zusammenzufügen, zu einem annähernd greifbaren Satz, der alles ausdrückt, was ich so dringend sagen möchte, dann kann ich doch nicht erklären, *warum*.

Warum Eric meinen Schmerz schöner fand.

Als mein Glück.

»Lilly, du musst besser auf dich aufpassen«, sagt Harry nach einer Weile besorgt. »Du darfst dich auf keinen Fall mit solchen Menschen umgeben.«

»Ich weiß«, sage ich. »Deshalb habe ich gekündigt.«

»Das ist gut«, meint Harry nachdenklich und guckt zwischen mir und seinem leeren Glas hin und her.

Ich hoffe, er versucht keinen Vergleich aufzustellen.

Ich will nicht durchsichtig und hohl sein.

Aber Harrys Gedanken sind weder so bodenlos noch so zerknittert wie meine. Und wahrscheinlich fragt er sich mittlerweile, warum ausgerechnet jemand wie ich in sein aufgeräumtes Leben trampeln konnte. Mein Wortchaos bringt Manuskriptstapel zum Einstürzen und Grammatik zum Weglaufen. Andere Autoren sind bestimmt weniger anstrengend; die kippen nicht ständig um und ernähren sich auch nicht ausschließlich von Buchstaben. Wahrscheinlich sagen sie bei Verlagsgesprächen auch keine entkleideten Sätze und wissen genau, was man anziehen muss, um literarisch zu wirken.

»Ist dir eigentlich bewusst, was für einen großartigen Text du geschrieben hast?«, fragt Harry schließlich. »Und ist dir auch nur annähernd bewusst, wie verletzlich du dich machst, wenn deine Geschichte als Buch erscheint?«

Ich nicke.

»Und?«, fragt Harry. »Wirst du damit klarkommen?«

Ich denke einen Moment lang nach. Mein Blick versinkt in der Tischplatte, aber dann verlasse ich die hölzerne Marmorierung und sehe Harry an.

»Wirst du dabei sein?«, frage ich dann. »Wirst du zu meiner ersten Lesung kommen und Sekundenkleber auf sämtlichen Stühlen verteilen, damit nicht alle, die nach den ersten zehn Minuten noch nicht eingeschlafen sind, einfach abhauen können? Wirst du meine Worte auch dann noch halten, wenn sie verkauft sind, an einen Verlag, der mich vielleicht an erster Stelle als Buch sehen wird, und erst dann als Menschen? Und weckst du mich wieder auf, wenn ich nach jedem überarbeiteten Absatz meiner Geschichte in Ohnmacht falle? Denn ich bin nicht wie du – ich bin kein ausgewachsenes Wort, das eigenständig alles zusammenfasst, was Schrift tragen kann.«

»Natürlich komme ich zu deiner ersten Lesung«, erwidert Harry. »Und ich bin auch bei allen anderen Terminen mit dabei, es sei denn, du willst lieber alleine hingehen. Und ich werde dafür sorgen, dass der

Verlag, für den du dich letztendlich entscheidest, an erster Stelle *dich* sehen wird, nicht dein Buch!«

»Ist das ein Versprechen?«, frage ich.

»Ja«, sagt Harry. »Und ich werde es halten.«

Wenig später stehen Harry und ich wieder draußen im Münchener Herbstlicht. Die Sonne scheint immer noch warm vom Himmel herab, und zwei kleine Kinder bekleben eine Hauswand mit Smiley-Stickern. Viel zu laute Menschen in Dirndln und Lederhosen eilen an uns vorbei, und ich bin froh, dass ich endlich zurück nach Hause kann.

»Die S-Bahn zum Flughafen fährt alle fünfzehn oder zwanzig Minuten«, sagt Harry. »Wenn du um achtzehn Uhr losfährst, sollte das ausreichen. Da vorne rechts ist gleich die Station.«

»Mach dir keine Sorgen«, sage ich. »Das schaffe ich schon. So schnell verlaufe ich mich nicht. Ich bin schon oft genug verlorengegangen, zur Abwechslung werde ich mal irgendwo ankommen.«

Kurz darauf verabschieden wir uns. Harry berührt zum Abschied meinen Arm, so, wie man es macht, wenn man jemandem sagen möchte, schön, dass du hier warst, das hast du toll gemacht, nicht aufgeben, oder was weiß ich.

Es brennt.

Aber nur im ersten Augenblick.

Dann spüre ich auch schon wieder den Herbstwind in meinen Haaren spielen und weiß: Kein Schmerz der Welt dauert länger an als die Zeit.

Wie zögerlich sie ihre Stimme sucht, um mit weichen Lippen zu sagen: Hinter mir im toten Raum starre ich lautlos seinem Schatten entgegen. Poesie darf schreien, unbeirrt klagt sie die Angst an, zeigt standfest, was unser Gewissen erschafft.

Verzeih dem Schmerz sein hässliches Chaos.
Der nächste Morgen kommt doch.

Schatten

Ich war einundzwanzig Jahre alt, als ich zum ersten Mal freiwillig zwischen zwei Männern gelegen habe. Nackt, mein Körper. Nackt, meine Seele. Und während die beiden schliefen, lag ich da und dachte darüber nach, wie ich dort hingekommen bin. Aber ich war müde, von einem viel zu langen Abend, vielleicht auch von der Nacht, und deshalb konnte ich mich nicht mehr daran erinnern, wie ich ein Escortmädchen geworden bin.

Die beiden Männer an meiner Seite, Kevin und Max, sie wussten es auch nicht. Vielleicht dachten sie, es wäre einfach schon immer so gewesen, und vielleicht hätte ich das ebenfalls glauben können.

Aber irgendwie.

Wusste ich es besser.

Und dann dachte ich: Wenn ein Fremder dich in seine Arme schließt, um dich zu brechen, wenn er wütet auf deinem Körper, Mahnmale hinterlässt auf deinem Dasein und Blutbilder zeichnet auf deiner viel zu weichen Haut. Dann wird alles in ein blindes Licht gerückt. Und dann musst du. Du. Die Schande, die auf deiner blanken Seele lauert, mit anmutigen Händen tragen, ohne sie zu berühren, dort, wo sie dich zu verschlingen droht. Und die Männer um dich herum, die glauben, sie könnten dich besitzen, flüstere ihnen zu, dass es nichts weiter als ein Schauspiel ist, denn wie könnte es anders sein, wenn du niemandem mehr gehörst.

Nicht einmal dir selbst.

Und wenn sich einer der Männer in dich verliebt,

dann stell dich hin, direkt vor seine verblendete Verfassung, und sag zu ihm: »Sieh mich an, sieh ganz genau hin. Denn dieses Lächeln, ich kann es aus meinem Gesicht wischen, in jeder Sekunde, die du nicht verstehst. Ich kann es beenden. Alles. Jetzt gleich. Siehst du? Es ist vorbei. Und der leere Blick in meinen Augen, das bin auch ich. Es ist genau dasselbe Mädchen, in das du dich verliebt hast. Und wenn du mir jetzt sagst, dass du mich trotzdem schön findest und dass du trotzdem bleiben willst, dann sei dir sicher, dass ich irgendwann anfange zu berichten, von allem, was geschehen ist. Und wenn ich dann fertig bin, meine Geschichte zu erzählen, und du dir ein Aquarium mit 392 Oktopoden kaufen musst, um an deren Armen meine Sexpartner abzuzählen. Wie sieht dann unser Liebesleben aus?«

Ja. All diese Fragen.

Habe ich ins Nichts hineingestellt.

Dann habe ich an mich gewandt hinzugefügt: »Und wenn deine langen Haare über deine weißen Schultern fallen, um die Fassade zu umrahmen, die du geschaffen hast, wenn dein Herz so leise schlägt, dass du vergisst, es zu benutzen, dann sei dir sicher, dass dir niemand etwas entgegnen wird. Also nutze die Stille, um dich zu erinnern, wie du überlebt hast, damals mit sechs. Denn wenn du gestorben wärst, dann hättest du einen kleinen Sarg bekommen. Einen sehr kleinen Sarg. Und die Menschen, die dich kannten, sie hätten geweint. So viele Tränen, die dich davongeschwemmt hätten. In eine andere Zeit.«

Wenn ich nur wüsste, wie ich mich losreißen könnte, aus diesem unheilvollen Gedankenchaos, das mich immer wieder zurückentführt, in meine Kindheit oder an den Ort, an dem sie uns festgehalten haben. Wenn ich nur den Mut hätte, um von dem Spiel zu erzählen.

Dem Spiel mit den Regeln.

Es war ganz einfach zu begreifen.

Ein Mann hat es durch den gefangenen Raum gegrölt, er war so betrunken wie die taumelnde Nacht. Er hat gesagt: »Wir bilden Teams. Fünf Mädchen. Fünf Teams. Immer drei oder vier Männer pro Team, scheißegal, Hauptsache, jeder hat was zum Ficken.«

Und dann haben sie angefangen, Wetten abzuschließen: welches Mädchen als Erstes weint, welches als Erstes schreit, welches am meisten schlucken kann, ohne sich zu übergeben, welches zuerst ohnmächtig wird, in welches man am meisten reinstecken kann.

Das Mädchen verliert – das Team gewinnt.

Und seitdem weiß ich: Es gibt unendlich viele Verformungen der Gewalt, es gibt unendlich viele abartige Gedankengänge.

Sie entstammen alle.

Einem menschlichen Gehirn.

Zwischendurch sind neue Männer gekommen. Dafür sind andere wieder gegangen. Ein Kommen und Gehen. Nur wir fünf waren immer da. Und wer auch immer der Türsteher war, er hat ein Vermögen verdient, an unserem Unvermögen zu entfliehen.

Irgendwer hat eine Sofortbildkamera mitgebracht. Und da haben sie angefangen, vor Vergnügen zu lachen, und weiter ihre Spiele angetrieben.

Sie haben Fotos gemacht.

Von dem Mädchen, das verloren hat.

Sie haben geknipst und geknipst. Und die Bilder von uns haben sie anschließend an die Zimmerwände geheftet. Mit bunten Pinnwandnadeln. Ich habe gespürt, wie sie durch uns hindurchgestochen wurden, durch unseren eingefangenen Schmerz.

Ich habe sie angestarrt.

All die nackten Bilder.

Auf einigen war ich.

Es war warm in dieser Nacht zwischen Kevin und Max, das Fenster war geöffnet, und ich konnte die Geräusche aus dem Innenhof des Hotels hören. Aber da war nichts, nur hin und wieder ein paar einsame Schritte. Irgendwann ging die Nacht ihrem Ende zu. Die Morgendämmerung brach grau und hellgrau und weiß in die frühen Stunden ein. Ich war erschöpft vom vielen Denken, und irgendwie dachte ich, es wäre nun endlich genug. Aber man lernt sehr früh, Gedankengänge zu teilen, wenn man einen Kopf voll fremder Stimmen hat und seine eigene nicht finden kann. Ein Lastwagen fuhr vor, jedenfalls klang es so. Und das Letzte, was ich mich fragte, bevor ich endlich zur Ruhe kam, war: Vielleicht ist das die Hotelwäsche?

Schneeweiße Laken, himmelblaue Handtücher.

Und meine Lippen, so rot wie Erdbeeren.

Ich. So fremd.

In mir.

Ich habe meine Hand in die von Max geschoben, und mein Kopf lag auf Kevins Bauch, als würde er da hingehören. Es war ein seltsames Gefühl. Für einen Mo-

ment dachte ich, ich könnte bleiben. Für immer. In diesem Augenblick.
 Ja. Die befremdliche Geborgenheit.
 Im Nachhall der Gewalt.
 Lauschen wir.
 Nach Zärtlichkeit.

Spaltungen

Damals, die unsichtbaren Tage der Erkenntnis, als wir abhandenkamen, Schlag um Schlag in die Abhandlungen der Gewalt verstrickt. Und wie wir uns versprachen, niemals entdeckt zu werden, obwohl wir wussten, dass es nicht für immer so sein würde.

Erinnerst du dich?

Wir waren Kinder. Oder vielleicht auch nicht. Wir waren jünger als die Zeit und älter als unser Bewusstsein, und alles, was wir zu wissen glaubten, schien nichts weiter als ein verschwommener Nebel zu sein.

Noch heute erinnere ich mich an dich und frage mich, ob ich so geworden bin, wie du es dir gewünscht hättest. Du kannst es mir nicht mehr verraten, denn du bist nichts weiter als ein Denkmal in meinem müden Kopf. Aber trotzdem bist du realer als jeder andere Seelensplitter, an dem ich mich schneide. Und dein Schmerz, ich weiß, er wird immer da sein. Auch wenn du mit der Zeit lernst, ihm entgegenzusehen. Ja. Vielleicht wechselt er manchmal seine Farben, vielleicht wird er sogar hin und wieder durchsichtig, aber vollkommen verschwinden wird er niemals.

Das ist die makellose Zeit der Fehler.

Sie verheilt die Wunden der Gegenwart.

Aber nicht die der Vergangenheit.

Weißt du noch, als ich angefangen habe zu hungern? Natürlich weißt du das. Wie könntest du es jemals vergessen. Und möchtest du wissen, was ich aus all den Jahren gelernt habe: Sich nur von Erbsen und Äpfeln zu ernähren ist unglaublich lustig. Wenn man so etwas lustig findet jedenfalls. Morgens um vier Uhr aufstehen und im Park joggen gehen ist genauso lustig. Bis man tot umkippt jedenfalls.

Kontrolle.
Ist ein Spiel.
Mit gefährlichen Regeln.
Und Ana ist keine Freundin.

Aber wenn man mager genug ist, ausgehungert bis zum letzten Fetzen Haut, dann glaubt man daran, dann glaubt man an jeden Schwachsinn, den man auf eine Waage stellen kann. Und wenn der letzte Winter zum hundertsten Mal anbricht, wenn man friert und friert und vergisst, dass es auch anders sein kann, dann verlernt man schnell zu überleben.

Aber dafür habe ich dich.

Du flüsterst mir zu: Such dich nicht in der glatt geschliffenen Oberflächenstruktur eines gläsernen Spiegels, sondern in dem Licht, das du wirfst, auf andere und auf dich selbst. Dann frag dich, ob der Schatten größer ist, als du überblicken kannst, und wenn es so ist, dann geh einen Schritt zurück.

Und ich weiß.
Du hast recht, wie immer.

Aber wie nah wir uns auch sind, so still treffen sich unsere Worte auf diesem unbeschriebenen Blatt Papier, und alles, was ich dir erzählen möchte, ist immer wesentlich mehr als der Inhalt, den ich dir letztendlich vermitteln kann.

Zu lange ist es her.
Seit wir waren.

Und wenn ich zu dir sage, ich hänge an meinem roten Armband, es verknüpft meinen Schmerz mit

meinem Verstand, dann siehst du mich an und fragst dich, ob ich mich auch daran aufhängen würde, wenn es nur lang und stabil genug wäre.
Und vielleicht ist es das.
Frag Ana.
Sie hat die Schlinge geknüpft.

Ob es wohl noch etwas anderes gibt auf der Welt, ob wir ein Anrecht darauf haben, unseren grausamen Geschichten ein schöneres Ende zu schreiben?
Natürlich. Haben wir das. Und das wissen wir ganz genau. Aber die Angst, sie lässt uns in Anas Schatten treten, sie lässt uns zurückweichen, sie befiehlt uns, so unauffällig wie möglich zu sein.
Hungerwesen.
Todessehnsüchtige.
Wie sollen wir uns nennen, wenn wir keine Anas mehr sind?
Namenlos. Oder vielleicht auch Schweigen.
Ja. Die Auszeitstille.
Sie gehört uns.
Aber vielleicht, wenn ich etwas klüger werde, und du bis dahin nicht aufgegeben hast, mir all die Dinge zu sagen, die mein verknotetes Hirn nicht begreifen will.
Vielleicht.
Ganz vielleicht.
Hat diese Geschichte.
Dann endlich ein Ende.

Verlag

Zwei Wochen nach meinem Münchenbesuch bin ich ganz offiziell eine Autorin, denn ich habe nun endlich einen Verlag. Ich falle vor Schreck in Ohnmacht und schlage mir zum hundertsten Mal in diesem verfrorenen Leben meine Lippe auf. Aber nachdem ich zwei Packungen Taschentücher und drei Kompressen vollgeblutet habe, ist mir nicht mehr ganz so schwindlig, und deshalb gehe ich Harry besuchen.

»Ich bin jetzt eine Sache«, sage ich zur Begrüßung, denn mittlerweile steht fest, dass mein Buch in der Kategorie Sachbuch erscheinen wird.

Harry lacht. Mittlerweile kennen wir uns zu gut für wörtliche Missverständnisse. Und, ja! Es ist schön, ein Zuhause für ein Buch zu finden. Aber: Es ist noch viel schöner, einen Menschen zu finden, der weiß, wie man Worte mit Bedacht verwaltet.

»Irgendwer wird mich lesen, nicht wahr?«, frage ich nachdenklich.

»Eine ganze Menge Menschen werden dich lesen«, erwidert Harry und stellt mir eine Tasse Pfefferminztee auf den Tisch.

»Und wenn diese Menschen dann das letzte Kapitel gelesen haben, wenn sie mein Buch wieder zuschlagen, dann bin ich ungeschlagen«, überlege ich. »Trotz der Gewalt in meinen Worten. Denn meine Seiten fangen mich auf, und dann kann ich mich ausruhen, zwischen dem Deckblatt und dem beschriebenen Buchrücken. Und vielleicht kriege ich ja ein hartes Cover, in Gedenken an die harten Zeiten.«

Harry ist still. Und ich bin es auch.

Was gibt es noch zu sagen?

Wenn man seine Worte bekommen hat.

Ich lasse meinen Blick über die vielen Manuskripte in den Regalen und auf dem Boden von Harrys Büro wandern, sie liegen so ruhig da, als hätten sie nichts zu erzählen – dabei sind sie voll mit flüsternden Geschichten.

So wie ich.

Und das Blut, das auf einmal von meiner aufgesprungenen Lippe tropft, es fällt lautlos hinab auf die Dielen des hellen Parkettbodens.

Es wandert in unbefindlichen Linien.

In einen Spalt zwischen mir und der Zeit.

»Bist du dir sicher, dass sie wirklich mein Buch wollen?«, frage ich Harry, bevor ich den Stift von ihm entgegennehme, um den Vertrag zu unterschreiben. »Vielleicht fliegen in dem riesigen Verlagsgebäude so viele Manuskripte rum, dass sie es verwechselt haben.«

»Deine Worte kann man nicht verwechseln«, meint Harry.

»Also werde ich jetzt eingebunden?«, hake ich nach. »In ein Cover? Und ins Leben?«

»Im Leben bist du doch schon«, sagt Harry.

»Hm«, erwidere ich.

»Hm, was?«, will Harry wissen.

»Nichts«, sage ich, schnappe mir schnell den Stift und unterschreibe, bevor ich es mir doch noch einmal anders überlege.

»Geht es dir gut?«, fragt Harry nachdenklich.

»Klar«, lüge ich.

»Sicher?«, hakt Harry nach.

Und da bekomme ich Angst. Weil ich ihm gerne eine ehrliche Antwort geben würde, weil ich auf mein Armband zeigen möchte und sagen: »Siehst du, es ist rot. Wie Ana. Und ich bin vor einer Woche in einem Geschäft gewesen und habe nach neuen Symbolen für meine unzugängliche Befindlichkeit gesucht. Nachdem ich mich durch die 317 Elemente geguckt hatte, lag auf einmal das Jungfrau-Zeichen vor mir, und was gibt es Besseres als eine offensichtliche Lüge mit einem Funken Wahrheit. Denn ich bin Jungfrau im Sternzeichen. Also habe ich mir meine Jungfräulichkeit zurückgekauft und sie anschließend auf einen roten Strich gefädelt. Kannst du dir das bildlich vorstellen?«

Ja. Meine Wahrheit.

Sie ist ein kaputter Haufen Seelenschrott.

Und wenn ich anfange, von mir zu erzählen, dann verschwimmen die Worte aus meinem Text zu zähflüssiger Satzpampe, und die eiskalte Gewalt der Vergangenheit überflutet jedes noch so unabhängige Empfinden. Denn meine aufgeschriebene Geschichte ist nur ein hauchdünner Faden des unendlichen Seils, in das ich mich verwickelt habe. Und wenn ich eines Tages meinen Mund öffne, um von all den schrecklichen Dingen zu berichten, von denen ich weiß, aber nicht wissen will, dann purzeln die hässlichen Worte kreuz und quer in den toten Raum und hinterlassen ihre unförmigen Krater auf dem Fußboden. Dann wird das Entsetzen erst schwarz. Dann weiß. Und schließlich durchsichtig. Bis man direkt in meine zersplitterten Seelenfasern sehen kann und das Ausmaß des nackten Schadens begreift.

Nein.
Niemals.
Bevor ich mich verrate, flüchte ich lieber nach Hause.

In meiner Wohnung angekommen, stehe ich nachdenklich vor meinem Bücherregal und stelle fest, dass ich kein einziges Buch meines Verlages besitze. Dabei habe ich eine halbe Bibliothek zu Hause. Die Geschichten stapeln sich bis an die Decke und in zwei Reihen um meine Möbel herum.
Na ja.
Vielleicht hieß der Verlag früher anders.
Oder ich habe nicht gründlich genug geguckt.
Wahrscheinlich liegt es an meinen müden Augen – die haben schon vor Jahren aufgehört zu funktionieren. Es ist schwer, etwas zu erkennen, wenn man nichts mehr sehen will. Und wenn man erst einmal angefangen hat, durch Anas unberührte Augen zu blicken, dann vergisst man sehr schnell, dass man auch eigene Augen hat.
Denn Anas Farben sind spiegelbildlos.
Sie manipulieren jeden Ausblick.
Und ich weiß, sie begrenzt meinen Verstand.
Aber manchmal, wenn ich nicht mehr weiterweiß, finde ich mich auf einer einsamen Klippe wieder. Dort stehe ich dann direkt am Felsrand und schaue über das weite dunkelblaue Meer. Im ersten Moment sieht alles ruhig und unberührt aus. Doch dann verändert sich die Luft, sie wird kühler und merkwürdig rauh. Das helle Sonnenlicht verwandelt sich in blauweiße Nebelschwaden, zwei Seeadler am Himmel werden zu krächzenden Raben. Und aus dem Nichts heraus gesellt sich auf einmal Ana zu mir.

»Bist du einsam?«, fragt sie mich nachdenklich und lässt sich neben mir nieder.

»Nein«, antworte ich ertappt und rücke ein Stück beiseite.

»Du Lügnerin!«, erwidert Ana.

»Na und«, sage ich, »was interessiert dich meine Einsamkeit?«

»Ach, weißt du, Lilly«, erwidert Ana daraufhin leise, »ich bin nicht nur deine Feindin.«

Und in diesem Moment.

Klingt ihre Stimme weich und verletzlich.

Sie sieht mich an, ihre Augen sind genauso haselnussbraun und sanft wie meine. Und da weiß ich plötzlich wieder: Sie meint es nicht böse – das ewige Hungern. Sie kennt es einfach nicht anders, es ist das Einzige, was sie verstehen kann. Das Einzige, was ihr Ausdruck verleiht.

»Lilly«, flüstert Ana.

Auch sie weiß, wie ich heiße.

Und sie weiß: Sie selbst ist gar nicht hier.

Und dann legt sie ihren Kopf an meine Schulter, ihr eisiger Atem kitzelt in meinem Nacken und an meinem Arm, und ihre heißen Tränen sind auch meine.

Du kannst sie flüstern hören, in deinem Kopf. Ihre Worte sind ungeduldig und drängend; sie wiederholen sich, während sie zurückholen und wiederherstellen wollen, was längst verloren ist. Sie tanzen durch deine Gedanken, ziehen ihre Pirouetten, bis dir schwindlig wird. Und sie flüstern und flüstern:
»Es wird. Es wird alles. Es wird alles wieder. Es wird alles wieder gut.«
Aber du glaubst ihnen kein Wort.
Nicht wahr?
Dein Blick verliert sich hinter dem weit geöffneten Fenster, du blinzelst müde in den Regen, der fällt und fällt genau wie du. Sieh nur, wie er aufschlägt, auf dem grau gepflasterten Asphalt, auf der schiefen Bordsteinkante, auf der geradlinigen Straße. Und da vorne, hinter der nächsten Lichtung, wird es so dunkel, dass man den Wald nicht mehr sehen kann. Aber zwischen den Ästen fallen die Blätter, und im hohen flüsternden Gras wartet der Morgentau auf die hereinbrechende Dämmerung.
Ja. Der Regen raschelt in den Bäumen.
Seit gestern. Seit vorgestern.
Oder vielleicht.
Schon seit einem Jahr.

Echo

Am letzten Oktobertag gehe ich auf die Geburtstagsfeier eines ehemaligen Klassenkameraden und falle als Erstes in Ohnmacht. Vielleicht liegt es an der deutlichen Überzahl der Männer.
Oder es liegt an mir.
Oder an Ana.
Oder an meinen rastlosen Gedanken.
Alle starren mich an, genau wie früher, als ich der Alien auf dem Schulhof war. Manchmal ist es so einfach, die Vergangenheit wieder aufleben zu lassen. Erst wenn alle Beteiligten tot sind, wird es kompliziert.
Aber zum Glück.
Zum Glück.
Werden wir alle mit der Zeit etwas reifer. Denn niemand bleibt für immer fünfzehn, und deshalb sind da mittlerweile immer ein paar Menschen, die mich aufheben und sagen: »Lilly? Lilly? Bist du noch da? Hey! Hör auf, ohnmächtig zu sein, das ist doch todlangweilig. Willst du vielleicht ein Bier? Oder lieber ein Glas Wasser? Und magst du ein paar Chips? Die mit Pfeffer und Salz sind voll lecker!«
Und dann rütteln sie mich wach.
Und ich darf teilhaben.
An etwas so Unzweifelhaftem wie einer Geburtstagsfeier.

Und schließlich. Spät in der Nacht. Einer dunklen Nacht, in der ich die Zeit eine Stunde zurückstellen durfte, gehe ich zurück nach Hause. In meine Wohnung.

Und verdrehe auch dort die Zeiger der Zeit.

Die Stille, die sich um meine Schultern legt, hat längst ihren gewohnten Klang gefunden. Sie ist nicht mehr unruhig oder einsam. Sie hat sich damit abgefunden, nicht gefunden zu werden.

Denn in meiner Fundgrube.

Hebe ich die Löcher aus.

Eigenhändig. Dem Tiefsinn entgegen.

Und kurz darauf, in meinem Bett, während ich noch darüber nachdenke, wie es sich anfühlen wird, wieder am Leben zu sein, kommt die stille Dunkelheit zu mir und legt sich zärtlich an meine Seite, damit ich unerkannt einschlafen kann.

Mitten in der Nacht klingelt das Telefon und reißt mich aus meinen belanglosen Träumen. Es ist Eric, mit seiner von Rauchschwaden umhüllten Stimme.

Er sagt: »Ich vermisse dich so sehr.«

»Aha«, murmele ich. »Und welchen Teil genau vermisst du? Meine blutenden Wunden? Meine flehende Stimme? Meine Angst? Meinen Schmerz?«

»Ich vermisse dich!«, erwidert Eric. »Dich! Dein Wesen. Deine Wortgewalt. Alles. Alles!«

Einen Moment lang bin ich still.

Grabesstille.

»Was weißt du schon von meinem Wesen und von Gewalt?«, erwidere ich schließlich.

Dann lege ich auf.

Und die Nacht, die hungrige Nacht.

Sie beißt in meine dargebotene Seele.

Aber auch Nächte wie diese. Enden.

An einem neuen Morgen.

I never meant to rape you.
I just thought I could find myself.
In you.

Fehler

»Du kannst kein Buch schreiben!«, hat meine Mutter früher einmal zu mir gesagt. »Man schreibt nicht einfach so Bücher. Dafür braucht man Lebenserfahrung. Du bist vierzehn. Was weißt du schon vom Leben!?«

Okay, habe ich gedacht, vielleicht hat sie recht. Dafür habe ich Sterbenserfahrung. Das ist ein Anfang. Und wenn man vom Sterben schreiben kann, dann kann man auch vom Leben schreiben, denn irgendwie hängt das ja alles zusammen.

Also habe ich trotzdem geschrieben.

Still und heimlich.

Für mich.

Und heute, an diesem grauen Novembertag, rufe ich meine Mutter an und sage: »Ich habe einen Verlag für eines meiner Manuskripte gefunden.«

»Interessant«, sagt meine Mutter. »Was ist es denn für ein Buch?«

»Meine Lebensgeschichte«, antworte ich.

»Ach, so«, erwidert meine Mutter. »Ein Kinderbuch.«

»Was?«, frage ich und halte mich an meinem Handy fest.

»Ein Kinderbuch«, wiederholt meine Mutter. »Ein Buch für Kinder.«

Da lege ich auf.

Und schalte meinen Laptop ein.

Dann gebe ich bei Google »Neue Eltern finden« ein. Aber es kommen nur schwachsinnige Seiten mit Erziehungstipps für alleinerziehende Workaholics. Also versuche ich es mit »Eltern adoptieren«. Aber so etwas gibt es auch nicht. Schließlich fange ich an, sämtliche Wortverbindungen in Bezug auf Eltern zu googeln.

Aber nach einer halben Stunde.
Schließe ich alle Fenster.
Und gehe schlafen.

»Wie konnten deine Eltern von all dem, was dein Nachbar dir angetan hat, nichts merken!?« Diese Frage stellen mir Menschen, die keine Ahnung von irgendetwas haben, am liebsten.

Und wenn es eine Antwort auf diese Frage gäbe, dann wäre ich nicht so einsam. Aber was ist schon Einsamkeit? Sie existiert nur in einem überfüllten Raum.

»Hast du das Buch geschrieben, um dich an deinen Eltern zu rächen?« Das war die erste Frage, die mir von einem Verlag gestellt wurde. Und spätestens in diesem Moment bin ich unruhig geworden, denn ich war mir mit einem Mal nicht mehr sicher, ob wir von demselben Manuskript sprachen. Und da ich wusste, wie unwahrscheinlich die Möglichkeit einer autobiografischen Manuskriptverwechslung ist, bin ich noch unruhiger geworden, weil ich meine Worte doch niemals für einen rachsüchtigen Satz benutzen wollte. Nicht einmal aus Versehen. Ich bin viel zu müde, um wütend zu sein. Ich würde nie aus Rachsucht brüllen – eher aus Verzweiflung.

Oder vielleicht, eines Tages.
Vor Hunger.

Am nächsten Tag ruft mein Vater an und fragt, ob ich zum Abendessen vorbeikommen möchte.

Ich sage: »Ja.«

Denn es ist Dienstag. Und ich mag Dienstage am liebsten. Obwohl ich gelernt habe, dass ich an jedem anderen Tag auch bestehen kann.

Mehr oder weniger.

Es gibt Gemüseauflauf, und ich stochere mich durch den Käse bis hin zum Brokkoli und zerteile anschließend ein Stückchen Möhre. Meine Mutter redet davon, für drei Jahre ins Nirgendwo zu verschwinden, um den Weltfrieden zu finden. Dann erzählt sie noch von einem fünfzehn Wochen langen buddhistischen Gebet, was auch immer das sein soll, und anschließend sagt sie zu mir: »Dieser Agent, von dem du mal erzählt hast, der liest also deine Manuskripte.«

»Ja«, erwidere ich. »Das tut er.«

»Und er kann wirklich etwas damit anfangen, obwohl er schon erwachsen ist?«

Ich nicke, kaum merklich, und schweige dabei den Brokkoli auf meinem Teller an. Er ist dunkelgrün mit einem angeknickten Stengel. Meine Mutter folgt meinem Blick und sagt: »Menschen wie du sterben jung.«

»Was?«, fragt mein Vater überrascht und nimmt sich noch etwas von dem Auflauf. »Wie meinst du das? Du glaubst doch nicht, dass Lilly bald stirbt, oder?«

»Und wenn schon«, erwidert meine Mutter.

Es ist ein schöner Satz.

So leicht und luftig.

Also sagt sie ihn gleich noch einmal: »Und wenn schon.«

»Also kann ich einfach sterben?«, frage ich, nur so, um sicherzugehen.

Und meine Mutter.

Meine wundervolle Mutter.

Sie sieht mich lächelnd an und sagt: »Ja. Von mir aus. Das ist doch eh alles nur Transformation.«

Dann wechselt sie das Thema und driftet davon in ihren von Herzensgüte erleuchteten Yoga-Raum, zu den beugsamen Schülern auf ihren rutschfesten Gummimatten. Ich höre auf den Klang ihrer dehnbaren Worte, die sich dahinziehen, bis in den Vorgarten von Buddha und ins Reich der Entfaltungsphilosophie.

Irgendwann stehe ich auf. Ich verlasse den fremden Tisch, die fremde Wohnung, das fremde Treppenhaus, die fremde Straße und laufe nach Hause, obwohl ich mit dem Auto gekommen bin. Aber die Welt ist verdreht, und ich erkenne nur undeutliche Gestalten, flackernde Straßenlaternen und die goldorange geprägten Rottöne des raschelnden Herbstteppichs, der unter meinen ziellosen Füßen den Einbruch des ewigen Winters verspricht.

Und ja, ich weiß: Meine Eltern lieben mich.

Sie haben Fehler gemacht, sie machen noch immer Fehler. Genau wie ich.

Aber sie bemühen sich.

Irgendwie.

Diese Zeit zu begreifen.

Literatur

Der November ist kalt. Aber nicht so kalt, wie ich gedacht hätte. Die Luft flüstert sehnsüchtig ihre Schneemärchen, und die Kinder, auf die ich immer noch hin und wieder aufpasse, seit ich nach meiner Schulzeit im Kinderladen gearbeitet habe, wollen anfangen Plätzchen zu backen.

»Bald ist Weihnachten!«, sagen sie.

»Das dauert noch sechs Wochen«, erwidere ich.

»Ist das mehr als ein Monat?«, fragen die Kinder.

»Zwei Wochen mehr«, erkläre ich.

»Sind zwei Wochen mehr als ein Monat?«, fragen die Kinder.

»Nein«, sage ich. »Nur halb so viel wie ein Monat.«

»Ist das viel?«, wollen die Kinder wissen.

»Nicht so viel wie von Nikolaus bis Weihnachten«, erwidere ich.

»Ist bald Nikolaus?«, fragen die Kinder.

»Was ist bald?«, frage ich zurück.

»Demnächst«, sagen die Kinder.

»Und was kommt nach demnächst?«, will ich wissen.

»Demspäter«, sagen die Kinder.

»Hm«, überlege ich. »Dann ist Nikolaus zwischen demnächst und demspäter, und Weihnachten ist demnach demnochspäter.«

»War das ein echter Satz?«, fragen die Kinder aufgeregt und fangen an zu tuscheln.

»Ja«, sage ich.

»Kannst du noch so einen Satz für uns machen?«, bitten die Kinder.

»Mit was für Worten?«, frage ich.

»Egal«, antworten die Kinder. »Hauptsache ohne Erwachsenenwörter.«

»Was sind Erwachsenenwörter?«, will ich wissen.

»Politik«, sagen die Kinder. »Zertifikat. Vorstandssitzung. Scheidungsanwalt. Und Fauletonne.«

»Was ist eine Fauletonne?«, frage ich verwirrt.

»Das ist in der Zeitung«, sagen die Kinder.

»In der Zeitung?«, frage ich.

»Ja, in der Zeitung!«, bestätigen die Kinder.

»Ach so«, sage ich. »Feuilleton meint ihr.«

»Genau!«, rufen die Kinder. »Das haben wir doch gesagt! Hörst du uns etwa nicht zu? Und wozu braucht man die Fauletonne eigentlich?«

»Zur Unterhaltung«, erkläre ich.

»Mein Papa zahlt auch Unterhalt«, sagen einige der Kinder daraufhin eifrig. »Obwohl er Mama nicht mehr mag. Aber mich mag er noch. Das weiß ich, weil ich jeden Tag mindestens einmal bei ihm anrufe und frage. Mag dein Papa dich auch, Lilly?«

»Ich denke schon«, sage ich.

»Sehr?«, fragen die Kinder.

»Bestimmt«, sage ich.

»Gut!«, meinen die Kinder. »So sollte es sein.«

»Ja«, bestätige ich. »So ungefähr.«

»Eltern, die ihre Kinder nicht mögen, sind nämlich blöd«, erklären die Kinder weiter. »Das ist so wie mit dem Eisbären aus dem Zoo. Der hatte auch blöde Eltern. Die haben sich gar nicht um ihn gekümmert, die wollten lieber den ganzen Tag baden und Fisch essen und so. Da musste der kleine Eisbär fremdgeliebt werden, damit er trotzdem groß werden kann. Denn ohne Liebe bleibt man klein und kann nicht wachsen.«

»Ich bin auch noch am Wachsen«, sage ich.

»Wirst du sehr groß?«, fragen die Kinder daraufhin. »Zehn Meter? Oder so hoch wie der Teufelsberg?«

»Nein«, erwidere ich. »Höchstens so hoch wie ein kleiner Fahnenmast.«

»Und was machst du da für eine Flagge dran?«, wollen die Kinder wissen.

»Eine weiße«, sage ich. »Die könnt ihr dann anmalen.«

»Au, ja!«, freuen sich die Kinder. »Beeil dich mit dem Wachsen, wir fangen schon mal mit der Flagge an!«

»Okay«, verspreche ich.

»Und was ist jetzt mit unserem Satz?«, wollen die Kinder wissen. »Du wolltest uns einen Satz machen. Aus unerwachsenen Worten. Hast du das etwa schon wieder vergessen!?«

Ich denke kurz nach.

»Glück ist proportional zum menschlichen Bewusstsein«, sage ich schließlich.

»Lilly!«, schimpfen die Kinder. »Proportional ist kein Wort.«

»Doch«, sage ich. »Es bedeutet verhältnismäßig.«

»Was heißt das?«, fragen die Kinder.

»Im Verhältnis zu etwas stehen«, erkläre ich. »So, wie wenn wir einen Turm aus Legosteinen bauen und der immer höher und höher wird, je mehr Steine wir benutzen.«

»Und wenn er umkippt?«, fragen die Kinder. »Ist

dann das Verhältnis kaputt? So wie das geheime Verhältnis von Papa die aufrichtige Liebe mit Mama kaputt gemacht hat?«

»Ja«, sage ich.

»Und was machen wir dann?«, fragen die Kinder.

»Dann müssen wir einen neuen Turm bauen«, antworte ich.

»Mit denselben Steinen?«, fragen die Kinder.

»Wir können auch ein paar neue Steine dazunehmen«, schlage ich nachdenklich vor. »Und einen stabileren Untergrund.«

»Okay«, sagen die Kinder. »Das machen wir. Und Lehm könnten wir auch noch benutzen. So wie auf der Baustelle am Alexanderplatz. Die ist übrigens schon da, seit wir geboren sind. Und die geht wahrscheinlich auch nie mehr weg! Das ist traurig. Es gibt so viele Baustellen im Leben. Aber egal, wir können ja beim Wiederaufbau helfen, wenn wir groß und stark und voller Bildung sind. Und was bedeutet denn jetzt der Satz mit dem Glück und dem Verhältnis?«

»Dass unsere Fähigkeit, Glück wahrzunehmen, mit unserem Bewusstsein zusammenhängt«, sage ich.

»Was war noch mal Bewusstsein?«, fragen die Kinder nachdenklich.

»Das Gefühl, das unseren Verstand mit unserem Herzen verbindet, während wir die undurchsichtigen Farben der unsichtbaren Welt aus aufmerksamen Augen betrachten«, sage ich.

»Cool!«, sagen die Kinder. »War das Poesie?«

»Woher wisst ihr, was Poesie ist?«, frage ich.

»Mama mag Shakespeare«, erklären die Kinder.

»Obwohl Papa davon Kopfschmerzen bekommt.«

»Ach so«, sage ich.

»Wir wissen sogar, was Literatur ist«, sagen die Kinder daraufhin eifrig.
»Was denn?«, frage ich gespannt.
»Worte in einem Bilderrahmen«, sagen die Kinder.
»Ihr seid ganz schön klug«, erwidere ich.
»Ja!«, bestätigen die Kinder. »Ja! Das sind wir!«
Und dann fangen sie an zu flüstern.
Und auf einmal lachen sie geheimnisvoll in sich hinein.
»Aber leider, leider«, sagen sie schließlich und zucken bedauernd mit ihren kleinen Schultern. »Leider werden auch wir irgendwann erwachsen.«

Worte

In der letzten Novemberwoche sitze ich auf meinem Fußboden und überlege, ob ich wieder anfangen sollte zu schreiben. Seit der Überarbeitung meines autobiografischen Manuskripts habe ich kein einziges Wort mehr angerührt, und bis die Zusammenarbeit mit meiner Lektorin losgeht, habe ich noch mindestens zwei Monate Zeit.

Zwei Monate sind ziemlich viel.

Auf meinen kurzen Abwegen.

Also fahre ich meinen Laptop hoch und stöbere in den unzähligen Word-Dokumenten umher. Es sind so viele, dass ich mich ernsthaft frage, wann ich das alles geschrieben habe.

Und warum.

Zum Teil sind es vollständige Manuskripte, dann wiederum Ansammlungen von einzelnen Kapiteln oder einfach nur seitenweise Wortschnipsel.

Ich fange an zu lesen.

Dann fange ich an zu löschen.

Und zu löschen und zu löschen.

Schließlich gebe ich auf. Die Wortvergangenheit bringt mich nicht weiter, sie ist zu instabil, sie hängt an lose herumbaumelnden Ansätzen und findet ihren Bezugspunkt zur Gegenwart nicht. Also öffne ich ein neues Dokument, in einem neuen Ordner, und fange ganz von vorne an. Es ist wie immer, wenn ich schreibe: Die Zeit schließt mich aus, und die Worte schließen mich ein; die Geschwindigkeit rauscht quer durch die ausgestellten Freiräume, und die Stille verformt sich in dem Widerhall der flüsternden Satzversprechen.

Irgendwann bin ich fertig.

Also rufe ich Harry an und frage ihn, ob er eine Wintergeschichte in Frühlingsgewändern lesen möchte.

»Ich dachte, du schreibst zurzeit nicht«, sagt Harry überrascht.

»Seit Mittwoch schreibe ich wieder«, entgegne ich.

»Aber heute ist erst Freitag«, erwidert Harry verwirrt.

»Ist das schlimm?«, frage ich.

»Nein«, erwidert Harry. »Aber so schnell schreibt man keine Bücher.«

»Schade«, sage ich.

Dann denke ich kurz nach.

»Willst du den Text trotzdem haben?«, frage ich schließlich unsicher.

»Na klar«, antwortet Harry. »Ich habe zwar gerade viel zu tun, aber ich lese deinen Text, sobald es geht, und melde mich dann demnächst bei dir.«

»Demnächst kommt vor demspäter«, sage ich nachdenklich.

»Was?«, fragt Harry.

»Ach nichts«, sage ich. »Ich schicke dir gleich die Mail, und du kannst dir übrigens Zeit lassen mit dem Lesen, es sind keine flüchtigen Worte.«

Am Montag ruft Harry an und fragt, ob ich mit ihm Nudeln essen gehen will.

»Muss ich viel essen?«, frage ich.

»Nein«, sagt Harry.

»Bin ich gefeuert?«, frage ich weiter.

»Nein«, sagt Harry.

»Okay«, sage ich. »Dann komme ich vorbei.«

Eine halbe Stunde später sitzen wir bei einem Italiener um die Ecke von Harrys Büro und bestellen beide Spaghetti bolognese.

»Ich habe deinen Wintertext gelesen«, sagt Harry.

»Ich dachte, du hättest viel zu tun«, erwidere ich.

»Habe ich auch«, meint Harry. »Aber ich war neugierig und habe deshalb das erste Kapitel gelesen. Und dann das zweite. Und dann das dritte. Und schließlich konnte ich nicht mehr aufhören.«

»Ist das gut oder schlecht?«, frage ich.

»Natürlich gut!«, erwidert Harry.

»Warum lächelst du dann nicht?«, will ich wissen.

»Ich lächele doch«, sagt Harry.

Ich lege den Kopf schief und betrachte meinen Agenten.

»Na ja«, sage ich dann. »Das musst du noch üben.«

»Ach, du«, meint Harry. »Du bist verwöhnt von deinem quietschenden Kinderhaufen.«

»Kann sein«, gebe ich zu. »Hast du eigentlich Kinder?«

»Nein«, sagt Harry.

»Und eine Frau?«, frage ich.

»Ja«, sagt Harry.

»Und?«, frage ich. »Liebt ihr euch hin und zurück und gemeinsam durch die Zeit? So wie die Menschen in meinem Wintertext?«

»Klar«, antwortet Harry.

»Das ist schön«, sage ich.

»Ja, das ist es«, bestätigt Harry.

Dann kommt unser Essen, und während ich mich in meine Spaghettiphobie verwickele, sagt Harry: »Jetzt mal ernsthaft – der Text ist großartig! Aber wann hast du den denn geschrieben?«

»Das habe ich dir doch schon gesagt«, antworte ich und drehe meine Nudeln im Kreis. »Mittwochnacht und Donnerstagmittag. Und die Überarbeitung habe ich dann Donnerstagnacht und Freitagfrüh gemacht.«

Harry lacht und schüttelt seinen Kopf.

»Lachst du mich aus oder an?«, frage ich.

»An«, sagt Harry.

»Warum?«, will ich wissen. »Ist die Schrift zu groß? Oder der Zeilenabstand zu klein? Habe ich zu viele Sätze mit ›und‹ angefangen? Und was ist eigentlich schlimm daran? Ich mag sowieso am liebsten Sätze, in denen man die Spiegelbilder meiner Hintergedanken dabei beobachten kann, wie sie die Vielfalt meiner Handlungsweisen umzingeln.«

»Ach, Lilly«, seufzt Harry. »Kann es sein, dass du ein kleines bisschen hochbegabt bist?«

»So ein Quatsch«, sage ich. »Ich habe das Alphabet nicht erfunden. Ich benutze es nur.«

An den ersten beiden Dezembertagen schreibe ich nichts. Aber dann fällt mir plötzlich ein, dass der Winter lang und kalt ist. Und dass er erst vorbei ist, wenn der letzte Schnee von den Straßen geschmolzen ist. Also lege ich mich unter mein Bett und schreibe den zweiten Teil meiner Wintergeschichte. An Nikolaus schicke ich Harry eine E-Mail mit dem Text, und einen Tag später klingelt mein Telefon.

»Du bist unglaublich«, sagt Harry. »Deine Worte machen sprachlos.«

Da fange ich an zu weinen.

Weil endlich.
Endlich.
Jemand meine Worte haben will.
Auch die, die nicht so nackt sind.

Am nächsten Tag, einem verregneten Mittwoch, sitze ich in Harrys Büro und höre mir seine Positionierungsvorschläge und Zielgruppengedanken an.

»Warte mal kurz«, unterbreche ich ihn mitten in seinem Reden über meine Wintergeschichte.

»Ja?«, fragt Harry.

»Ich bin noch gar nicht fertig«, erkläre ich. »Gestern Abend hatte ich eine Idee. Und da habe ich angefangen, den dritten Teil zu schreiben.«

»Was?«, fragt Harry. »Es geht weiter? Wie, wo? Und wann? Im Frühling? Im Sommer? Und aus wessen Sicht?«

»Das verrate ich dir nicht«, sage ich.

Harry schiebt mir den Teller mit den Keksen hin.

»Versuchst du mich mit Zootieren zu bestechen?«, frage ich entsetzt.

»Ja«, meint Harry.

Aber ich verrate ihm trotzdem nichts.

Und ich nehme auch kein Zootier.

»Auf jeden Fall solltest du dir beim Schreiben immer schon einmal ein paar Gedanken darüber machen, an welche Lesergruppe du dich wenden möchtest«, sagt Harry schließlich.

»Kann ich nicht erst ein Buch schreiben und dann die Zielgruppe erschaffen?«, frage ich.

»Das ist der schwerere Weg«, meint Harry.

»Egal«, erwidere ich. »Ich nehme doch immer den schwersten Weg, ich habe sogar den Umweg über den

Strich gemacht, um auf den Punkt zu kommen. Da kann ich auch Zielgruppen gründen.«

»Okay, von mir aus«, seufzt Harry. »Aber jetzt muss ich noch etwas arbeiten. Und du gehst bitte nach Hause und schreibst schnell das neue Manuskript fertig, damit ich am Wochenende etwas zu lesen habe.«

Also gehe ich nach Hause und schreibe den dritten Teil meiner Wintergeschichte. Dann gehe ich schlafen, überarbeite am nächsten Abend alles noch einmal und schicke den Text schließlich an Harry.

Kurz darauf klingelt mein Telefon.

»Was ist das?«, fragt Harry.

»Na, der dritte Teil«, antworte ich. »Heute ist Freitag. Du wolltest doch das Buch bis zum Wochenende.«

Für einen kurzen Augenblick ist es still am anderen Ende der Leitung.

»Das war ein Witz«, sagt Harry schließlich.

»Woher soll ich das denn wissen?«, frage ich zurück.

Und dann fange ich an zu schreiben. An Weihnachten vorbei, um Silvester herum, mitten durch den Neujahrstag, am ersten Schneesturm vorbei, bis ich die Januarmitte erreicht habe und keine Worte mehr sehen kann.

In Harrys Büro türmen sich derweilen die Winterchroniken in sieben Bänden, zwei Fantasyromane und dann noch eine Psychokillerstory.

»Ich habe noch einen Text über die Vereinigung von vier jugendlichen Drogendealern und einem Blackboard Hacker geschrieben«, sage ich zu Harry. »Aber den lasse ich jetzt erst mal liegen, bis ich wieder Lust habe, mich damit auseinanderzusetzen.«

»Drogendealer?«, wiederholt Harry nachdenklich.

»Keine Angst«, sage ich. »Es ist nichts Autobiografisches. Nur die Geschichte von Davis und seinen Homies.«

»Was sind Homies?«, fragt Harry.

»Du weißt nicht, was Homies sind?«, frage ich zurück.

»Nein«, sagt Harry. »Muss man so etwas wissen?«

Ich denke kurz nach.

»Wahrscheinlich nicht«, sage ich schließlich.

»Was sind denn nun Homies?«, fragt Harry gespannt.

»Krasse Freunde, mit denen man um den Block cruisen kann«, erkläre ich.

»Krasse Freunde mit denen man *was?*«, fragt Harry.

»Bist du noch nie gecruist?«, frage ich zurück.

»Nein«, sagt Harry. »Wie geht das?«

»Wir sollten unsere Wortschätze synchronisieren lassen«, schlage ich vor. »Oder zumindest bei deinem ein zeitliches Update vornehmen und ein paar Ghetto Tools installieren.«

»Was willst du installieren?«, fragt Harry.

»Ach, vergiss die Tools«, sage ich. »Wir verstehen uns schließlich auch so wie meine Hüftknochen.«

»Wie was?!«, fragt Harry.

»Na, hervorragend«, sage ich.

Unantastbar

Damals im Bordell habe ich ein Mädchen kennengelernt. Sie war so eisig, so schön und so unbewegt von der Welt, als wäre sie eine perfekt zurechtgemachte, blutjunge Frauenleiche, gebettet in einem mit Samt ausgelegten, vergoldeten Sarg. Darla war achtzehn Jahre alt, sie hatte lange, dichte blonde Haare, die ihr in wogenden Wellen über den Rücken fielen, und sie war so tadellos geschminkt, dass kein noch so winziger Makel in ihrem Gesicht zu erkennen war.

Wenn Darla gelächelt hat, dann waren es nur ihre Mundwinkel, die sich verzogen haben, alles andere an ihr blieb regungslos und unberührt. Ihre hübschen braunen Kugelaugen waren von künstlichen, schwarz getuschten, ewig langen Wimpern umgeben, und ihre manikürten Fingernägel waren sorgfältig mit Strasssteinchen versehen.

Darla hat kaum ein Wort mit uns anderen Mädchen geredet, sie war zu sehr damit beschäftigt, in ihren Illustrierten zu blättern, SMS zu tippen oder irgendetwas in ihren Terminplaner zu notieren.

»Soll ich Fotos von dir ins Internet stellen?«, hat die Hausdame Darla am ersten Tag gefragt, aber Darla hat nur herablassend geschnaubt.

»Auf keinen Fall!«, hat sie dann mit ihrer erhabenen Stimme gesagt. »Ich bleibe nie länger als eine Woche.« Dann hat sie ihre langen Haare zurückgeworfen und sich wieder den polierten Hochglanzfotos ihrer nichtssagenden Zeitschriften gewidmet.

Darla. Ich werde ihren Auftritt niemals vergessen, so unnahbar wie sie war nicht einmal ich. Gäbe es eine Prostituiertenbarbiepuppe, sie würde mit Sicherheit genauso aussehen wie Darla. Gekleidet in eine cremefarbene Korsage, mit goldglitzernden Ohrringen, einer eleganten Diamantenkette und Beinen, umhüllt von perlenversehenen Strapsbändern.

Sie war perfekt für diesen Beruf. Kein Mann konnte Darla durchschauen, nicht einmal wir Mädchen hatten eine Chance. Ihre Erscheinung war gezielt oberflächlich, ihre Gestik sah übertrieben gelangweilt aus, aber trotzdem hatte sie etwas an sich, das mich gefesselt hat. Und obwohl sie uns alle von oben herab behandelt hat, war sie irgendwie freundlich.

Dafür war sie immer knallhart im Geschäft; sie hat einen teuren Dienst geleistet und niemals mit sich handeln lassen. In ihren Augen lag dieser bestimmende Blick, mit dem sie genau das bekommen hat, was sie wollte.

Nach exakt einer Woche hat Darla, wie angekündigt, ihre Schminktöpfchen, Sprays und Cremes wieder eingesammelt und sich von uns verabschiedet.

»Wenn ich irgendwann wieder in Berlin bin, im Ritz-Carlton oder im Adlon, dann komme ich vielleicht noch einmal für zwei, drei Tage vorbei«, hat sie zum Abschied zu mir gesagt, während sie sich Goldpuder auf ihr Dekolleté tupfte und ihre schicken Dessous in ein Dolce&Gabbana-Tütchen packte.

»Alles Gute«, habe ich erwidert. »Ich hoffe, du hast eine schöne Zeit, wo auch immer du jetzt hin willst.«

»Ich habe immer eine schöne Zeit«, hat Darla mit ihrer unterkühlten Stimme erwidert. »Es geht mir immer gut.«

Dann hat sie wie zum Beweis mit ihren hübschen schwarzen Wimpern geklimpert und mich ein letztes Mal angesehen. Ich wusste nicht, ob der Ausdruck in ihrem Gesicht Mitleid war, weil sie wusste, dass ich noch nie auf einer Jacht gewesen bin und weil ich keinen einzigen Gucci-String besaß, oder ob es einfach nur ihre Einsamkeit war.

Die furchtbare Abgrenzung.

Einer undurchsichtigen Gestalt.

Abgeschiedenheit ist ein Mahnmal,
für uns und all die anderen,
niemals zu vergessen:

Kein Raum.
So groß wie die Zeit.

Schönheit

Natürlich bin ich glücklich. Hier zu sein, in dieser seltsamen Zeit, in der sich alles wandelt und wandelt, wie in jeder Zeit, die kommt und geht und weiterzieht. Und egal, wie oft ich so tue, als wäre alles um mich herum unsichtbar, ein Teil davon gehört auch zu mir. Ob nun mit geschlossenen Augen oder mit weit geöffnetem Verstand.

Es ist ein Bild.

Von mir.

Und von all dem, was ich weiß oder eines Tages wissen werde.

Und ja, ich habe gelernt: Es ist keine Kunst, sich an der Oberfläche eines Menschen oder eines Augenblicks widerzuspiegeln. Aber in die Tiefe zu sehen, und dort etwas zu finden, das von einem selbst spricht, und auch von all den anderen Dingen.

Das ist die Schönheit.

Des Daseins.

Lebkuchen

Es ist Anfang Februar. Ich erinnere mich an den zurückliegenden Dezember. Er ist so schnell vergangen, in meinem Wortrausch, und er war schön, obwohl ich die Weihnachtszeit eigentlich nicht mag. Eine Woche nach Nikolaus haben Harry und ich zwei Lebkuchenhäuser gebastelt, mit ganz vielen bunten Süßigkeiten darauf, obwohl Harry eigentlich gar nicht wusste, was ein Lebkuchenhaus ist und wozu man es braucht. Zuerst wollte er auch weder Zuckerguss auf Kuchenplatten noch Gummibärchen an einen Schornstein kleben, weil er meinte, für so etwas hätte er keine Zeit, und außerdem würde es ihm keinen Spaß machen. Aber da habe ich gesagt: »Harry, du bist doof. Du kannst doch gar nicht wissen, ob du gerne Lebkuchenhäuser bastelst, wenn du noch nie eins gemacht hast. Und das mit der Zeit hast du sowieso total falsch verstanden. Davon hat niemand zu viel oder zu wenig, denn sie ist überall und nirgendwo. Und das ist fast schon so, als würde sie gar nicht existieren. Und wenn du aufhörst, ihr hinterherzurennen, dann kommst du auch ganz bestimmt irgendwo an.«

Das fand Harry einleuchtend.

Und als wir fertig gebastelt hatten, hat er sein Haus sogar mit nach Hause genommen und alles aufgegessen, bevor das Jahr zu Ende war. Ich habe meins aufgehoben, weil Chase und ich es mit den restlichen Silvesterknallern in die Luft sprengen wollten, um zu sehen, wie weit Lebkuchen fliegt.

Wahrheit

Es ist ein Anruf. Ein simpler Anruf. Ich nehme ihn entgegen, und einige Minuten später verstehe ich, dass eine einzige Frage ausreichen kann, um meinen Verstand in einen entblößten Stillstand zu verwandeln. Ein einziger Satz kann mich dazu bringen, eine Endlosschleife von hässlichen Bildern in meinem Kopf zu starten.
Ist deine Geschichte wirklich wahr?
Ist das die Wahrheit?
Und während ich umherirre zwischen einer Vergangenheit, an die ich nicht glauben möchte, und der Gegenwart, in der ich bestätigen soll, dass dieses nackte Mädchen in meinem Buch wirklich meinen Namen trägt; währenddessen fange ich absurderweise an, mich vor mir selbst zu rechtfertigen.
Als ob ich sagen müsste: »Ja – ja, es ist wahr. Und es tut mir leid, dass ich so hässliche Sachen schreibe. Ich werde es auch nie wieder tun. Versprochen. Ab jetzt schreibe ich nur noch vom Glück. Es tut mir so leid … wenn ich doch nur einen roten Stift bekommen könnte, einen, mit dem ich all die hässlichen Worte aus meinem Manuskript streichen könnte, all die Fehler korrigieren.«
Denn ich kenne auch die schönen Worte.
Ja. Ich kenne so viele schöne Worte.
Wenn ich sie bloß benutzen könnte, für meine eigene Geschichte. Und wenn ich ein Buch voller Lügen schreiben wollte, dann würde ich mich nicht ausziehen und nackt vor die zweifelnde Menge stellen. Dann

würde ich mir viel eher meine hübschesten Kleider anziehen und die Welt oder zumindest drei Bäume im Regenwald retten. Dann würde ich niemals verraten, dass ich Ana heiße, dass ich zu blöd bin, einen Keks zu essen, und dass ich mit unzähligen namenlosen Männern geschlafen habe.

Welches Mädchen will eine Nutte sein?

Und ich – alles, was ich will.

Ist ungefickt sein.

Manchmal stehe ich vor meinem leeren Spiegelbild und starre fassungslos in den Raum hinter der Wand. Er sieht genauso aus, wie der Raum vor der Wand. Und der Raum zwischen der Wand. Und all die Räume darum herum. Ich habe längst den Überblick verloren, über die Grenzen der unzerteilten Realität, fernab von meinen Gespenstern.

Ich bin verzweifelt.

Sprachverloren.

Weil ich es einfach nicht begreifen kann, was ich mir angetan habe, nur um mir zu beweisen, dass mein Körper mich nicht berührt.

Nach dem Anruf. Nachdem ich vergeblich versucht habe zu sagen: »Ja, das ist meine Wahrheit.« Nachdem ich erkannt habe, dass ich eine ziemlich leise Stimme habe, wenn es darum geht, das Recht auf meine Schande zu verteidigen. Da begreife ich, dass mir noch viele andere Menschen diese Frage stellen werden und dass ich bis dahin genug Mut haben muss, um sagen zu können: »*Ich* weiß, dass es die Wahrheit ist. Und ich weiß es besser, als ich es wissen möchte. Das ist mehr als genug.«

Denn wenn ich an einer simplen Frage scheitere,

dann war meine Nachspielzeit nur geliehen, dann ist mein Davonkommen ein lächerlicher Witz.

So oder so.
 Treibe ich davon.
 Weil ich nicht mehr bleiben möchte.
 Nicht hier in diesem verirrten Zeitgefüge.
 Also kugele ich mich auf meinem Fußboden zusammen und presse meine Augenlider so fest aufeinander, dass sie anfangen zu zittern. Ich betrachte meinen Schmerz, er ist ein verspieltes Treiben, das keine Grenzen kennt.
 Er überschreitet mich. Mühelos.
 Er überrennt mich. Rastlos.
 Er hinterfragt sich.
 Selbst.
 Vielleicht weil jeder Schmerz einen Raum braucht, um zu wüten, einen Ort, um Spuren hinterlassen zu können. Aber in meinen Räumen, an dem Ort, an dem ich verweile, ist alles leer und still, und ohne erwähnenswerten Bestand.
 Ich bin nicht traurig.
 Oder verletzt, oder wütend, oder enttäuscht.
 Ich bin einfach nur überwältigt von meinem verzweifelten Versuch, glaubwürdig zu sein. Als ob der Glaube an mich und meine Geschichte mir meine Würde zurückgeben könnte. *Glaubwürdig.*
 Das sieht aus wie ein verlorenes Wort auf einer Bewertungsskala von eins bis zehn. Ich bin die Null.
 Und die Wahrheit, meine Wahrheit, ich würde sie jederzeit verschenken, aber keiner will sie haben. Keiner will sie berühren. Viel zu schmutzig liegt sie auf dem weißen Grund aus Papier.

Also muss ich sie wohl oder übel behalten.
Ich muss sie aushalten. Genau wie diesen haltlosen Körper.
Es sind doch nur Worte.

Ich liebe dich. Das sind auch nur Worte. Jeder Idiot kann sie sagen. Aber lieben. Kann ich nicht einmal mich. Und die Fragen, die nackten Fragen, sie können dich mit einem Satz in Stücke reißen. Das wusste ich schon vorher, doch jetzt weiß ich es ganz genau, denn ich habe es gespürt: Worte können eine Seele mit einem einzigen gezielten Satz durchstoßen.
Aber eine gefickte Seele.
Kennt sich aus, mit heftigen Stößen.

Ich fange an zu weinen. Und dann kann ich nicht mehr aufhören, dabei hasse ich es, wenn Tränen über meine unberührbare Haut wandern. Ich weine und weine vor Angst, während die feige Zeit sich hinter dem monotonen Ticken der Uhr versteckt.
Aber irgendwann.
Höre ich wieder auf.
Es ist viel zu anstrengend zu schluchzen, und man bekommt Durst, obwohl man keine Lust hat, sich ein Glas Wasser zu holen. Und wenn man Trost bei einer ausgeblichenen Kuscheltiergiraffe sucht, wenn das alles ist, was man in seinem Bett erträgt – dann kann man nur enttäuscht werden.
Wahrscheinlich ist es sowieso sinnlos, die falschen Fragen zu beantworten. Denn für diesen Abschnitt meines Lebens werde ich keine besseren Worte finden als die, die ich schon aufgeschrieben habe. Und wenn man sie mir nicht glaubt, dann kann ich mich noch so

oft auf dem Fußboden zusammenkauern und verzweifelte Sätze flüstern, mehr Ausdruck habe ich nicht.

Und was habe ich für Beweise?

Nur ein paar Narben.

Ich gehe in mein Badezimmer und wasche mir das Gesicht. In dem Schrank über dem Waschbecken sind die Rasierklingen. Einen Augenblick lang denke ich darüber nach, Gewalt auf meiner Haut walten zu lassen. Ich denke an das hübsche Rot meines Blutes, an den klaren Schmerz, das betäubte Rauschen und an das Entsetzen danach.

Die Zeit verrinnt.

Den Bach hinunter.

Auf dem Handtuchregal neben mir liegt mein Anaarmband: rot wie eine Kirsche im Sommer. Rot wie der Sonnenuntergang. Rot wie die Morgenröte. Rot wie schweigende Lippen. Rot wie Blut. Und die fünf Knoten stehen im Grunde genommen nur für die Nichtigkeit des Seins: *Pain is temporary – Pride is forever, Perfection, Courage, Beauty, Bite me.*

Was für ein Schwachsinn.

Was für eine Welt.

In der ich mich verstecke.

Wenn ich mich nicht mehr finden kann.

Nachdenklich ziehe ich mich aus. Meine Hände sind kalt. Wie immer. Sie hinterlassen Gänsehaut, auf jeder Stelle, an der ich mich berühre, während ich mich von meiner Jeans, meinem Pullover und meiner Unterwäsche befreie.

Mein Spiegelbild widerspricht mir nicht. Es hat

mich schon viel zu oft nackt gesehen. Es kennt meine Geschichte auswendig, nicht wegen irgendeiner Narbe oder wegen der hervortretenden Rippenknochen; nicht weil man das Ausmaß meiner Beschädigung erst dann erkennen kann, wenn ich meine Hüllen fallen lasse und aufhöre, mit einem Abdeckstift auf meiner Haut herumzupinseln. Und auch nicht, weil ich schon wieder nur noch 40 Kilo wiege.

Es sind meine Augen.

Sie sind müde.

Todmüde.

Und wer will sich derart unbedeckt sehen?

Wer will sich von Sperma bedeckt unter groben Männern sehen?

Die Wahrheit.

Die zweifellose Wahrheit.

Ich würde doch alles tun. Alles.

Für eine schönere Geschichte.

Ich verliere mich im schweigenden Nachhall.
Dort. In der Stille. Ist mein Versteck.
Dort kenne ich meinen Namen.
Dort bin ich zu Hause.

Vereint

Lady ruft an und erzählt von ihrem neuen Freund. Er heißt Paolo und ist ein englischer Spanier, der gerade zwei Jahre lang Kunstgeschichte in Rom studiert hat und nun nach London zurückgekehrt ist, um für immer zu bleiben.

Lady lacht vergnügt.

Unbeschwert und fröhlich.

»Das ist das Verliebtsein«, sagt sie. »Diesmal fühlt es sich echt an. Diesmal ist es der Richtige.«

Und da weiß ich, dass Lady in London bleiben wird und dass Hailie bald einen neuen Vater hat.

So schön ist das Leben.

So schön und breit gefächert.

Achtsamkeit

Es ist Frühling. Wochen sind vergangen, seit der Frage nach der Wahrheit, und in den letzten Tagen war ich hauptsächlich damit beschäftigt, meine Arme zu zerschneiden oder gemeinsam mit meiner Lektorin die letzten Kommafehler aus meinem Manuskript zu streichen und noch einige Textstellen zu kürzen.

Jetzt liege ich auf meinem Bett und sehe durch die Zimmerdecke hindurch hinauf zu den Sternen. Sie funkeln hell. Sie funkeln beständig. Sie funkeln lange nach ihrem Verglühen. Aber die Dinge, die ich weiß, kommen mir mit einem Mal unbedeutend und ausgeblichen vor.

Ungebändigt verstreicht die Zeit. Sie streift sanftmütig meine aufgeschlitzten Arme, während ich beiläufig ein paar Sekunden zähle. Dann fangen die Minuten an. Und irgendwann kommen die Stunden.

Ich frage mich, wohin. Und wie lange noch werde ich alleine laufen, bis ich jemanden finde, der Schritt halten kann mit mir? Jemanden, der nicht einfach weiterläuft, wenn ich stolpere und falle.

Und falls ich eines Tages doch noch heimkehre, in meinen Verstand, falls mich dann irgendwer fragt: »Haben sie dich geliebt, dort unten, in all dem Chaos?«

Sage ich dann: »Sie haben mich geliebt. Wenn ich gelächelt habe. Sie haben mich geliebt. Wenn ich ihnen das gegeben habe, was sie gesucht haben. Denn alle, alle lieben dich, wenn sie etwas von dir wollen.«

Und wenn ich gefragt werde: »In der Zeit, mit all den Männern. Hast du da ein paar Herzen gebrochen?«

Was soll ich darauf antworten?

Ich weiß es nicht mehr.

Oder vielleicht: Ich weiß nicht mehr, wie viele.

Und wenn irgendwer sagt: »Wir haben dich schrecklich vermisst. Komm her. Bleib hier bei uns. Wir tragen deine Koffer heimwärts.«

Kann ich dann bleiben?

Oder renne ich davon?

Weil die Erinnerungen mir überallhin folgen.

Und wenn jemand fragt: »Wie ist es dir ergangen? Was hast du so gemacht? Weißt du, es ist verdammt schön, dich wieder hier zu haben, aber wo bist du nur gewesen?«

Was soll ich dann antworten?

Vielleicht sollte ich versuchen darüber zu schreiben. Wozu habe ich all diese Worte, wenn nicht, um sie zu benutzen? Vielleicht sollte ich mich hinsetzen und anfangen zu tippen, bevor ich gedankenlos nach meinen Rasierklingen greife.

Ja, das werde ich tun.

Und ich werde die verdammte Tastatur unter meinen suchenden Fingerspitzen nicht mehr loslassen. Ich werde schreiben und schreiben, so lange, bis ich umkippe, und dann fange ich wieder von vorne an. Ich habe nur zwei Arme. Und die brauche ich noch. Irgendwann muss die Gewalt ein Ende finden. Auch die, die ich selbst verursache.

Sterben ist nichts Besonderes.

Das schaffen wir alle irgendwann.

Aber was mache ich, wenn ich alle Worte aufgeschrieben habe? Soll ich dann welche doppelt verwenden oder einfach ein paar Silben verschieben? Ich könnte neue Worte erfinden. Oder auf Englisch weiterschreiben.

Ich könnte so vieles tun.

Wenn ich überlebe.

Ein paar Tage später sitze ich in Harrys Büro und versuche mir nicht anmerken zu lassen, dass ich irgendwo zwischen unserem letzten Treffen und der Manuskriptüberarbeitung meinen Verstand verloren habe.

»Wie geht es dir?«, fragt Harry.

»Sehr gut«, sage ich.

Aber irgendetwas läuft schief.

Normalerweise bin ich herausragend darin, eine meiner Masken zu tragen und das Glück der Welt in meinem gefälschten Lächeln widerzuspiegeln – doch Harry anzulügen fühlt sich so falsch an, dass ich es gar nicht erst richtig versuche.

»Und wie geht es dir wirklich?«, fragt Harry.

»Okay«, sage ich.

»Okay?«, hakt Harry nach.

»Nicht ganz so gut«, knicke ich schließlich ein.

Und da wandert Harrys Blick von meinem Gesicht bis hin zu meinen Armen, und weil er mich so oder so durchschaut, höre ich auf, die Wunden zu verstecken und ziehe meinen Ärmel hoch.

»Lilly!«, sagt Harry erschrocken und greift nach meinem zerstörten Arm. »Was hast du getan!?«

»Ich weiß nicht«, sage ich.

»Du weißt nicht!?«, fragt Harry.

Ich schüttele den Kopf.

»Aber du musst doch wissen, was du da tust!«, sagt Harry.

»Ich bin nicht so klug, wie ich manchmal tue«, erwidere ich.

»Allerdings!«, sagt Harry. »Das da ist nicht klug! Und ganz bestimmt ist kein Schmerz es wert, dass du dich selbst verletzt. Jeder einzelne dieser Kratzer ist überflüssig. Verstehst du das? Lilly? Du bist doch so stark!«

Ja.

Ja.

Manchmal bin ich stark.

Aber nicht immer.

»Lilly«, sagt Harry schließlich und lässt meinen Arm wieder los. »Lilly, es tut weh, dich so zu sehen.«

Und dann zieht er den Ärmel von meinem Pullover wieder über die blutigen Einschnitte, bis sie alle bedeckt sind. Seine Bewegungen sind behutsam, um mich nicht zu verletzen. Aber es brennt trotzdem. Und auf einmal erinnere ich mich an das Gefühl vor der Gewalt. Damals. In einem anderen Leben. Als ich noch nie Sex hatte, als ich noch einen Körper besitzen durfte.

Damals.

Vor so langer Zeit.

Siehst du den Frühling? Er ist bunt und still und sanft. Er kennt alle Farben, er hält sie fest, bis sie verblühen. Und vom ersten Tag an flüstert er seine Geheimnisse vom anstehenden Sommer, während hinter ihm noch die letzten Schneeflocken und Eiskristalle vom davonziehenden Winter vergraben werden.
Und hörst du das Rauschen?
Es ist ein verstecktes Versprechen.
Im Hintergrund der Gedanken.
Denn es gibt Worte, die braucht man nicht zu sagen, und man braucht sie auch nicht aufzuschreiben. Es gibt Worte, die kann man einfach für sich behalten. Ihre Wahrhaftigkeit ist frei von Zweifeln.
Und wenn etwas für immer auf unserem Gewissen haftet, dann ist das die Wahrheit. Unsere Wahrheit. Für die wir die Haftung tragen, auch wenn unsere Sprache nicht ausreicht, um uns satzgemäß zu ihr zu bekennen.
Wenn man Glück hat. So wie ich. Dann findet man Menschen, die auch die Stille verstehen.
Die schweigend antworten.
In diesem lautlosen Wortspiel.

Wortgrundlage

Wenn Lady einmal angefangen hat zu telefonieren, hört sie selten von alleine wieder damit auf. Ich bin das absolute Gegenteil und gehe meistens gar nicht erst ans Telefon. Nur wenn Chase und Lady anrufen, mache ich gerne eine Ausnahme.

»Warum bist du so still?«, fragt Lady an diesem Tag, nachdem wir schon fast eine Stunde telefoniert haben.

»Ich höre dir zu«, sage ich.

»Ich dachte, du wärst eingeschlafen«, entgegnet Lady. »Langweile ich dich?«

»Nein, überhaupt nicht. Aber ich muss jetzt langsam los.«

»Wohin?«, will Lady skeptisch wissen.

»Zu Harry«, sage ich.

»Schon wieder?«, fragt Lady. »Warum ziehst du nicht gleich in sein Büro? Da müsstest du dich doch wohl fühlen, zwischen all den Manuskripten und Bücherstapeln.«

»Ich mag meine Wohnung«, entgegne ich.

»Warum?«, fragt Lady.

»Weil ich hier wohne«, erkläre ich.

»Was für ein Grund«, meint Lady sarkastisch.

»Warum magst du London?«, frage ich zurück.

»Weil hier mein Café ist«, antwortet Lady. »Und meine Wohnung. Und mein Kind. Und mein Paolo.«

»Dein Kind würde jederzeit ein Schiff kapern und zurück nach Deutschland schippern«, erwidere ich.

»Bring Hailie ja nicht auf dumme Gedanken!«, sagt

Lady. »Das letzte Mal, nachdem ihr beiden telefoniert habt, wollte sie unbedingt Schriftstellerin werden. Daraufhin hat sie einen ganzen Tag lang meinen Laptop blockiert und ihn zwischendurch mindestens zehn Mal zum Abstürzen gebracht, nur um mir am Ende ein Dokument voll Buchstabensalat zu präsentieren.«

»Freu dich doch«, sage ich. »Vielleicht schreibt sie ein Buch über dich, dann wirst du berühmt, und dein Café in London wird so überlaufen sein, dass du es innerhalb von zwei Wochen dichtmachen und zurück nach Berlin kommen musst. Diesen Paolo kannst du von mir aus mitbringen.«

»Fang nicht wieder damit an«, beschwert sich Lady, während im Hintergrund irgendetwas klirrend zu Bruch geht.

»Himmel, Hailie!«, ruft Lady. »Es wäre schön, wenn du noch ein oder zwei Teller ganz lassen könntest, damit wir heute Abend nicht von der Tischplatte essen müssen!«

»Du hast doch gesagt, ich soll die Spülmaschine ausräumen!«, ruft Hailie zurück. »Dann musst du auch mit den Konsequenzen klarkommen.«

»Hast du das gehört?«, brummt Lady ins Telefon. »Noch so klein, gerade mal in der ersten Klasse, und weiß schon, wie man das Wort ›Konsequenzen‹ benutzt, um Menschen zu manipulieren.«

»Ich habe heute auch einen Teller kaputt gemacht«, sage ich freundlich.

»Bringt mich das jetzt irgendwie weiter?«, fragt Lady unbeeindruckt.

»Nein«, erwidere ich. »Aber man lernt sehr viel aus Situationen, in denen man nichts lernt. Das weiß ich aus meiner Schulzeit.«

»Ich hoffe, solche Sätze schreibst du nicht in deinen Büchern«, meint Lady. »Sonst wirst du noch vom Ministerium für einheitliche Bildung verklagt.«

»Gibt es das wirklich?«, frage ich.

»Keine Ahnung«, meint Lady. »Du kannst ja deinen welterfahrenen Literaturagenten fragen, wenn du nachher bei ihm bist. Was müsst ihr denn diesmal besprechen?«

»Das weiß ich noch nicht«, sage ich.

»Dann rufe ich dich morgen wieder an«, meint Lady. »Ich will auf dem Laufenden bleiben, was deine Wortbahn betrifft.«

»Das war ein schöner Satz«, sage ich. »Ich mag es, wenn du auf meiner Wortbahn läufst.«

»Ich würde auch schwimmen«, erwidert Lady. »In deinem mitreißenden Wortfluss.«

Kurz darauf sitze ich in Harrys Büro und knabbere an einem Löwen herum.

»Du kannst auch noch ein Schaf essen«, meint Harry.

»Der Löwe reicht«, sage ich.

»Oder einen Hasen«, schlägt Harry vor.

»Da ist kein Hase auf dem Teller«, erwidere ich.

»Und was ist das da neben dem Schaf?«, fragt Harry.

»Eine Ente«, sage ich. »Wie kannst du eine Ente mit einem Hasen verwechseln?«

»Aus meiner Perspektive sieht das wie ein Hase aus«, meint Harry.

Ich verdrehe meinen Kopf.

»Okay«, sage ich dann. »Von mir aus ist es ein Hase. Ich bin sowieso satt.«

»Ich bezweifele, dass man von einem Löwen satt wird«, meint Harry nachdenklich. »Vielleicht sollte ich eine Waage vor meinem Büro aufstellen und nur noch Schriftsteller mit einem Mindestgewicht von 45 Kilo eintreten lassen.«

»Dann klettere ich durchs Fenster«, erwidere ich.

»Das mache ich vorher zu«, sagt Harry.

»Ist das eine versteckte Aufforderung an mich, mehr als einen Kekslöwen am Tag zu essen?«, frage ich.

»Ja«, antwortet Harry. »Und sie ist ernst gemeint.«

»In Ordnung«, sage ich und nehme mir noch den Flügel von einer Ente. »Ich arbeite dran. Siehst du?«

»Gut«, meint Harry.

Dann schiebt er die Kekstiere beiseite und legt ein paar DIN-A4-Seiten auf den Tisch.

»Was ist das?«, frage ich.

»Der Entwurf der Vorschauseiten von deinem Buch«, sagt Harry, »den hat mir deine Lektorin gerade zugeschickt. Und der Verlag hat gefragt, ob du noch zu einem Shooting gehen könntest – für ein Poster und die Werbung.«

»Fotos?«, frage ich. »Reichen denn nicht die aus, die sie schon von mir haben?«

»Sie möchten gerne noch mehr Autoren- und Werbefotos haben«, erklärt Harry. »Aber wenn du das nicht möchtest, dann müssen sie halt die Bilder nehmen, die sie schon haben. Ich finde, das ist auch okay.«

»Ich werde nicht gerne fotografiert«, sage ich.

»Das verstehe ich«, meint Harry. »Ich mag auch keine Fotos.«

»Nein«, sage ich. »Das ist es nicht.«
»Was dann?«, fragt Harry.
Ich öffne meinen Mund.
Und dann schließe ich ihn wieder.
»Ist schon okay«, winkt Harry ab. »Du musst nichts erklären. Ich sage dem Verlag einfach, dass sie mit den vorhandenen Fotos arbeiten müssen.«
Ich schüttele meinen Kopf.
»Ich kriege das mit dem Shooting hin«, sage ich dann. »Aber falls ich auf allen Bildern so aussehe, als würde mir gerade jemand eine Waffe an den Kopf halten, dann liegt das vielleicht daran, dass die Männer, die mich entführt haben, ständig Fotos gemacht haben. Ich habe das Klicken des Auslösers noch immer in meinem Kopf. Es klickt und klickt. Und ich sehe die Bilder. Sie kommen so schnell zurück, als wären sie gar nicht weg gewesen.«
»Du brauchst nicht zu diesem Shooting zu gehen«, sagt Harry. »Mach dir jetzt keine Gedanken deswegen. Ich rufe gleich bei deinem Verlag an. Die haben wirklich genug Bilder von dir.«
»Aber ich will das schaffen«, sage ich. »Und ich kann doch nicht für immer Angst vor Fotos haben.«
»Das stimmt«, meint Harry. »Aber mir ist es lieber, wenn wir das Shooting absagen.«
»Ich kriege das hin«, widerspreche ich.
»Sicher?«, fragt Harry und sieht mich nachdenklich an.
»Sicher!«, bestätige ich.

Eine halbe Stunde später bin ich wieder zu Hause und überlege, wer ein paar Probefotos von mir machen könnte, ohne dabei zu merken, dass ich bei jedem

Klick den totalen Schaden erleide. Dann fällt mir jemand ein.

Ich rufe meine Mutter an.

»Könntest du vielleicht ein paar Fotos von mir machen?«, frage ich.

»Fotos?«, fragt meine Mutter. »Du wolltest doch sonst nie fotografiert werden.«

»Aber jetzt brauche ich ein paar Bilder.«

»Wofür?«, fragt meine Mutter.

»Für meinen Verlag«, antworte ich.

»Haben die keinen professionellen Fotografen?«, fragt meine Mutter skeptisch.

»Doch«, sage ich. »Es sind nur ein paar Probebilder.«

»Was muss man denn da vorher noch proben?«, fragt meine Mutter. »Du weißt doch, wie man lächelt.«

»Also, hast du jetzt Zeit oder nicht?«, frage ich.

»Ja, ja«, sagt meine Mutter. »Von mir aus, komm einfach vorbei.«

»Danke!«, erwidere ich.

Dann packe ich einen Stapel meiner Manuskripte ein und außerdem noch einige beschriebene Zettel, Bilder, Schreibhefte und Kleidungsstücke. Anschließend fahre ich zu meinen Eltern und fange dort an, den gesamten Wohnzimmerfußboden mit den Manuskriptseiten auszulegen.

»Was soll das werden?«, fragt meine Mutter.

»Wortkunst«, sage ich.

»Aha«, erwidert meine Mutter und betrachtet stirnrunzelnd, wie ich kurz darauf alle mitgeschleppten Gegenstände auf dem Manuskriptmeer ausbreite.

»Und was soll ich jetzt machen?«, fragt sie. »Ich

dachte, Worte schreibt man. Ich wusste nicht, dass man sie fotografiert.«

»Du sollst ja auch mich fotografieren«, erkläre ich. »Am besten stellst du dich auf einen Stuhl. Ich lege mich auf die Manuskripte, und du fotografierst einfach drauflos. Okay?«

»Ja, das kriege ich hin«, meint meine Mutter und nimmt die Kamera entgegen, die ich ihr hinhalte. »Auf welchen Knopf muss ich drücken?«

Wenig später steht sie auf einem Stuhl, und ich liege auf meinen Worten und versuche, nicht ohnmächtig zu werden von dem Klicken und den Bildern.

»Warum hast du die Augen zu?«, fragt meine Mutter.

»Nur so«, sage ich.

Dann mache ich sie wieder auf und versuche, nicht in dem schwindelerregenden Rauschen der Vergangenheit zu verschwinden.

»Ist das jetzt die moderne Art von Literatur?«, fragt meine Mutter währenddessen. »Liegen Autorinnen heutzutage in kurzen Kleidern auf ihren Worten herum? Und was ist das für ein gepunktetes Haarband? Seit wann trägst du Haarbänder?«

»Ich trage ständig Haarbänder«, erwidere ich. »Wir sehen uns nur so selten.«

»Wenn du dich öfter hier blicken lassen würdest, dann würden wir uns auch öfter sehen«, erklärt mir meine Mutter den Zusammenhang der Tatsachen der Welt.

»Aber du hast doch immer so viel zu tun«, erwidere ich. »Mit deinem Yoga und den Sanskritsachen und so. Früher, als du noch Krankenschwester warst, hattest du nicht so viel zu tun.«

»Stimmt«, sagt meine Mutter. »Aber du könntest demnächst mal zum Abendessen vorbeikommen, dann siehst du auch deinen Vater wieder. Der würde sich freuen, wenn du ihm ein paar deiner merkwürdigen Geschichten erzählst.«

»Mama, ich kann wirklich schreiben«, sage ich.

»Ich weiß«, sagt meine Mutter. »Ich weiß, was du kannst und was nicht, Lilly. Ich bin nicht ganz so blind, wie du denkst. Und ob du es glaubst oder nicht, ich habe dich in diese Welt gesetzt.«

Einen Moment lang sieht sie mich an.

Und ich vermisse sie.

So sehr.

Dann hebt sie die Kamera wieder vor ihre Augen und beginnt erneut auf den Auslöser zu drücken. Es blitzt und blitzt, und in der Ferne meiner Gedanken grollt der Donner. Ein Sturm bricht über mich herein. Der Regen spült meine Tränen davon, noch bevor sie mich erreichen.

Ich schmiege mich an die beschriebenen Seiten unter mir. Und meine Mutter, sie steht dort oben auf dem Stuhl und fotografiert und fotografiert.

Mich und die Zeit.

Und die Worte.

Ein paar Stunden später sitze ich vor meinem Laptop und betrachte die Bilder. Es sind fast hundert Stück geworden, und es tut weh, sie anzusehen, weil ich mich nicht erkennen kann, aber jetzt weiß ich wenigstens, dass ich sie überlebe, die klickende Zeit.

Und ich weiß auch, dass ich auf einem Autorenfoto anders aussehen muss: Keine Zopfgummis, keine kurzen Röcke, und kein zu mädchenhaftes Lächeln, denn

Schriftsteller müssen gebildet, erwachsen und satzkompatibel aussehen.
Außerdem ist da noch meine Vorgeschichte.

Ja. Mädchen wie ich dürfen keine Fehler machen.
Denn Mädchen in kurzen Röcken.
Sind immer selbst schuld.

Augenblicke

Ich habe dich kennengelernt, vor einer Ewigkeit, im Bordell. Du warst eines Tages da, und ich fand dich so schön, dass ich dich ständig angucken musste. Aber du warst auch traurig. Und erschöpft. Deine Augen waren immer an einem anderen Ort, man konnte sie nicht einfangen, und deiner Geschichte zuzuhören hat weh getan. Ja. Ich vergesse nie, wie du mich angesehen hast, in den Tagen, in denen das rote Licht immer greller wurde.

Du hast mit den Schultern gezuckt.

So belanglos, als wäre alles vorbei.

Und da wusste ich: Du hast aufgegeben.

Dabei warst du so klug, du hast Philosophie studiert, du warst das intelligenteste Mädchen an der Uni, du hättest so viel erreichen können. Aber du warst ein lautloser Schatten, und du hattest nur einen einzigen Menschen, der dich verstanden hat.

Einen einzigen.

Als er gestorben ist.

Da bist du das irgendwie auch.

Erinnerst du dich an all die schönen Augenblicke, die wir zusammen erlebt haben? Einmal hast du es geschafft, an einem Sonntag das Schloss der Bordelltür kaputt zu machen, und dann standest du im Hausflur und konntest nicht mehr rein. Du hast damals dort gewohnt, weil du kein Zuhause hattest, also hast du mich angerufen, um zu fragen, ob ich Türen aufbrechen könne. Das konnte ich nicht, und den Bordellbesitzer konnten wir auch nicht erreichen. Also haben wir zusammen im Treppenhaus gesessen und überlegt, das Land zu verlassen und einfach für immer zu verschwinden. Du hattest nichts zu verlieren. Dein Vater hatte dich jahrelang missbraucht, deine Mutter hatte dich vergessen.

Und der wunderbare Sex im Bordell?

Darauf konnten wir beide verzichten.

Wir waren schon drauf und dran zu verschwinden, als schließlich irgendein Gangsterfreund von dir vorbeigekommen ist, um uns zu helfen. Er war Schwanz über Kopf in dich verliebt und hätte alles getan, wenn du ihn nur darum gebeten hättest, aber du hast selten irgendwen um Hilfe gefragt. Dieser Tag war eine Ausnahme.

Zehn Minuten später hatte sich dein Gangsterfreund auch schon mit einem Seil auf den Balkon befördert und war mit Hilfe eines Schnappmessers ins Bordell eingebrochen. Da stand er dann grinsend vor uns und hat uns die Tür aufgehalten.

Und wir?

Wir waren blöd genug, hineinzugehen.

Anstatt für immer zu flüchten.

Und da haben wir dann auf dem Bett in Zimmer vier gelegen, wo du dich betrunken hast, während ich fünf Salzstangen und einen halben Apfel gegessen habe.

Anschließend war uns beiden schlecht.

Und weißt du noch, der Abend, als wir beide mit diesen zwei Kunden im Restaurant eines Hotels saßen? Du warst total fertig, weil du die ganze Nacht lang mit einem durchgedrehten Drogentypen im Zimmer gewesen bist und kaum noch geradeaus laufen konntest. Du hast ständig gelacht, obwohl gar nichts lustig war. Und ich saß da und habe versucht, die beiden Typen davon abzuhalten, gleich hoch ins Zimmer zu gehen, damit wir nicht so lange Sex haben mussten und du noch etwas Zeit zum Essen und Trinken hattest. Schließlich hat der Nettere von den beiden mich ausgesucht, und der Idiot hat dich mit auf sein Zimmer genommen. Er hat dir weh getan, das habe ich gleich gesehen, als wir uns danach wieder wie verabredet in der Lobby getroffen haben. Ich musste weinen, wegen der blauen Flecken an deinem Handgelenk und weil du so blass warst wie ein Gespenst, aber du meintest nur: »Ist okay, Lilly. Nichts passiert. Ich bin so high, ich habe gar nichts mitbekommen.«

Dann sind wir zurück ins Bordell gefahren.

Und hatten noch einen Termin.

Und noch einen.

Ja. Das sind so Tage, an die sich niemand erinnern will. Aber ich tue es doch, denn ich vermisse dich. Ich hoffe, du weißt, wie sehr ich die Augenblicke mochte, in denen du mir von deinem Leben erzählt hast, auch wenn ich anschließend jedes Mal traurig war. Ich habe es geliebt, dir zuzuhören. Und wenn es nach mir gegangen wäre, dann hättest du für immer weiterreden können. Aber du hast von Tag zu Tag weniger gesagt. Dafür hast du angefangen, mehr und mehr Drogen zu nehmen. Ja. Du hattest ständig dunkle Ringe um deine Augen, dein Blick wurde erst glasig, dann noch glasiger, und irgendwann konnte ich ihn nicht mehr einfangen.

Du hast gelächelt.

Doch keiner hat dir mehr geglaubt.

Dann hattest du Geburtstag, und ich habe dir ein Glückskuschelschwein geschenkt. Das sah so bescheuert aus. Aber du hast dich trotzdem darüber gefreut. Du hast mich umarmt, und ich wäre fast gestorben, weil ich solche Angst um dich hatte.

Ein paar Tage später bist du verschwunden.

Einfach so. Ohne ein letztes Wort.

Ich habe dich nie wieder gesehen.

Gezeiten

Du kannst diesen Frühling bis zum Winter hinauszögern. Es ist ganz einfach, sieh dich nur nicht nach den ersten Blumen um, vergiss, wie sprießende Knospen aussehen, ignoriere die hellgrünen Blätter, meide den Wald und jeden Straßenrandbaum, der schön genug ist, um ein Vogelnest zu beherbergen.

Du kannst den Frühling so weit wegschieben, wie du magst. Alles, was du brauchst, ist eine dicke Jacke, einen langen Schal, eine Sonnenbrille, und dafür keine Sandalen, keine Kleider und keine Röcke.

Nur eines musst du wissen.

Irgendwann kommt der Frühling auch bei dir an.

Und dann wirst du weinen, vor Schrecken, weil du all diese Schönheiten so lange nicht gesehen hast. Deine aufgerauhte Winterhaut wird brennen unter den Sonnenstrahlen, und deine unsicheren Augen werden ungläubig blinzelnd auf dein lächelndes Spiegelbild blicken.

Ganz egal, wie kalt dein Winter war, ganz egal, was für Schneestürme er über dich gebracht hat. Selbst wenn alle deine Freunde um dich herum von einem nervös herumzappelnden Psychopathen abgeknallt wurden oder wenn der Mann deiner Träume an einem Blutgerinnsel in seinem Kopf gestorben ist, ohne dich noch ein letztes Mal küssen zu können, selbst dann wird irgendwann wieder der Frühling über dich hereinbrechen.

Ob du nun dazu bereit bist oder nicht.

Ob er dich aus der Fassung bringt und alles noch

schlimmer macht oder ob er sich sanft und streichelnd über deinen Wunden ausbreitet und dir ein neues Zukunftsangebot unterbreitet.

Er wird kommen.

Und er wird andauern.

Alle Menschen mit Heuschnupfen werden ihn niesend verraten, und die rosablühenden Kirschbäume werden die schönsten Bäume in jedem von Ordnungshütern bewachten Parkgelände sein.

Und wenn er dann da ist, der Frühling, wenn er so offensichtlich vor dir liegt, dass auch keine geschlossenen Rollläden mehr helfen, ihn auszublenden, was machst du dann?

Gehst du hinaus zu den anderen, weil du dort hingehörst? Gehst du hinaus zu den anderen, weil du irgendwo dazugehören möchtest? Oder gehst du hinaus und stehst alleine am Straßenrand, bis dich irgendein Idiot anhupt, weil er dich für eine Nutte hält? Steigst du dann zu ihm ins Auto, fährst du mit ihm mit, bis auf den nächsten abgelegenen Parkplatz? Und was machst du dann? Lässt du dich ficken? Oder schlägst du ihn zusammen, raubst ihn aus und machst dich von den Socken, bevor ein zufällig vorbeischlendernder Spaziergänger die Polizei rufen kann?

Oder bist du klug genug.

Um gar nicht erst einzusteigen.

Das Leben ist voll von fragwürdigen Entscheidungen. Einmal getroffen, kann man die meisten nicht mehr zurücknehmen. Einmal bei Popstars aufgetreten, und deine Musik wird immer nach RTL klingen. Einmal zwei Millisekunden zu spät gebremst, und irgendeine Familie hat plötzlich keinen Ball und kein Kind mehr. Einmal den Falschen geheiratet, und du befindest dich auf einem anderen Kontinent, keiner um dich herum versteht deine Sprache, und wo dein Pass ist, weißt du auch nicht.

So ist das mit der Welt.

Sie ist wunderschön, ohne Frage.

Aber das zu wissen ist ein Privileg, das wir uns nicht an jedem Tag leisten können. Vielleicht ist das auch ganz gut so, was wäre schon Glück, wenn es allgegenwärtig wäre. Wie würden die Straßen aussehen, wenn wir alle mit einem breiten Grinsen im Gesicht durch die Gegend hüpfen würden und vor Freude und Glückseligkeit einfach davonschweben könnten. Sämtliche Psychologen und Psychiater wären auf einen Schlag arbeitslos. Aber das wäre wahrscheinlich egal, weil sie ja trotzdem glücklich wären. Die Modedesigner müssten von Größe 30 auf Größe 36 oder 38 umschneidern, weil sich kein Mensch mehr von zuckerfreien Kaugummis ernährt, wenn das Glück ihn umzingelt.

Es würde Sommer werden.

Einen ganzen Sommer lang.

Bis hin zum Herbst.

Und dann wäre Herbst, bis mitten hinein in den Winter. Und ob du es glaubst oder nicht, dann würden auf einmal wieder die ersten Vögel auf deinem Fensterbrett herumtapsen, und die Sonne würde sich durch die grauen Wolken kämpfen, und alles, alles, würde von vorne losgehen.

Mit einem neuen Frühling.

In einem neuen Jahr.

Australien

»Was machst du heute Abend?«, fragt Lady, und ich schalte mein Handy etwas leiser, weil sie immer noch lauter ist als alle anderen Menschen zusammen. »Und sag jetzt bloß nicht schreiben! Du bist nämlich noch zwei, drei Jahre zu jung, um ein Einsiedlerleben mit deinem Laptop zu führen.«

»Vielleicht gehe ich mit Chase weg«, überlege ich.

»Gute Idee«, meint Lady. »Aber zieh dir nicht so viel an, du weißt doch – *body is not for hiding!* Und geh ja nicht auf irgend so eine Buchparty.«

»Was ist eine Buchparty?«, frage ich.

»Keine Ahnung«, meint Lady. »Aber mit irgendwas müsst ihr Schreibwesen doch eure Abende verbringen, oder? Ich dachte immer, einer von euch Buchstabenjongleuren startet eine Rundmail mit dem Aufruf zum ›offenen Wortabend‹, und dann trefft ihr euch alle in einer geräumigen Zehn-Zimmer-Wohnung mit Ausblick über Berlin. Jeder bringt Löschpapier und seinen Lieblingsradiergummi mit. Die großen, runden Partytische sind kistenweise mit Kugelschreibern, Bleistiften, Füllfederhaltern, Tintenfässern und tonnenweise Papier bedeckt, und für die ganz Kreativen gibt es sogar ein paar bunte Seiten. Jetzt erzähl mir bloß nicht, so etwas würde es gar nicht geben?«

»Ich war jedenfalls noch nicht eingeladen«, sage ich. »Aber ich kann ja mal meinen Agenten fragen.«

»Nein, brauchst du nicht«, meint Lady. »Du sollst ja sowieso nicht mit den anderen Wortpsychos abhängen! Zieh dir lieber ein kurzes rotes Kleid an und verlieb dich in einen Australier.«

»Warum gerade in einen Australier?«, frage ich verwirrt.

»Weil der irgendwann wieder zurück nach Australien geht«, erklärt Lady. »Und dann kannst du Chase heiraten.«

*Kein Tag, der nicht beginnt,
ohne irgendwo
zu enden.*

*Kein Ende, das nicht irgendwann
mit einer Ewigkeit
beginnt.*

Standbilder

Fotos sind nur die Oberfläche eines Augenblicks. Man erkennt einen Ausschnitt, einen eingegrenzten Bereich, ein formatiertes Abbild. Das war's.

Das Mädchen dahinter erkennt man nicht.

Also bin ich in Sicherheit.

Ich werde dieses Shooting ohne größere Zwischenfälle überstehen und am Ende nach Hause kommen, genau wie damals, nach der Entführung, als die Betäubungspillen ihre Wirkung verloren hatten und ich in meinem Keller wieder aufgewacht bin. Da habe ich es auch geschafft, die Treppen hochzugehen.

Schritt für Schritt.

Den ganzen langen Weg.

Zurück.

Es ist ein windiger Frühlingsmorgen, ich bin in der Wohnung, in der das Shooting stattfindet, und sitze am Küchenfenster auf einem Stuhl. Mein Herz schlägt träge vor sich hin, als wollte es mir verdeutlichen, dass es sich nur meinetwegen durch die Gegend schleppt und eigentlich längst hätte schlafen gehen wollen.

Ich trage ein blaugraues Kleid.

Und ein unechtes Lächeln.

Die Stylistin Trisha durchwuschelt meine Haare und fängt an, mein Gesicht abzutupfen, einzucremen, anzupinseln und alle Schatten wegzupudern. Am Ende sehe ich trotzdem fast genauso aus wie vorher.

»Das ist alles nur, damit deine Haut nicht glänzt und deine Augen und Lippen ein bisschen betont werden«, sagt Trisha und zwinkert mir zu. »Keine Angst, ich verwandele dich nicht in einen anderen Menschen.«

Sabine, die Fotografin, sieht mich lächelnd an und fügt hinzu: »Du bist so schön – mach dir keine Sorgen, es werden ganz tolle Bilder!«

Dann fangen wir an.

Ich tue so, als hätte ich keinen Filmriss. Als wären die Bildfetzen in meinem Kopf nicht da. Ich lächele. Und lächele. Und Sabine freut sich, weil alles so gut klappt. Mein Verlag hat sie wahrscheinlich vorgewarnt, dass ein kleines Häufchen Wortelend bei ihr aufkreuzen und höchstwahrscheinlich im Zehnsekundentakt in Ohnmacht fallen würde.

Aber ich falle nicht.

Ich reiße mich zusammen.

Bis zum letzten Bild der ersten Serie.

Dann machen wir eine Pause, und Trisha fragt mich, ob ich etwas essen möchte.

»Guck mal«, sagt sie. »Sabine hat extra für uns ein Riesenfrühstück vorbereitet. Hast du Hunger?«

Ich schüttele meinen Kopf.

»Vielleicht nachher«, sage ich dann.

»Okay«, meint Trisha. »Machen wir erst einmal das Shooting zu Ende. Dann haben wir die Arbeit hinter uns.«

Sie lacht fröhlich und erzählt mir von ihrem Wochenende. Ihre Stimme ist bunt und erinnert mich an ein Lied, das ich einmal kannte. Kurz darauf sehe ich es geradezu vor mir, wie Trisha mit ihrer Freundin auf Inlineskates durch die Straßen stolpert, während sämtliche Passanten belustigt ihre Köpfe schütteln, weil die beiden noch nie geskatet sind und mehr abgehacktes Hüpfrollen praktizieren als anmutiges Gleiten.

Dann kommt Sabine mit ihrer Kamera.

»Das Licht ist fertig aufgebaut«, sagt sie. »Wir können jetzt die Bilder für das Poster machen.«

Ich gehe hinüber in den anderen Raum. Dort hängt schon ein riesiges schwarzes Tuch an der Wand. Ich stelle mich davor und warte darauf, dass die Dunkelheit in meinem Rücken sich auf mich stürzt und die ausgelieferten Überreste von mir verschlingt.

Ich warte.

Auf eine Regung.

In mir.

Aber ich bin längst nicht mehr dort. Die Stimmen in meinem Kopf sind überall. Sie flüstern und flüstern. In ihrer bildlichen Sprache.

Das Mädchen neben mir.

Fängt an zu schreien.

Sie schreit immer lauter.

Und ich bin dankbar. Dankbar. Dass es diesmal nicht meine Schreie sind. Oder sind es doch meine? Bin ich das fremde Wesen? Ich weiß es nicht. Ich weiß es wirklich nicht.

Lilly? Lilly. Komm, lass uns davonlaufen. Vielleicht. Wenn wir schnell genug sind. Treffen uns die Geschosse nur aus der Ferne. Dann spüren wir sie kaum. Hörst du? Hörst du mir zu? Vergiss das laute Leben. Im Schweigen wartet ein Wort auf uns, ein Versprechen, das uns versteckt. Niemand wird die Wahrheit erfahren. Niemand wird Fragen stellen. Fragen über Fragen. Nein! Wir werden der Stille gehorchen.

Wir kommen schon klar. Ganz alleine.

Wir. Ana. Du. Ich. Das kleine Mädchen.
Und all die anderen.
Wir. Nur wir.
Lass den Kreis ungebrochen, lass niemanden an uns heran. Gib der Zeit ihre berechenbaren Stunden. Verzichte auf die benutzten Minuten. Wen interessiert ein Tag? Drei Tage? Freitag. Samstag. Sonntag.
Lauf weg! Nun lauf schon!
Niemand wird dich finden. Dein Versteck ist bedeckt mit weißen Lügen. Sieh doch nur: Dein Lächeln ist so echt, dass es alle verblendet.
Lilly.
~~Lilly.~~

»Ana?«, flüstere ich. »Bist du da?«
»Ja«, wispert sie.
Natürlich.

Nachruf

Ich bin wieder zurück in meiner Wohnung. Es ist längst dunkel draußen. Ich habe keine Ahnung, wie ich hierhergekommen bin und wann. War ich nicht gerade noch spazieren, weil mir zu schwindlig zum Autofahren war?

Was ist mit der Zeit passiert?
Was ist nur geschehen?
Lilly?
Sieh nur, da draußen, dort weht der Wind. Was sagst du? Du kannst ihn nicht sehen? Aber die Äste der riesigen Bäume, sie wehen doch ungebändigt in der Nacht hin und her! Siehst du das denn wirklich nicht? Mach die Augen auf. Mach deine Augen auf! Sieh doch nur, wie der Wind mit den winzigen Zweigen tanzt.

Warum weinst du denn schon wieder?
Ist das der Schmerz?
Ja. Aber keine Angst.
Schmerz ist relativ.
Wenn man lange genug darüber nachdenkt, ist er eigentlich gar nicht da.

Wo kommt das ganze Blut her? Tu das nicht! Bitte.
Hör auf! Du schneidest zu tief. Bitte!
Was hast du getan?
Lilly?
Die Zeit erstickt.
Aber wir müssen atmen.
Auch wenn die Luft uns nicht schmeckt.

Es klingelt an meiner Tür. Das Geräusch reißt mich aus meiner Entgleisung, die mich zu überfahren droht, und zerrt mich zurück auf eine holprige Bahn ohne Weichen.

Ich ziehe die Rasierklinge aus meinem Arm.

Blut tropft auf den Boden.

Aber da ist sowieso schon überall Blut. Ein bisschen mehr oder weniger – darauf kommt es jetzt auch nicht mehr an.

Es klingelt wieder.

Wie spät ist es?

Hatte Chase nicht gesagt, er sei für ein paar Tage in Italien? Wer sonst würde mich besuchen? Ich lasse doch niemanden in meine Räume.

Mein Kopf ist so weit weg. Wie in Trance öffne ich die Tür. Ich weiß gar nicht mehr, was ich eigentlich tue. Ob ich schon tot bin? Oder bin ich nur ein bisschen müde und erschöpft von einem langen Tag?

»Lilly? Lilly! Was hast du getan!?«

Es ist Harry.

Er steht im Treppenhaus und starrt mich an, als wäre ich tot. Mir wird schwindlig. Also lasse ich mich auf den Boden sinken, bevor ich falle. Das Blut läuft über meine Arme und versammelt sich zu einem kleinen See. Ich zeichne mit den Fingerspitzen ein Bild.

Es geht unter.

So wie ich.

»Lilly«, sagt Harry. »Du musst dir sofort etwas um deinen Arm binden.«

Ich blicke auf.

Er steht noch immer vor meiner Tür.

Dann sagt er den gleichen Satz ein weiteres Mal.

Ich lausche verwirrt. Ist das mein Kopf? Muss ich jetzt für immer ein und dieselbe Wortabfolge hören? Endlos. In einem verbogenen Zeilenrücksprung.

Ich blicke wieder zu Boden.

Und zeichne ein weiteres rotes Bild.

»Darf ich reinkommen?«, fragt Harry auf einmal aus der Ferne.

Ich nicke.

Aber mein Kopf ist unbeweglich.

»Lilly, darf ich reinkommen?«, wiederholt Harry.

Ich nicke erneut.

Diesmal funktioniert es.

Meine Blutspur zieht sich längs über den Flur, quer durch mein Schlafzimmer, bis hin zu meinem Bett. Dort sitze ich neben meiner Giraffe und der grünen Schlange und dem Hasen und sehe zu, wie Harry einen Verband um meinen Arm wickelt.

Erst um den rechten.

Dann um den linken.

Das Blut sickert durch. Mir wird kalt. Noch kälter als sonst. Vielleicht sollte ich zu einem Arzt gehen. Harry hat schon dreimal gefragt. Aber ich will nicht. Ich will lieber schlafen.

Ich spüre sowieso nichts mehr.

Die Schnitte tun nicht weh.

Harry sagt etwas. Dann sagt er noch etwas. Ich fühle mich nackt. Also nehme ich die grüne Schlange in meine blutigen Arme und ziehe die Bettdecke über uns beide.

»Lilly«, sagt Harry, der immer noch auf meiner Bettkante sitzt und nicht weiß, was er machen soll.

»Hörst du mich? Lilly, jetzt versteck dich doch bitte nicht vor mir.«

Aber wenn ich eines kann in diesem Leben.
Dann ist das verschwinden.

Schaden

Ich sitze auf Harrys Sofa und zupfe unruhig an meinen Verbänden herum. Es ist der nächste Tag, obwohl sich der letzte nicht im Geringsten so anfühlt, als wäre er vorbei oder würde es jemals sein.

»Wir müssen reden«, sagt Harry.

Das sagen alle.

Wenn ich schweige.

Und wenn ich dann einfach weiterschweige, dann sagen sie unbeirrt: »Lilly! Lilly! Wo sind nur deine Worte? Du hast doch so viele! Die kannst du gar nicht alle auf einmal verschluckt haben!«

Aber ich kann.

Sogar noch viel mehr schlucken.

»Wir müssen wirklich reden«, sagt Harry nachdrücklich.

Und diesmal ist seine Stimme so nah an meinem Ohr, dass ich sie leise flüsternd auf meinem Verstand kitzeln fühle. Ich blicke mich um. Wie groß dieser Raum auf einmal geworden ist. Hatte er vorhin nicht noch Wände? Wo sind die Manuskripte hin? Und die Bücher?

Ich bin so müde.

So unbeschreiblich müde.

»Lilly?«, fragt Harry.

Wie kann ein Mensch allein so geduldig sein. Wie kann jemand so oft meinen Namen sagen, obwohl es doch offensichtlich ist, dass ich Ana heiße?

»Lilly!«

Meine Gedanken betreten den wortgründigen Raum meines Literaturagenten. Vor sieben Monaten kannten wir uns noch gar nicht. Vor sieben Monaten habe ich noch verzweifelt versucht, meine Kindheitstage in einen halbwegs anständigen Papierrahmen zu pressen. Als wäre es ein gegebenes Recht, so lange Jungfrau zu bleiben, wie man will. Dabei hat man nicht einmal das Recht auf ein Kondom. Nicht als Kind.

Meine Augen glitzern. Ich wäre gerne mutig genug, um zu weinen. Vielleicht würden dann all meine Worte aus mir herausbrechen und diesen Raum überfluten, so dass ich mich treiben lassen könnte, auf der spiegelklaren Oberfläche meines Wortmeeres. Vielleicht würde Harry zufällig mit einem Segelboot vorbeikreuzen, auf der Suche nach einer poetischen Flaschenpost. Und dann würde er mich zwischen all dem Treibholz aus untergehenden Gedanken entdecken und das Licht einschalten.

Das Sonnenlicht.

Es würde die Flut trocknen.

Und das Meer zurück in den Ozean treiben.

»Lilly, bitte«, sagt Harry schließlich.

Und falls ich vorher noch nicht gewusst habe, dass man einen Namen so aussprechen kann, dass er sich zu einem Menschen bekennt – dann wusste ich es anschließend.

Also öffne ich meine Augen.

Einmal. Zweimal.

Dreimal.

Bis es wieder meine eigenen sind.

Einen Moment lang sehe ich sehnsüchtig aus dem Fenster und suche die Zeit, die ich verloren habe. Aber

wenn man Zeit sehen könnte, dann müssten wir alle blind sein, um sie unvoreingenommen zu empfangen.
Ich wende meine Blickbahn.
Auf die Zielgerade.
Und dann erzähle ich auf einmal von den Zwischenräumen meiner Geschichte, von der begrenzten Wahrheit, die ich nicht ausweiten kann, aus Angst davor, zu viel zu verraten und mich in Gefahr zu begeben oder an einem hässlichen Wort zu ersticken.
Ich rede und rede.
Von Sex mit vier Männern. Die alle gleichzeitig in einem drinstecken. Während man dankbar dafür ist, dass man so weit von sich selbst entfernt steht, dass man sich nicht einmal mehr fragen kann oder muss, wie das anatomisch möglich ist.
Schmerzen sind Klangbilder.
In Höhen und Tiefen.
Sie hinterlassen ein Echo.
Aber man kann sie ausblenden, indem man sie überblendet, mit einem unendlichen Rauschen, das alle Bilder verwischt und den Klang verzerrt.
Nein. Man bekommt keinen Nobelpreis.
Fürs Vergewaltigtwerden.

Irgendwann höre ich auf zu erzählen. Meine Stimme ist viel zu müde, um lange genug durchzuhalten, und außerdem wird es auf einmal kalt.
Wintersplitterkalt.
Eisfasernackt.
Harry sieht mich an, er will mich auffangen, aber ich bin schon längst gefallen. Und in den Worten, die er mir sagt, nachdem ich nichts mehr sagen will, höre ich die verzweifelte Sprachlosigkeit.

Und da begreife ich den Fehler.

Den großen, großen Fehler.

Ich habe zwar ein Buch über mein Leben geschrieben, aber es ist nur ein winziger Kratzer auf der Oberfläche. Nicht einmal annähernd so tief wie die Einschnitte auf meinem Arm, nicht halb so entblößt wie meine Seele. Und in dem Moment, in dem ich meinen Mund öffne, um die Wahrheit in ihrer Gesamtheit darzulegen, das Bild zu vervollständigen, da fallen meine Worte in einen unaussprechlichen Raum.

Die Fassungslosigkeit umfasst jeden Satz.

Der Nachhall verschlingt alle Klänge.

Und wenn kein Mensch begreifen kann, wie solche Dinge geschehen können, wenn niemand versteht, dass es eine Steigerung von Gewalt gibt, für die es keinen Ausdruck gibt – wie soll ich dann jemals begreifen können, dass ich dieses zersplitterte Mädchen bin? Wie soll ich jemals verstehen, dass ich das überlebt habe, was keiner glauben kann.

Was ist ein Raum aus Gewalt? Nichts.

Nichts, was wir benennen können.

Was ist Angst? Alles.

Alles, was von uns spricht.

Und was ist das Ende?

Den Raum zu verlassen, aus Angst zu schweigen, und dann, wenn man doch noch die Stille bricht, nur eine einzige Antwort bekommt: »Diesen Raum gibt es nicht.«

»Komm, Mädchen. Zieh dir etwas an. Sonst fängst du noch an zu frieren. Du kannst nicht für immer hier in dieser Wohnung bleiben. Du musst gehen! Siehst du denn nicht: All die anderen Mädchen sind auch weg. Und die Männer. Die Männer. Wer weiß, was sie gerade treiben. Vergiss das endlose Stöhnen. Ignorier die verschwitzten Gesichter. Komm schon, komm weg von hier! Dies ist kein Ort zum Verweilen.«
Ich lausche meiner abgesplitterten Stimme.
Sie kommt näher und näher, ganz dicht an mich heran.
Die blutige Zeit gerinnt.
Sie bildet eine dunkelrote Kruste.
Direkt über meiner unverfrorenen Angst.

Schnittmuster

Der Sommer beginnt wärmer, als ich fühlen kann, mit meinen kaputten Winterknochen. Chase und ich sitzen im Lietzenseepark auf einer Wiese und gucken zu, wie Menschen an Enten vorbeijoggen.

»Du bist ganz schön blass in letzter Zeit«, stellt Chase fest.

»Ich bin seit fast zwanzig Jahren leichenblass«, erwidere ich.

»Nee«, meint Chase. »Das ging erst mit siebzehn richtig los – vorher warst du dunkelweiß.«

»Was soll denn Dunkelweiß für eine Farbe sein?«, frage ich.

»Die Komplementärfarbe zu Hellschwarz«, erklärt Chase.

»Dein Zwischenbestand an Unwissen wird immer absurder«, sage ich kopfschüttelnd.

»Zwischenbestand ist ein gutes Wort«, meint Chase. »Da kann man bestimmt Literatur draus machen. Schreib dir das schnell auf, bevor du es vergisst!«

»Ich werde mir ja wohl ein Wort merken können«, erwidere ich.

»Da bin ich mir nicht so sicher«, meint Chase. »Deiner Hautfarbe nach zu urteilen kannst du dir nicht einmal den Weg zum Kühlschrank merken. Also schreib dir *Zwischenbestand* auf deine Seiten, bevor du wieder einmal den *Gesamtbestand* deiner Hirnzellen verlierst.«

Chase guckt mich so auffordernd an, als wäre Zwischenbestand das letzte Wort seiner Art, und da krame ich seufzend in meiner Tasche herum, bis ich eine Handvoll Zettel und einen Stift finde. Genau in diesem Moment streift ein Wind durch die Zeit, und meine Zettel flattern fröhlich durch die Luft. Chase springt auf und hüpft über die Wiese, um sie einzufangen.

»Hier«, sagt er kurz darauf außer Atem und drückt mir meine zerknitterten Wortschnipsel wieder in die Hand. »Hast du denn keinen Block?«

»Nein«, erwidere ich. »Ich verzettele mich lieber.«

Chase grinst.

»Ein Wort. Ein Satz. Eine Lilly. Ein Buch«, sagt er dann kopfschüttelnd. »Manchmal frage ich mich echt, was wohl mit dir passieren würde, wenn man dich auf Wortentzug setzt. So wortsüchtig wie du ist wahrscheinlich niemand. Kaum drückt man dir einen Stift in die Hand, fängst du auch schon an, eine Line nach der anderen zu ziehen! Du bist total auf Wortcrack. Ein Satzjunkie. Und dein eigener Wortdealer bist du auch, alles handgedreht und selbst angebaut. Ich sehe dich schon vor mir, in der Anti-Wort-Therapie, da hockt dann so ein hundert Jahre alter, Öko-Tee trinkender Psychologe und sagt: ›Na, konnten Sie mal wieder die Finger nicht von den Stiften lassen? Ich sehe es doch an Ihren Worten!‹ Und du darauf: ›Nein! Ehrlich, ich schwör's! Ich habe heute keinen einzigen Satz formuliert.‹ Der Psychologe: ›Ach, kommen Sie, geben Sie es zu! Sie haben schon wieder ein Buch geschrieben! Ständig verfallen Sie in Ihre alten Satzmuster!‹«

»Einige Teile von diesem Text kenne ich irgendwoher«, sage ich nachdenklich und versuche mich zu erinnern, woher.

»Kein Wunder«, meint Chase. »Sind ja auch deine Worte. Die hast du mir aus einem deiner Sommercamps geschickt.«

»Das ist ja ewig her«, sage ich. »Da war ich noch jung und unschuldig. Hast du den Brief etwa aufgehoben?«

»Ich behalte alle deine Worte«, erwidert Chase gedankenverloren und spielt mit einem Grashalm in seinen Händen herum. »Alle.«

»Hast du auch die Briefe aufgehoben, die ich dir vom Ende der Welt geschickt habe?«

»Du meinst die leeren Seiten, die du mir geschickt hast, damals, nachdem du von deinen Eltern ins Jugendamt und von da aus ins Kinderheim geflüchtet bist?«, hakt Chase nach.

Ich nicke.

»Natürlich«, sagt Chase.

»Warum?«, frage ich.

»Weil auch die Stille von dir spricht«, antwortet Chase.

Dann blicken wir schweigend über den See und sehen zu, wie ein paar Kinder Trauerweiden-Tarzan spielen, bis die Liane reißt und eines der Kinder quietschend im See verschwindet. Die anderen beugen sich über die Uferböschung und ziehen den durchnässten Tarzan aus der Dschungel-Lagune. Chase steht seufzend auf, und ich rolle mich von unserer Decke auf den Rasen. Kurz darauf sehe ich zu, wie Chase zu den Kindern hinübergeht und Tarzan in unsere Decke einwickelt.

»Bist du nicht der Typ aus dem Film?«, fragt eines der Kinder aufgeregt.

»Nee!«, sagt Chase. »Ganz bestimmt nicht. Ich bin Vorsitzender der unpolitischen Rechtsstreik-Koalition.«

»Was ist denn das?«, fragt ein anderes Kind neugierig.

»Keine Ahnung«, sagt Chase. »Weißt du es?«

»Nö«, meint das Kind.

»Na, siehst du«, sagt Chase. »Woher soll ich es dann wissen?«

»Ich glaube, du bist doch der Typ aus dem Film!«, ruft das Kind, das als Erstes gesprochen hat, dazwischen.

»Ja!«, pflichtet ein anderes Kind bei. »Du bist genauso groß und stark und cool!«

»Ach, bin ich das?«, fragt Chase geschmeichelt.

»Ja!«, rufen die Kinder. »Kriegen wir ein Autogramm?«

»Und darf ich die Decke behalten?«, fragt Tarzan. »Als Andenken?«

»Alles, was ihr wollt«, meint Chase großzügig. »Aber nur unter einer Bedingung.«

»Welche?«, fragen die Kinder gespannt.

»Ihr sucht euch einen stabilen Baum für eure Urwaldspiele! Am besten einen, der mindestens zwanzig Meter vom Wasser entfernt ist und auf einem Grund von Weichbodenmatten steht«, sagt Chase streng.

»Okay, okay«, versprechen die Kinder lachend. »Aber kriegen wir jetzt endlich ein Autogramm?«

»Lilly!«, ruft Chase. »Gib mir mal ein paar von deinen herumflatternden Zetteln! Ich adoptiere uns gerade ein paar kluge Kinder.«

»Ist das hübsche Mädchen da drüben deine Freundin?«, fragen die Kinder neugierig.

»Klar«, sagt Chase. »Aber sie will mich nicht heiraten.«

»Warum nicht?«, fragen die Kinder erstaunt. »Du bist doch echt krass! Und berühmt und gutaussehend! Und reich bist du bestimmt auch!«

»Das reicht aber nicht aus«, sagt Chase.

»Nein?«, fragen die Kinder.

»Nein!«, erwidert Chase. »Ein Mädchen, wie das dort drüben, umgeben von flüsterndem Papier und umhüllt von Wortgewalt in sanften Gewändern, das kann man nicht einfach so kaufen. Egal, wie viel man bezahlt. Denn diese rehbraunen Winteraugen, die kann man nicht mit Oberflächlichkeit verblenden oder durch ein Schauspiel zum Glänzen bringen. Dieses Mädchen hat zu viel gesehen. Ein Augenblick mit ihr wird immer ein Loch in den Boden des offensichtlichen Blickfeldes reißen.«

»Ist das Romantik?«, fragen die Kinder aufgeregt. »Oder der Text aus einem Drehbuch? Ist das schon verfilmt? Kann man das im Kino angucken?«

Chase schüttelt seinen Kopf.

»Was ist es dann?«, wollen die Kinder gespannt wissen.

»Das Leben«, erwidert Chase.

»Ach, das!«, rufen die Kinder und lachen vergnügt. »Das kennen wir auch!«

Nachdem Chase fleißig Autogramme geschrieben hat und ich kaum noch Zettel für meine Worte übrig habe, gehen wir zu ihm nach Hause.

»Warum trägst du eigentlich einen Pullover?«, fragt Chase, als wir in seiner Wohnung ankommen.

»Mir ist kalt«, sage ich schulterzuckend.

»Quatsch!«, meint Chase. »Es ist Sommer.«

»Ich friere«, lüge ich.

Chase wirft seinen Schlüsselbund auf das Flurregal und betrachtet mich einen Augenblick lang nachdenklich.

Dann runzelt er dir Stirn.

»Gib mir mal deinen Arm«, sagt er schließlich und streckt auffordernd eine Hand nach mir aus.

»Ich bin müde«, sage ich schnell und weiche einen Schritt zurück. »Ich gehe nach Hause. Wir sehen uns morgen. Bis bald.«

»Ich meine es ernst!«, erwidert Chase und versperrt mir den Weg zur Tür. »Gib mir sofort deinen Arm!«

Seine Stimme klingt anders als sonst.

So, als hätte ich meine eigenen Grenzen überschritten. Zu weit. Viel zu weit. So wie früher, als ich nichts anderes getan habe, als zu hungern und zu hungern.

»Lilly!«, sagt Chase ungeduldig.

Und da lege ich zögernd meinen Arm in seine ausgestreckte Hand und sehe zu, wie er den Ärmel hochschiebt. Einen Augenblick lang hält er inne, aber dann öffnet er langsam den Verband. Seine eine Hand schließt sich so fest um mein Handgelenk, dass es weh tut. Schließlich lässt er mich los und greift nach dem anderen Arm, der noch viel zerschnittener ist als der erste.

»Verdammt, Lilly!«, brüllt Chase. »Wie oft hast du dich in den letzten Wochen selbst verletzt!? Jeden Tag!?«

Ich schüttele den Kopf.

»Jeden zweiten?«, brüllt Chase entsetzt.

Ich zucke mit den Schultern.

»Mein Gott!«, ruft Chase. »Was hast du dir dabei nur gedacht!?«

Ich antworte ihm nicht darauf.

»Natürlich!«, faucht Chase. »Du hast mal wieder gar nicht gedacht. Lass mich raten, du hast dich einmal quer durch deine selbstzerstörerischen Gehirngänge gespalten und am Ende deinen Verstand verschluckt.«

Ich zucke erneut mit den Schultern.

Soll er doch brüllen.

Wozu bin ich taub.

»Verdammt, Lilly!!«, wütet Chase. »Sieh mich gefälligst an, wenn ich mit dir rede! Den Fußboden kannst du auch noch anstarren, wenn du alleine bist.«

Ich hebe meinen Kopf und blinzele.

Dann gucke ich aus dem Fenster.

»Lilly!«, brüllt Chase. »Verdammte Scheiße, Lilly, es reicht! Es ist mir vollkommen egal, in was für einer Psychose du dich gerade befindest – du hast niemals, NIEMALS das Recht, dir so etwas anzutun! Hast du das begriffen!? Ja? Nein? Vielleicht? HEY! Ich rede mit dir!«

Ich starre weiter aus dem Fenster.

Keine einzige Wolke ist am Himmel zu sehen.

Wo die wohl alle hin sind.

»So langsam habe ich wirklich genug!«, brüllt Chase zwischen meine immer ruhiger werdenden Gedanken. »Kapierst du denn nicht: Egal, wie viel Schwachsinn Ana und die anderen irren Stimmen in deinem Kopf dir erzählen – am Ende hast DU die zerschnittenen Arme! Du! Von mir aus kannst du dich spalten, bis es dich in hundertundvier Versionen gibt, du kannst dir jeden Tag einen neuen Namen geben, von mir aus sogar zwei, aber wage es ja nie wieder, eine Rasierklinge in die Hand zu nehmen! Das ist jetzt vorbei! Scheiße, Lilly! Wenn du dir das selbst nicht klarmachen kannst, dann mache ich es! HEY!? Vergiss den blöden Vogel da draußen. Irgendwann stürzt auch der vom Himmel! Sieh mich gefälligst an, damit ich weiß, dass ich nicht umsonst brülle!«

Der Vogel, der gerade am Fenster vorbeigeschwebt ist, verschwindet aus meinem Blickfeld. Also wende ich meine Augen Chase zu. Er fängt sie ein, mit einem funkelnden Blick, der brennt und tiefer einschneidet als jede noch so scharfe Klinge.

»Was hast du getan?«, wettert Chase weiter und zerrt erneut an meinen Handgelenken herum. »Guck dir deine Arme an! Und hör auf, ständig zu blinzeln. Sieh dir diese unsinnigen Linien an. Führen sie irgendwo hin!? Nein! Sie sind einfach nur ziellose Gedankenumwege! Lilly! Sieh genau hin! Das warst *du! Du* hast dir das angetan.«

»Ist ja gut«, sage ich und werfe einen flüchtigen Blick auf meine kaputten Arme. »Ich habe es begriffen, Chase. Du kannst aufhören, so zu schreien.«

»Ich kann aufhören zu schreien?«, brüllt Chase. »Machst du Witze!? Ich habe gerade erst angefangen. Und ich werde erst wieder aufhören, wenn du mir versprochen hast, dass du dich nie wieder selbst verletzen wirst!«

»Das kann ich nicht«, sage ich.

»Oh, doch!«, brüllt Chase. »Ich werde nicht mehr blöd danebenstehen, wenn du dich zerstückelst! Verdammt! Dir ist doch nun wirklich schon genug angetan worden. Kapierst du denn nicht, wie wertvoll du bist? Kapierst du nicht, wie sehr du geliebt wirst? Nicht nur von mir. Du brauchst doch nur einen Raum zu betreten, und schon gehört er dir! Du hast mehr Herzvermögen, als du je ausgeben könntest, damit könntest du wahrscheinlich eine ganze Kleinstadt für drei verfluchte Jahrhunderte versorgen. Lilly! Man kommt nicht davon, um zu sterben! Man kommt davon, um zu leben! Also reiß dich gefälligst zusammen und hör auf, dein Leben zu verschwenden.«

Ich öffne meinen Mund, um etwas zu sagen.

Aber Chase unterbricht mich.

»Davonkommen«, schimpft er weiter. »Mit diesem Schwachsinn wirst du von jetzt an nicht mehr davonkommen! Hast du das verstanden? Ich weiß nicht, was für eine Synapse in deinem Kopf den Vollschaden verursacht, dass du dir deine Arme aufschlitzen kannst, ohne dabei wahrzunehmen, wie viel Schmerz du dir zufügst – aber eins garantiere ich dir: Sollte ich je wieder einen neuen Schnitt auf deinen Armen sehen, dann tu *ich* dir weh! Das meine ich ernst. Also halte dich gefälligst von scharfkantigen Gegenständen und insbesondere Rasierklingen fern.«

»Chase, du kannst mich nicht ...«, fange ich an.

»Und ob ich kann!«, brüllt Chase. »Das ist immer noch besser, als wenn du mit spitzen Klingen spielst, bis du eines Tages aus Versehen abrutschst oder aus einer Laune heraus deine Pulsader attackierst.«

»Aber ich will nicht«, fange ich an.

»Schön!«, meint Chase. »DU willst also keine Schmerzen – da gibt es eine ganz einfache Lösung: STECH DIR KEINE RASIERKLINGEN IN DEN ARM! Dann hast du auch keine Schmerzen. Weder die, die du dir selbst zufügst, noch die aus den Konsequenzen.«

»Chase …«, sage ich.

»Und fang jetzt bloß nicht an, mit mir zu diskutieren«, brüllt Chase weiter. »Sonst vergesse ich mich auf der Stelle.«

»Aber ich …«, fange ich an.

»DU!«, brüllt Chase. »Kannst zur Abwechslung einfach mal zuhören, wenn ich mit dir rede.«

»Ich höre dir immer zu«, werfe ich ein. »Also fast.«

»Wie wäre es dann, wenn du das Gehörte verarbeitest und einen vernünftigen Schluss daraus ziehst?«, schimpft Chase weiter. »Ist es so schwer, am Leben zu bleiben? Ist es so schwer, gut zu sich selbst zu sein? Und glaub ja nicht, dass du das Recht hättest, dir jede Art von Schaden zuzufügen, nur weil jemand anders das schon vor dir getan hat.«

Chase zerrt an meinem Handgelenk.

Seine Berührung schmerzt.

Und zugleich rüttelt sie mich wach, aus meiner kalten Stille, in der ich zu betäubt bin, um den pochenden Schmerz wahrzunehmen. Und all die Sachen, die Chase zu mir gesagt hat – natürlich weiß ich sie auch selbst. Aber wenn man seiner eigenen Stimme nicht traut, dann ist es leichter, auf jemand Vertrauten zu hören als auf sich selbst. Und es ist immer etwas anderes, durchschaut zu werden, als sich selbst zu durchschauen. Ja. Die Sichtweise ist der entscheidende Ursprungspunkt einer jeden Perspektive.

Ich fange an zu weinen.

Und da lässt Chase meine Handgelenke los.

Einen Augenblick lang verschwinden wir in unseren viel zu engen Zwischenräumen. Aber dann verschieben sich die Wände, und während ich falle, drängt Chase sich vorbei an all den verstreut liegenden Betonbrocken, durch den herabfallenden Putz, um die Splitter herum.

   Bis zu mir.

Kinderheim

Damals. Im Kinderheim. Es war der längste und buckligste Winter, den wir je begangen haben. Schneeflocken verfingen sich in unseren Haaren, Eiskristallsterne umzingelten die Fensterscheiben, und das blendend grelle Polarlicht stand direkt vor unserer abgeschlossenen Haustür. Hin und wieder ein ruheloser Aufstand, doch jede Flucht verlief sich zwischen diesen undurchdringlichen Gehirnwänden.

Ja. Gedankenlose Ziehversuche.

Jedes Los ein leeres Blatt.

Wir haben auf dem kahlen Flur zwischen den Zimmern gesessen, dort haben wir Bilder ausgemalt und Poster zusammengeklebt. Wir haben gebastelt und gebastelt, als müssten wir uns beweisen, dass wir auch noch im Nachhinein das Recht auf eine Kindheit hätten. Wir haben gekämpft, für unser Vorhandensein und für ein friedliches Abkommen mit der vergangenen Zeit.

Unbeirrt im Wahn der Sinnlosigkeit.

Ausdauernd für den rückläufigen Moment.

So viele Farben, so viel Stille, so viele regungslose Masken; und im Hintergrund das Weinen eines Mädchens, das sich im Bad eingeschlossen hatte und nie wieder hinauskommen wollte, jedenfalls nicht, solange es atmen musste oder durfte, oder wie auch immer dieses Leben funktioniert.

Ja. Isolationshaft. Wir haften für unsere Erkenntnis. Für unser Schweigen. Für unsere Angst.

Und die ausgeführte Gewalt?
Sie haftet an uns.

Aber wir haben nicht aufgegeben. Wir haben die grauen Wände mit unseren bunten Bildern überdeckt, wir haben einen knallgrünen, zusammengeschlagenen Frosch an die Badezimmertür gehängt und über seinen verbeulten Kopf einen Zettel mit der Aufschrift *Im Zweifel immer noch mal draufhauen*. Dann haben wir uns in den endlosen Räumen unserer hungrigen Gewissensbisse versteckt und darauf gewartet, dass wir mit etwas Glück nicht gefressen werden. Unsere Atemgänge waren flach, *Betreten verboten* stand an jeder Abzweigung, kein Ende war in Sicht, aber wir schlichen auf Zehenspitzen weiter, denn wir wussten: Wenn ein kleines Wesen angegriffen wird, versucht es zu fliehen, und wenn es nicht fliehen kann, versucht es zu kämpfen.
Und wenn es nicht kämpfen kann?
Dann stellt es sich tot.

Ich weiß noch, einmal haben wir zu lange gebastelt, da mussten wir zur Strafe ohne Essen ins Bett gehen. Ich glaube, das war mit Abstand der schönste Abend in meinem Kinderheimleben; noch heute spüre ich die kratzige Bettdecke auf meiner Haut, den zerknautschten Hasen in meinem Arm, und manchmal frage ich mich, ob ich jemals erwachsen werden darf oder ob ich ewiglich in diesem zeitlosen Spalt zwischen meinem Fortbestehen und den letzten Lebensbeständen gefangen bleibe.
Es ist gar nicht lange her, da bin ich mit Chase zusammen an dem Kinderheim vorbeigefahren, weil ich

sehen wollte, ob ich immer noch in diesem Garten stehe und das Laub zusammenkehre oder den Schnee zu schiefen Gebilden auftürme. Aber ich war nicht mehr dort, und auch sonst war kein einziges Kind weit und breit zu sehen. Das große Haus am Park sah aus, als hätte es sich niemals für die Stille ausgesprochen. Ja. Niemand schweigt besser als ein verlorenes Kind.

Und doch.

Konnte ich sie hören.

In dieser Lautlosigkeit habe ich mich erinnert: An das Mädchen, das so wunderschön Geige spielen konnte, dass ich weinen musste, wann immer sie in ihrem Zimmer stand und geübt hat. Wir wussten beide, dass sie nicht mehr lange auf ihrer Geige spielen würde, weil das Heim die Kosten nicht übernehmen konnte.

Es war eine Abschiedsmelodie.

Tag für Tag der Entfernung aufwartend.

Das Mädchen mit der Geige. Ich habe ihr Gesicht noch so genau vor mir, als hätten wir uns erst gestern zum letzten Mal gesehen, dabei ist es Jahre her, dass ich das Heim und alle Menschen dort verlassen habe. Aber damals, mit sechzehn, als wir Wand an Wand gewohnt haben, damals, in dieser regungslosen Fremde, sind wir Freundinnen geworden. Entgegen dem Wissen, dass wir uns am Ende dieser Zeit wahrscheinlich für immer aus den Augen verlieren würden. Und wenn man eines lernt, an einem Ort wie diesem, dann ist das die Einsicht in die unsichtbaren Geheimnisse unserer Einfältigkeit, die wir vervielfachen, um unseren Bruchteilen zu entkommen.

Aber eines Tages, wenn wir uns endlich wiederse-

hen, werden wir uns umarmen und weinen, weil wir das früher nie konnten. Sie wird mir zuflüstern, was sie vorher nie sagen konnte. Und ich? Ich werde nicht mehr so tun, als wäre ich irgendeine unantastbare Hülle.
    Und dann.
    Wenn die Stille sich endlich verzogen hat.
    Wenn die Wahrheit uns unser Schweigen vergibt.
    Dann werde ich sagen: »Weißt du noch, in diesen Tagen, als du ohnmächtig geworden bist, im Flur, zwischen all den gemalten Bildern, weißt du noch, der Schmerz? Ich stand neben dir und bin auch gefallen. Es hat gepoltert und gekracht, von unten hat irgendein Erzieher geschimpft, aber wir haben es kaum gehört. Du hattest eine Packung Tampons in der Hand, die flogen um uns herum, und da lagen wir dann, zwischen den Wattedingern, mitten in der Stille, hinter der wir uns versteckt haben, weil wir uns nicht getraut haben, die Splitter unserer nackten Geheimnisse miteinander zu teilen.«

Und sie?
    Sie wird nicken.
    Wortlos. Denn das ist das Los.
    Das wir gezogen haben.
    Damals. Im Kinderheim.

In this silence can you tell me.
Why it is so hard?
To be heard.

Verantwortung

Lady hatte einmal einen Freund. Ja, ich weiß, Lady hatte schon viele Freunde, aber dieser eine Freund hat zu ihr gesagt: »Wenn du mich verlässt, dann bringe ich mich um!«

Es gibt seitenweise Diskussionen in allen möglichen Foren, wie man sich verhalten sollte, falls man mit Selbstmord erpresst wird.

Aber Lady hat nicht gegoogelt.

Lady hat eine Augenbraue hochgezogen und aus den Augenwinkeln nach ihren violetten hochhackigen Schuhen gesucht, die noch irgendwo herumliegen mussten. Dann hat sie ihren Lippenstift aus der Tasche gezogen, ihre ohnehin schon perfekt geschminkten Lippen noch einen Ton röter gestaltet, und anschließend hat sie ein Papiertuch aus ihrer Handtasche gezogen und ihre Lippen mit einem gekonnten Schmatzer daraufgepresst. Das Papiertuch mit ihrem Lippenabdruck hat sie einfach auf den Fußboden fallen gelassen. Dann hat sie ihre Schuhe neben dem Sofa entdeckt und an sich genommen.

»Süßer«, hat sie schließlich zu dem Mann gesagt, »das Fenster befindet sich rechts von dir. Drei Schritte, und schon bist du am Ziel. Aber glaub ja nicht, dass du noch irgendeinen Wert hast, wenn du dich über andere definierst. Die Welt wird dir nicht nachtrauern, wenn du dein Leben wegen mir beendest.«

Lady hat ihren Kopf geschüttelt über einen Mann, der dachte, er könnte sie auf diese Art zum Bleiben bewegen. Sie hat auf dem hohen Absatz kehrtgemacht und ist zu seiner Tür hinausstolziert. Im Treppenhaus hat sie sich noch ein letztes Mal umgedreht und ihn angesehen.

Dann hat sie gesagt: »Wir selbst entscheiden, was wir mit uns geschehen lassen, was wir uns zuweilen selbst antun, was wir anderen antun. Wir tragen die Konsequenzen für jede Geschichte, die wir erzählen, und für jedes Märchen, an das wir glauben. Und ganz egal, wem wir die Schuld an unserem Fallen zuschreiben, wenn wir nicht wieder aufstehen, tragen wir sie am Ende selbst.«

Flucht

Chase klebt Briefmarken immer verkehrt herum auf seine Briefe. Ich weiß nicht, wann er damit angefangen hat, aber solange ich mich zurückerinnern kann, habe ich noch nie Post von ihm bekommen, bei der es anders war. Mittlerweile schreibt er sowieso nur noch E-Mails ohne Betreff, weil er es schwachsinnig findet, den Inhalt einer Mail vor dem Öffnen zu verraten. Aber na ja. Was den Verkehr mit anderen betrifft, war Chase schon immer etwas eigen. Er hat schließlich auch mit seiner Chemie- und anschließend mit seiner Deutschlehrerin geschlafen, obwohl er Mathe und Physik wesentlich lieber mochte. Seitdem weiß er immerhin, was ein Attribut ist und was entsteht, wenn Natriumhydroxid mit Salzsäure reagiert, wie dieser Vorgang heißt und ob man aus den Reaktionsprodukten Nudeln kochen kann.

Ich weiß es nicht.

Dafür kann ich mehr Fragen stellen, als irgendwer beantworten kann. Chase findet das gut, denn er ist genau wie ich der Ansicht, dass es immer mehr Fragen als Antworten geben sollte, damit wir nicht aufhören zu versuchen und zu suchen, nach allem, was wir noch nicht gefunden haben.

Und heute, während wir auf einer Mauer im Park herumbalancieren, obwohl das eigentlich nur Kinder dürfen, frage ich Chase: »Ist der Stillstand in meinem verdrehten Kopf ein Anzeichen für eine zu niedrige Gedankendichte?«

»Eher für eine zu hohe«, meint Chase. »Dein Hirn

ist eindeutig überlastet. Vielleicht solltest du es mal kurz runterfahren, alles rebooten und dann mit der Standardversion durchstarten.«

»Standardversion?«, hake ich nach.

»Ja«, erwidert Chase. »Die beinhaltet einen IQ von null, acht oder fünfzehn. Dann könntest du aufhören zu schreiben und stattdessen Gesetze entwerfen und Fußballstatistiken.«

»Hm«, sage ich nachdenklich. »Berechenbare Gedanken sollte man nicht in unzurechnungsfähige Taten umwandeln.«

»Oder wir werden Komplizen der Zeit«, schlägt Chase vor und setzt sich so plötzlich vor mir auf die Mauer, dass ich beinahe über ihn stolpere.

»Komplizen der Zeit?«, wiederhole ich. »Das ist zu kompliziert.«

Chase klopft grinsend auf die Mauer neben sich und sagt: »Setz dich, wir sind genug vorwärtsgekommen.«

Ich lasse mich auf die kalten Steine sinken, und Chase legt einen Arm um mich.

»Was treibst du zurzeit so?«, frage ich, weil wir uns ein paar Tage nicht gesehen haben.

»Ich treibe es mit Jessy«, sagt Chase. »Und mit Anabella und Fabienne.«

»Die kenne ich nicht«, erwidere ich.

»Ich auch nicht«, erwidert Chase.

Er denkt einen Moment lang nach und betrachtet dabei einen einsamen Raben auf seinem Ast.

»Eigentlich«, sagt er schließlich. »Kenne ich nur dich.«

»Und?«, frage ich. »Ist das eine gute Erkenntnis?«

»Kommt drauf an«, erwidert Chase.

»Worauf?«, will ich wissen.

»Ob du erkannt werden willst oder nicht«, antwortet Chase nachdenklich.

»Meinst du, wir werden okay sein?«, frage ich.

»Vielleicht«, sagt Chase. »Vielleicht aber auch nicht. Was denkst du?«

»Vielleicht sind wir das schon«, erwidere ich. »Vielleicht aber auch nicht. Und vielleicht gibt es mehr als nur okay.«

»Ja, so muss es sein«, meint Chase und gibt mir einen sanften Schubs. »Was uns nicht umbringt, bringt uns weiter. Und was uns nicht fett macht, macht uns schlanker, solange wir es nur nicht essen.«

»Wirst du jetzt auch essgestört?«, frage ich verwirrt.

»Nein, danke«, erwidert Chase. »Dafür habe ich zu oft Hunger. Also, wollen wir nach Kreuzberg fahren und unsere Lieblingspizza essen?«

»Von mir aus«, sage ich. »Kreuzberg ist ein guter Ort. Nirgendwo sonst kommen Scheidungsanwälte mit Designeranzug und Pornofrisur auf dich zu, klopfen dir auf die Schulter und sagen: ›Baby. Hast du Probleme mit deiner Familie? Ich erledige sie alle!‹«

»Doch«, entgegnet Chase. »In Neukölln gibt's die auch. Die sind so wie die Auto-Scheibenwischer-Mafia, an denen kommst du nicht mehr vorbei.«

»Wahrscheinlich«, sage ich.

»Also, fahren wir?«, fragt Chase. »Jetzt gleich?«

»Okay«, stimme ich zu. »Aber nur, wenn wir die Pizza teilen.«

»Wir teilen doch immer alles«, meint Chase und springt von der Mauer. »Sogar unsere Gedankeninfrastruktur.«

»Ja«, sage ich.

»Nun komm schon«, drängelt Chase und hält mir eine Hand entgegen. »Bevor du fällst, fange ich dich auf.«

»Das ist ein schöner Satz«, sage ich. »Vielleicht schreibe ich darüber irgendwann einmal ein Buch.«

»Von mir aus«, meint Chase. »Aber jetzt komm endlich da runter. Ich habe Hunger.«

Also springe ich von der Mauer.

Und Chase fängt mich auf.

Eine halbe Stunde später sind wir in Kreuzberg angekommen, Chase bestellt Pizza, Salat und Apfelschorle für uns, dann lehnt er sich in seinem Stuhl zurück und blinzelt hinaus in den Sommer.

»Es ist so hell draußen«, sagt er. »Als wären wir mitten im Winter, tief in den Bergen, und die Sonne, sie spiegelt sich im eisglatten Schnee.«

»Das hast du aus einem meiner Manuskripte«, sage ich nachdenklich.

»Ja, ich habe ein literarisches Gedächtnis«, erwidert Chase und sieht dabei sehr zufrieden aus. »Am besten fand ich das Kapitel, in dem du dort, wo die Frösche laichen, die Leichen verschwinden lässt. Wenn das nicht der Kreislauf von Leben und Tod ist, weiß ich auch nicht weiter.«

»Letzte Nacht habe ich darüber geschrieben, wie es sich anfühlt, eine verheddert Spinne im Windspiel zu sein«, erwidere ich und sehe zu, wie die Wasserblasen in meinem Glas an die Oberfläche drängen. »Mit gebrochenen Beinen, die allesamt in irgendwelche Fäden verwickelt sind. Und der Wind. Er dreht ständig seine Richtung.«

»Sag mal, schläfst du eigentlich auch mal?«, fragt Chase und runzelt nachdenklich seine Stirn.

»Zurzeit nicht«, sage ich schulterzuckend. »Ich glaube, ich habe zu große Angst davor, die Tastatur loszulassen und ins Bett zu gehen, denn ich bin mir sicher, dass dort mindestens zehn Männer auf mich warten, die mir allesamt etwas antun wollen.«

»Lilly, in deinem Bett liegt nichts weiter als eine dämliche Giraffe«, erwidert Chase.

»Und der Hai«, sage ich. »Und der Hase. Und die Schlange. Und der andere Hai. Und seit neuestem auch der Tod.«

»Ach, der«, seufzt Chase.

»Ja, der«, bestätige ich.

Dann kommt auch schon unsere Pizza, und während Chase mir ein Stück auf meinen Teller schiebt, erinnere ich mich an die Nächte im 12 Apostel, als sie noch rund um die Uhr und den Strich herum geöffnet hatten. Wie oft hat Chase mich damals im Bordell abgeholt und wie oft bin ich mit ihm gegangen, auch wenn ich gar keinen Hunger hatte. Wie viele Stunden habe ich verraten, wie viele Minuten verloren – damals, in dem roten Licht.

Und ja, ich weiß noch, der letzte Tag im Bordell, er war genau wie der erste, aber ich war ein anderes Mädchen. Weniger berührbar, weniger erkannt, weniger beirrt von all diesen nackten Abwegen, aber immer noch verwirrt. Und meine Gedanken, benebelt in luftleeren Schwaden. Mein Körper, in Gramm berechnet, vielleicht auch in Gram. Und die ungeteilte Stille der waagerecht abwartenden Revolution, das weggeworfene Schweigen der Zeit, die ewig lächelnden Puppen in diesem unstetigen Spiel – all das, wofür?

Ja. Ich habe mich entschieden. Gegen die Angst, entgegen dem Ende von mir.

Und da wusste ich: *Ich werde mich anziehen und dieses Bordell verlassen, die schwer zu tragenden Männer, die leichten Mädchen und mich selbst in dieser abartigen Version. Und um den Schaden an mir zu begrenzen, muss ich lernen, den Raum zwischen mir und meinem Denken begrenzt zu halten, und darauf achten, dass er nicht größer wird und größer, bis ich eines Tages immer noch hier bin. Hier in dieser Abgeschiedenheit.*

Denn was soll ich dort vorfinden.
Und wie finde ich zurück.

Auf der Flucht vor uns selbst.
Kehren wir ein. Und aus.
Sichtslos.
Ans Ziel.

Piraten

Es ist ein sonniger Freitagnachmittag. Ich hole eine Handvoll Grüffelomäuse vom Kindergarten ab und fahre mit ihnen in den Grunewald zu unserem Geheimversteck.

Es ist ganz hinten rechts.

Zwischen den Bäumen entlang.

Um die riesige Gespensterwurzel herum.

Und dann da vorne, wenn man hinter dem abgeknickten Ast links abbiegt und dem Schleichweg der Waldgnome folgt, um den großen Busch herum, an dem kleinen Strauch vorbei, dann ist man auch schon da.

»Sieh nur!«, sagen die Kinder aufgeregt. »Irgendwer hat eine Schatzkiste für uns hier hingestellt.«

»Hm«, sage ich. »Wer kann das wohl gewesen sein? Vielleicht der letzte verschollene Pirat?«

»Ach, Lilly!«, sagen die Kinder. »Es gibt keine Piraten im Wald. Gib es zu – das warst du!«

»Ich?«, frage ich.

»Ja, du!«, rufen die Kinder. »Wir sehen doch das Funkeln in deinen Augen! Uns kannst du nichts vorspielen!«

»Aber wenn ich diese Kiste hier hingestellt hätte, dann müsste ich doch den passenden Schlüssel haben«, erwidere ich.

»Und hast du ihn?«, fragen die Kinder.

»Nein«, sage ich. »Ehrenwort.«

»Hm«, überlegen die Kinder. »Hast du ihn versteckt?«

»Nein«, antworte ich. »Aber vielleicht weiß ich, wo er sein könnte.«

»Wo?«, rufen die Kinder.

»Da, wo im Winter die Oberfläche zu einem neuen Untergrund wird«, sage ich.

»Lilly, das ist gemein!«, beschweren sich die Kinder. »Das verstehen wir noch nicht.«

»Doch«, sage ich. »Ihr wisst viel mehr, als ihr denkt. Also, wo könnt ihr im Winter laufen, wo ihr im Sommer nicht laufen könnt?«

»Ach, so!«, rufen die Kinder. »Natürlich! Der See!«

Und dann laufen wir los, vorbei an den Bäumen und Büschen, den Grashalmen, den Blumen und einem davonhoppelnden Kaninchen, bis hinunter ans Wasser.

»Da!«, freuen sich die Kinder. »Da draußen treibt ein kleines Elektroboot. Und seht doch nur, jetzt kommt es auf uns zugefahren! Lilly? Kannst du zaubern?!«

»Nein«, sage ich. »Kein bisschen.«

»Dann hast du eine Fernbedienung!«, rufen die Kinder. »Zeig mal her, wir wollen sie sehen!«

»Ich habe keine Fernbedienung«, sage ich und hebe zum Beweis meine Hände.

»Aber wer hat sie dann?«, fragen die Kinder.

»Vielleicht der geheimnisvolle Pirat, der die Kiste versteckt hat«, schlage ich vor.

»Im Wald gibt es keine Piraten!«, rufen die Kinder.

»Also der Typ dahinten, unter der riesigen Eiche, ich finde, der sieht aus wie ein Pirat«, sage ich und deute auf die andere Seite des kleinen Sees.

Da fangen die Kinder an zu lachen.

»Hey, Chase!«, brüllen sie. »Wir haben dich erkannt! Trotz der komischen Mütze und der Augenklappe!«

»Ich bin nicht Chase!«, ruft Chase über das Wasser. »Ich bin ein mächtiger Pirat und umsegele gerade Berlin.«

»Berlin kann man doch gar nicht umsegeln«, brüllen die Kinder zurück. »Berlin ist keine Insel!«

»Mein Schiff kann fliegen«, verkündet Chase.

»So ein Quatsch!«, rufen die Kinder.

»Ihr treuelosen Gestalten«, beschwert sich Chase, »wollt ihr etwa behaupten, ich würde euch Märchen auftischen?«

»Ja!«, brüllen die Kinder. »Aber mach ruhig weiter. Wir hatten noch nie einen Piraten im Wald, sonst sind hier nur die Betrunkenen ohne Zuhause oder die seltsamen Erwachsenen, die mitten im Frühling mit ihren Skistöcken durch die Gegend staksen, weil sie ohne nicht mehr laufen können.«

»Wenn ihr mir hoch und heilig versprecht, dass ihr niemals eure Fantasie gegen ein Umsatzsteuer-Rückzahlungs-Formular eintauscht«, ruft Chase über den stillen See zurück, »dann wird mein geheimnisvolles Piratenschiff vielleicht bei euch anlegen.«

»Was sollen wir denn mit einem Umrücksteuer-Zahlungsdings?«, fragen die Kinder entsetzt. »Wir wissen gar nicht, was das ist. Und etwas, das so blöd klingt, wird ganz bestimmt niemals der Mittelpunkt unseres Lebens sein!«

»Dann ist ja gut!«, ruft Chase und steuert das blauweiße Motorboot, auf dessen Deck ein kleiner Schlüssel klebt, auf das Ufer direkt vor uns zu.

»Danke, Chase!«, brüllen die Kinder und heben das

Boot aus dem Wasser. »Du bist der beste Pirat, den wir kennen!«

Dann schnappen sie sich den Schlüssel und lassen das Boot behutsam wieder zu Wasser.

»Bis bald, Chase!«, rufen sie und winken fröhlich zum Abschied. »Stürz nicht ab, mit deinem fliegenden Schiff!«

Chase verneigt sich wortlos, hebt sein Boot aus dem Wasser und verschwindet zwischen den Bäumen.

»Komm, Lilly«, rufen die Kinder daraufhin aufgeregt. »Wir müssen zurück zu unserer Schatzkiste! Was da wohl drin ist?«

»Also, das müsst ihr schon selbst herausfinden«, erwidere ich. »Woher soll ich denn wissen, was in eurer Piratenkiste ist?«

»Ach, du!«, rufen die Kinder. »Du steckst doch mit Chase unter einer Decke!«

»Wie kommt ihr denn darauf?«, frage ich.

»Na, so ist das doch«, sagen die Kinder, »wenn man ein Herz so groß wie das Meer hat, und wenn dann ein Pirat angesegelt kommt, mit einem ebenso großen Herzen, dann muss man doch zu ihm an Bord gehen!«

Lautlos die Berge am Ufer der Zeit,
so weit wie die tragenden Hänge;
so tief wie das Wasser der Zweifel.
So schön wie die Nebel.
Der Nacht.

Unterwegs

Vielleicht ist der Verlust der grundlegenden Wahrnehmung nichts weiter als ein kaputter Seelenspiegel. Und die Spaltung einer Seele ist demzufolge die Querschnittslähmung der Gedanken. Ja. Luft ist unberechenbar, sie schmeckt immer zeitversetzt. Und ich weiß, sie ist nur geliehen. Sie gehört dem Wind und seinem leichtmütigen Treiben. Irgendwann fordert er sie zurück.

Am Ende.

Atmen wir alle aus.

Also sollte ich vielleicht lieber gehen. Bevor ich zu viel verrate. Aber ich habe doch versprochen zu bleiben. Und es ist ein Versprechen der wankelmütigen Gezeiten an mich, dass ich davonkomme, in jedem Augenblick, in dem ich atme, auch wenn die Luft nach Splittern schmeckt.

Chase hat einmal zu mir gesagt: »Lilly, mein Mädchen, der Zugang zu dir ist der längste Gang, den ich kenne. Aber jeder einzelne Schritt ist es wert anzukommen, in deinem Dasein.«

Chase. Nach all den Jahren.

Immer noch in meinem Verstand.

Wie oft hat sich seine Hand in meiner verfangen und wollte mich nicht mehr loslassen, wie oft hat er mich gehalten, obwohl ich mich losreißen wollte, und wie oft hat er meinen Schmerz in seinen Augen widergespiegelt, als würde es brennen, diese nackten Wunden zu sehen, als wäre es traurig, dass ich Verletzungen habe.

Dabei gibt es mich gar nicht ohne.

Heute, an diesem wunderschönen Sommertag, fahren wir zusammen die Kantstraße entlang, und weil die beiden Autos vor uns ineinanderkrachen und die Fahrer im anschließenden Streitgespräch die komplette Straße blockieren, stecken wir fest.

»So ist das Leben«, seufzt Chase. »Guck dir diese beiden Idioten an, jetzt streiten die sich über zwei Autos, die sowieso nicht mehr zu retten sind. Warum freuen die sich nicht einfach, dass sie noch leben?«

»Vielleicht freuen sie sich später«, überlege ich.

»Glaube ich nicht«, meint Chase. »Sieht der Typ da vorne etwa aus, als hätte er schon einmal gelächelt?«

Ich folge Chase' Blick und lande mit meinen Augen bei dem größeren der beiden Unfallverursacher. Er sieht wirklich nicht so aus, als hätte er jemals gute Laune.

»Vielleicht ist ihm etwas Schlimmes passiert«, sage ich nachdenklich. »Und deshalb guckt er jetzt sein Leben lang so traurig.«

»Der guckt doch nicht traurig!«, meint Chase. »Der guckt wie Jason Statham in *Crank*.«

»Wie guckt denn Jason Statham in *Crank*?«, frage ich.

»Jetzt erzähl mir bloß nicht, du hättest *Crank* nicht gesehen!?«, ruft Chase entsetzt. »Den Film hat sich sogar Lady reingezogen, und die geht so gut wie nie ins Kino, weil sie den Geruch von Popcorn nicht mag, und Fernsehen guckt sie auch nicht, weil sie das Geräusch beim Ein- und Ausschalten nicht leiden kann. Unglaublich, diese Frau! Aber Lady wäre wahrscheinlich nicht Lady, wenn sie nicht ihre Werwolf-Rauch-Kringel in die Luft pusten und Hemingway parallel zu Todesanzeigen lesen würde.

Wo waren wir stehengeblieben? Ach, ja – *Crank*. Jeder Mensch kennt *Crank*!«

»Nein, ich habe *Crank* nicht gesehen«, sage ich schulterzuckend. »Ist das ein Film, den ich gucken sollte?«

Chase runzelt einen Moment lang die Stirn.

»Nein, eigentlich nicht«, meint er schließlich. »Zu viel Gewalt und Adrenalin. Und außerdem noch ein paar nackte Frauen, die in durchsichtigen Glaskugeln abhängen, um den Dachgarten von irgend so einem Drogengangster zu verschönern; das ist wahrscheinlich nichts für dich. Aber die Dialoge sind geil! Und Amy Smart, wow, mit ihren großen fragenden Engelsaugen und diesem zuckersüßen Schluckauf im Café! Da vergisst sogar ein stahlharter Mann wie Jason Statham, dass er eigentlich ein Killer ist. Aber egal. Lassen wir das! Du solltest deine Zeit sowieso lieber mit Schreiben verbringen.«

»Dieses Jahr schreibe ich nichts mehr«, sage ich nachdenklich und krame im Handschuhfach nach einer CD, doch alles, was ich finde, sind ein paar zerknitterte Servietten mit Telefonnummern, Herzchen und knallroten Kussabdrücken darauf. »Aber vielleicht schreibe ich nächstes Jahr während der Osterfeiertage ein Buch.«

»Ostern? Das sind nur vier Tage!«, meint Chase. »Und an mindestens zwei von diesen Tagen will ich mit dir Ostereier verstecken gehen.«

»Und für wen verstecken wir die Eier?«, frage ich, während ich das Handschuhfach wieder zuklappe.

»Egal!«, meint Chase. »Irgendwer wird sie schon finden und sich darüber freuen.«

»Okay«, sage ich. »Aber ich will auch einen Hasen

haben. Ich habe nämlich nur einen, und der ist einsam.«

»Kriegst du«, erwidert Chase gnädig. »Sogar eine ganze Hasenfamilie. Aber nur, weil du so freundlich warst, auf mein Gebrüll zu hören, und deine Arme endlich in Ruhe gelassen hast.«

»Woher willst du wissen, dass dein Gebrüll die Ursache dafür ist?«, frage ich.

»Mein kleines Unterwasserwesen«, sagt Chase und dreht sich zu mir hin, um mit einer Hand über mein Gesicht zu streichen. »Ich habe vielleicht keine Ahnung von den Tiefen deiner gedanklichen Abgründe – aber ich sehe in deinen Augen, ob ich dich erreiche oder nicht.«

Chase' Hand verweilt einen Moment lang an meiner Wange, dann streifen seine Fingerspitzen mein Kinn, und schließlich gibt er mir einen Kuss auf die Stirn.

»Hast du Lust, irgendwann einmal mit mir nach Hamburg zu fahren?«, fragt er plötzlich.

»Warum gerade nach Hamburg?«, will ich wissen. »Ist da etwas Besonderes?«

»Nein«, erwidert Chase. »Aber Hamburg ist in der Nähe vom Meer und trotzdem nicht am Meer.«

»Das sind viele Städte«, sage ich.

»In Hamburg gibt es in jedem Restaurant Rhabarber-Schorle«, meint Chase.

»Das ist ein Grund?«, frage ich zweifelnd.

»Nö«, erwidert Chase. »Ich brauche keinen Grund, um mit dir wegzufahren.«

»Okay«, sage ich. »Dann komme ich mit.«

Da lächelt Chase zufrieden und schaltet das Radio ein, um den Krach der streitenden Menschen und hupenden Autos zu übertönen. Meine Augen wandern über die schiefen Straßenschilder an der Kreuzung, mein Blick streift nur flüchtig die Buchstaben, denn ich weiß genau, wo Chase und ich stehen.

Aber dann fällt mir etwas auf.

Und ich muss lachen.

»Was ist los?«, fragt Chase und dreht das Radio wieder leiser. »Habe ich etwas verpasst?«

»Weißt du eigentlich, wo wir uns gerade befinden?«, frage ich grinsend.

»Im Stau?«, meint Chase.

»*Cunt*-Straße, Ecke *Witzleben*-Straße«, erwidere ich.

»Haha«, brummt Chase. »War das jetzt Straßenstrich-Literatur, oder was?«

»Nein«, erwidere ich. »Ein Wortzufall.«

»War ja klar«, meint Chase kopfschüttelnd. »Dir fallen immer alle Worte zu. Und was machst du jetzt daraus? Schreibst du es auf und stopfst es irgendwann in ein Buch?«

»Vielleicht«, sage ich.

»Hm«, meint Chase. »Ich rede nicht mehr mit dir, wenn du alles aufschreibst, was ich sage.«

»Dann schreibe ich halt über unsere Stille«, entgegne ich schulterzuckend. »So oder so kommst du nicht wortlos davon.«

Chase lacht.

»Stell dir mal vor, ich entdecke eines Tages mein Schreibtalent und versuche, einen Verlag für meine Autobiografie zu finden«, sagt er grinsend. »Da würde ich dann eine Absage nach der anderen bekommen, mit dem höflichen Randvermerk: Das kennen wir alles schon – steht in *Splitterfasernackt!*«

»So viel schreibe ich nun wieder auch nicht über dich«, erwidere ich.

»Aber der krasse Vampir, aus deinem einen Manuskript«, meint Chase aufgeregt, »der basiert doch wohl auf meiner Männlichkeit und meinem Charme! Oder? Ich meine, der heißt doch auch fast genauso wie ich.«

»Jaja«, sage ich. »Der Vampir gehört dir.«

»Und wie geht die Geschichte eigentlich aus?«, fragt Chase neugierig. »Kriegt er am Ende das Mädchen?«

»Welches Mädchen?«, frage ich zurück.

»Na, es gibt doch nur das eine!«, beschwert sich Chase.

»Nein!«, entgegne ich. »Es gibt so viele Mädchen auf der Welt und in meinen Geschichten.«

»Na, und!«, meint Chase. »Aber wenn die Morgendämmerung hereinbricht, wenn die ersten Sonnenstrahlen die tauverzauberten Wiesen am Waldrand erreicht haben und wenn die Jagdzeit endlich dem Ende zugeht – dann zählt nur das eine Mädchen.«

»Okay«, sage ich. »Da hast du wahrscheinlich recht.«

»Versprich es mir!«, meint Chase. »Versprich mir, dass du dem Vampir ein Happy End schreiben wirst!«

Ich lächele schweigend und antworte ihm nicht.
Denn diese Geschichte.
Ist noch lange nicht zu Ende.

Chase seufzt und verdreht seine Augen, dann hupt er einmal genervt. »Himmel! Es gibt so viele blöde Menschen. Manchmal würde ich die gerne alle zusammen auf eine Insel schicken.«

»Aber so eine große Insel gibt es gar nicht«, erwidere ich.

»Doch, die Erde«, entgegnet Chase. »Aber vielleicht sollte man es einfacher gestalten und alle nichtblöden Menschen zusammen auf eine Insel setzen.«

»Aber so eine kleine Insel gibt es gar nicht«, überlege ich.

»Ach du«, brummt Chase und hupt ein weiteres Mal. »Weißt du, was dein Problem ist?«

»Klar«, sage ich. »Manche Menschen glauben, sie seinen ungeheuer wichtig, dabei sind sie einfach nur Ungeheuer.«

Chase grinst.

»Das ist eher ein allgemeines Problem«, sagt er dann.

»Ich weiß«, erwidere ich.

Einen Moment lang sind wir still und lauschen dem Krach und der Musik, dann frage ich nachdenklich: »Meinst du, die Zeit, die uns umgibt, ist irgendwo verankert?«

»Natürlich«, sagt Chase. »Was meinst du, warum die Zeit einen Haken hat? Und bevor du jetzt anfängst, dich daran aufzuhängen, bringe ich uns aus diesem Stau! So langsam reicht's mir nämlich wirklich! Was steht denn jetzt dieser Opa da vorne auf der Straße rum? Alte Menschen können sich auch bewegen! Himmel! Es gibt einfach viel zu viele dumme Leute. Aber stell dir vor, die wären alle weg, was sollen dann die übrigen Menschen mit all den Tieren im Zoo machen? Kann man zu fünft 17958 Tiere füttern? Ich glaube nicht. Und ich will jetzt endlich ans Wasser und umgeben von quakenden Enten ein Stück Streuselkuchen mit Sahne essen. Hoffentlich gibt es noch den mit Blaubeeren. Ich liebe Blaubeeren! Jeder Mensch liebt Blaubeeren! Kennst du irgendwen, der keine Blaubeeren mag? Nein? Na also! Man sollte die Dinger zur Nationalbeere erklären und rund um das Bundeskanzleramt anpflanzen. Für Blaubeeren würde ich glatt aufhören zu koksen! Aber das habe ich ja sowieso schon fast geschafft. Ist dir das eigentlich aufgefallen? Natürlich! Dir fällt ja immer alles auf. Verdammt, was machen diese beiden Unfallidioten denn jetzt schon wieder!? Fangen die wirklich an, sich zu kloppen? Herrlich! Wie schön, dass wir alle weit entwickelte Menschen mit sozialer Bindungsfähigkeit sind. Vielleicht schaffen wir eines Tages noch etwas wirklich Großes. Verdammt! Guck dir all diese dämlichen Autofahrer an! Jetzt steigen schon die nächsten aus und werfen sich mitten ins Getümmel. Sind die alle unsterblich und wollen ihre Zeit totschlagen, oder was? Berlin ist so berechenbar. Ich glaube, ich ziehe aufs Land. Kommst du mit? Was hältst du von einem Bauernhof? Mit schwarzen Schafen und weißen Lämmern. Vielleicht noch eine Schar Gänse. Aber keine Pferde! Ich hasse Pferde. Von denen muss ich immer niesen. Herrgott! Jetzt kommt auch noch die Polizei. Was wollen die denn hier? Hier gibt's doch gar keine Donuts. Apropos Donuts, ich will jetzt endlich meinen Blaubeerkuchen! Im Notfall geht auch Kirsch oder Aprikose, meine Ansprüche sind anpassungsfähig, Hauptsache, da sind keine Kerne drin, und du isst auch ein Stück. Oder am besten zwei!«

Chase drückt noch einmal auf die Hupe, dann dreht er schwungvoll das Lenkrad herum, fährt mitten über den Bürgersteig, und verlässt so die Kantstraße, um kurz darauf durch die Witzlebenstraße zu holpern.

»Du wirst schon sehen«, meint er wenig später beim Einparken mehr zu sich selbst als zu mir, »der Vampir kriegt sein Mädchen! Und die Sonne. Und den Mond. Und jeden Augenblick dazwischen!«

Du stehst in meinem Verstand und fragst mich, ob ich bleiben würde, hier, bei dir, in der Zeit. Und weil ich nicht weiß, was ich sagen könnte, ohne an einem Wort zu scheitern, verstecke ich mein Gesicht hinter einem schattierten Lächeln und sehe zu, wie du meine ungreifbaren Hände umfängst.

Ich lausche auf dein nacktes Warten.
Wie beharrlich du standhältst.
Wie du ihm widersprichst.
Dem Einbruch.
Der Nacht.

Und ich. Ich laufe davon. Wie so oft, wenn die befremdlichen Straßen Geschichten erzählen, von meinem Davonkommen, von deinem Befinden, von unserer Angst.
Ich verliere mich in einem Windspiel aus luftleerer Zeit.
Ich halte die kaputte Stille an.
Ich warte und warte.
So unerkannt.
Wie wir.

Wellen

Zwischenräume. Das sind die Räume, die wir einnehmen, in der Annahme, dass wir kein Recht auf Raum besitzen. Wir grenzen uns aus, wir grenzen uns ein. Wir begrenzen ein jegliches Vorhandensein auf das Abhandenkommen in der Ferne.

Und während wir dort, auf diesen steilen Klippen, eine Gratwanderung vollziehen, die niemand nachvollziehen kann, während wir wandern und wandern, gradlinig neben der Spur, da umfängt uns auf einmal die Weite des Meeres.
    Welle um Welle.
    Einschlagend.
    So lautlos.
    Wird man verrückt.

Und dann.
    Das leise Flüstern.
    Der Resolution.

Ein Wort, dich zu halten.
    In diesem Leben.
    Ein Wort, dich zu binden.
    An diese Zeit.
    Ein Wort.
    Ein einziges Wort.
    Stille.

Ja. Schweigen ist ein Gesetz.
    Das unser Stimmrecht einfordert.

Werden wir verweilen?
Natürlich werden wir das.
Für immer?
Nein.
Einstweilen.

Splitterfasernackt

Lilly, dein Buch ist da«, sagt Harry, seine Stimme klingt weit entfernt durch das Telefon, und einen Augenblick lang bin ich ganz still.

»Lilly?«, fragt Harry.

»Ja«, sage ich.

»Dein Buch ist gerade angekommen«, wiederholt Harry.

»Und?«, frage ich. »Sind ein paar Buchstaben drin?«

»Sogar sehr viele«, erwidert Harry. »Und sehr schöne. Magst du vorbeikommen?«

»Freust du dich dann?«, frage ich.

»Natürlich!«, sagt Harry. »Ich will doch dabei sein, wenn du zum ersten Mal dein Buch in den Händen hältst.«

»Okay«, sage ich. »Ich bin gleich da.«

Bis zu Harrys Büro ist es nicht weit, ich gehe den gleichen Weg, den ich früher zum Bordell gegangen bin, aber auf der Hälfte biege ich ab.

Von dort an. Führt er mich.

An einen schöneren Ort.

»Darf ich dir etwas vorlesen?«, fragt Harry, als ich auf seinem Sofa angekommen bin.

Ich nicke und verkrieche mich zwischen den Kissen. Es ist ewig her, seit mir jemand etwas vorgelesen hat, und von meinen eigenen Worten sowieso nicht. Wie das wohl klingt, sich selbst durch die Stimme eines anderen zu hören?

Ich schließe meine Augen.
Aber dann mache ich sie wieder auf.
Die Sommersonne scheint so schön durch das große Fenster, und ich möchte sehen, wie sie auf meiner bleichen Haut glitzert, als wäre ich der Frühling.
Harry fängt an zu lesen.
Das letzte Stück vom Hauptspiel. Das Ende meiner Geschichte. Und ich bin überrascht, dass meine Sätze so sanft klingen können, so beständig und ruhig. Ich dachte, jedes meiner Worte wäre wie ich, haltlos und nackt und verloren.
Aber aus der Ferne betrachtet.
Ist es schon okay.
Ich zu sein.

Nachdem Harry fertiggelesen hat, setzt er sich zu mir auf das Sofa und findet mich irgendwo zwischen den Kissen. Einen Augenblick lang rennt die Zeit im Kreis. Dann wird ihr schwindlig. Blindlings sackt sie zusammen und bleibt auf der Strecke.
Ich blinzele in die Sonne.
Der Tag ist zu hell für Alpträume.
Ich kann nicht ewig in dem Raum hinter der Wand, zwischen zwei Welten, umgeben von Gewalt, unter fremden Männern, abseits der Zeit und fern von diesem Leben sein. Ich habe buchstäbliches Glück, das darf ich nicht einfach abschreiben. Und deshalb lege ich meinen Kopf an Harrys Oberkörper und schmiege mich ganz nah an sein klopfendes Herz. Es erzählt eine Geschichte. Sie ist fremd und vertraut, sie knistert im Vorbehalt der unbedruckten Seiten. Ich halte die Luft an. Es ist schön, einen Augenblick wie diesen zu hören.

Und die Angst.

Die kurz darauf kommt.

Ich habe sie erwartet. Ich kenne ihre Tücken. Sie hat mich so oft zum Wegrennen gebracht, aber nicht heute.

Nicht heute.

Meine Finger schließen sich um den Ärmel von Harrys Hemd. Es ist hellblau und weiß. Wie mein Buch. Wie meine Geschichte. Die Streifen verlaufen geradlinig. Wie die auf meinem Arm. Ich halte mich fest, ganz fest. Es wird nichts passieren. Es gibt Männer, die wollen mir nichts antun. Es ist nur ein Filmriss, in meinem Kopf. Er reißt an meinem Verstand.

Und ich.

Ich bin so weit weg.

Und doch, bin ich hier, sonst würde ich nicht fühlen, wie die Unruhe verschnauft, wie sie sich unverfroren auf der Bordsteinkante niederlässt und nach Atem ringend die Pflastersteine der holprigen Straße zählt und an etwas glaubt, das ich nicht benennen kann.

Harrys Hand streicht über meinen Kopf. So vorsichtig, als würde er mein unbändiges Gehirn herumzappeln spüren; so sorgsam, als wäre ich mehr als ein angeknackster Wortschatz ohne Ambitionen.

Ich fange wieder an zu atmen.

Das ist wichtig, wenn man leben will.

Man kann nicht für immer unter Wasser sein.

Und dann sagt Harry, so leise, dass ich ihn kaum verstehen kann, mehr zu sich selbst als zu mir: »So ein kleiner Kopf, und da ist so viel drin. Unglaublich.«

Seine Stimme streicht gemeinsam mit seiner Hand über meine rabenschwarzen Haare. Eigentlich sind sie braun, aber manchmal färbe ich sie schwarz, damit mich niemand sehen kann.

Doch Harry sieht mich.

Unabhängig von dem Verhängnis.

An dem ich mich erhängt habe.

Ja. Ich konnte mich nie losreißen von meinen Fehlern, als ob jeder Gedankengang in einem gefickten Raum enden müsste, als ob mein Kopf von innen mit neonrotem Licht beleuchtet wäre.

Andere Menschen sind erleuchtet.

Ich bin überbeleuchtet.

Und jetzt bin ich auch noch öffentlich gefickt. Man braucht nur meinen Namen zu googeln, die erste Information, die man erhält, ist, dass ich mit sechs Jahren vergewaltigt wurde und nicht weiß, wie man isst und ist.

Auf dem Couchtisch liegt mein Buch, in zweifacher Ausführung, neben einer Schale mit Zookeksen. Splitter. Faser. Nackt. Auf einem durchsichtigen gläsernen Untergrund. Daneben steht ein Strauß mit weißen Blumen, nur eine einzige rosafarbene steckt dazwischen.

Ich will nach Hause.

Weg von dieser Geschichte.

Dieses fremde Mädchen auf dem Cover. Sie lächelt. Und ihre dunklen Augen – sie sehen einfach durch mich hindurch, als ob wir uns gar nicht kennen würden, als ob wir uns niemals kennenlernen dürften. Dabei gehören wir zusammen.

Sie und ich.

Und all diese Worte.

»Du kannst es ruhig anfassen«, sagt Harry. »Das ist dein Buch, Lilly! Dein Buch!«

Ich blicke zwischen Harry und meinem Buch hin und her.

Mein Buch macht mir mehr Angst.

Aber wenn ich Harry jetzt sage, dass ich eine Buchphobie habe, dann gehe ich garantiert als unfähigste Autorin aller Zeiten in die Geschichte ein. Und dann ruft Harry wahrscheinlich einen Psychologen an, und dann muss ich darüber reden, wie es war, vergewaltigt zu werden und wieso ich aufgrund von längst vergangenem Sex meine Worte nicht anfassen möchte.

Das wäre nicht gut.

Also strecke ich meine Hand aus und greife nach mir. Ich drehe das Buch einmal um, und dann schnell wieder zurück, damit ich den Auszug auf der Rückseite nicht lesen muss; ich streiche über den Buchrücken, da steht mein Name, weiß auf schwarz.

Dann berühre ich mein Covergesicht.

Ich erinnere mich an den Augenblick, in dem die Fotografin das Bild aufgenommen hat. Ich saß auf einem Stuhl direkt am Fenster und wusste genau, ich muss nur aufstehen, das Fenster öffnen und springen.

Der Weg nach unten.

Geht immer schneller.

Als man denkt.

Ich lege das Buch wieder auf den Tisch. Neben die Schale mit den Zootieren. Eine Schildkröte starrt mich an. Ich starre zurück, durch ihren harten Panzer, bis auf den butterweichen Kern.

»Lilly«, sagt Harry. »Das ist ein Buch. Man kann es aufklappen.«

»Ich weiß«, sage ich.

»Willst du nicht einmal hineinsehen?«, fragt Harry und nimmt ein Exemplar in die Hand. »Da sind deine Wortsplitter auf den Innenseiten, und du bist auch da.«

Harry blättert durch meine Seiten.

Er hält mein nacktes Leben in seinen Händen.

Ich möchte weinen.

Und sterben.

Sofort.

»Lilly«, sagt Ana, »lass uns einfach gehen. Vergiss das blöde Buch. Wir können umziehen. Nach Afrika oder so. Dort wird niemand deine Geschichte lesen, und da verhungern ständig Menschen, wir fallen gar nicht weiter auf.«

»Lilly«, sagt Harry währenddessen und berührt meine Schulter, als hätte er Angst, ich wäre eingeschlafen. »Sieh doch nur – das ist dein Buch!«

Und da nehme ich es wieder in meine Hände und schlage es auf.

Ich blättere durch die Seiten.

Sie fühlen sich fremd an.

Ich habe Angst, mich an den Kanten zu schneiden. Vielleicht sind deshalb die Ecken abgerundet. Damit ich nicht abrutsche und der erste Mensch auf der Welt bin, der sich mit seinen eigenen Worten die Pulsadern aufschlitzt.

»Lilly, ich bin so stolz auf dich«, sagt Harry zehn Räume weiter weg. »Auf dich und deine Worte. Du hast es geschafft. Du bist immer noch hier. Im Leben.«

Aber ich kann ihn kaum hören.
Ich laufe weiter.
Und weiter.
Und ich weiß: Parallelwelten.
Sind leicht zu erschaffen.

Sterben. Leben.

Die Nacht ist schwarz wie die Welt und weit wie das Meer. Ich liege neben Chase im Bett und lausche in die Ferne. Aus dem Hintergrund ertönt ein Rauschen, dann ein leises Pochen; Schlag für Schlag ein Tonabfall, so tief und fremd wie die Zeit. Glasklar erstickt ein Schmerz meinen zögernden Verstand.

Und da weiß ich.

Der nächste Morgen kommt ohne mich.

Die Kälte meiner Hände auf meinem Brustkorb verschwimmt. Ich fühle ein Zittern, ich fühle ein Frösteln. Ich fühle die weiche, mit Federn gefüllte Bettdecke auf meiner weißen Haut.

Jemand flüstert mir zu: »Das ist deine Geschichte, schreib dir ein Happy End. Wozu hast du denn all die Worte? Und siehst du denn nicht – du hast es fast geschafft.«

Aber alles, was ich vor mir sehe, in diesen letzten Sekunden, sind die Papiertüten aus dem Bio-Supermarkt, auf denen steht: Wir haben nur eine Erde.

Und ich denke.

Ja. Wir haben nur eine Erde.

Aber die Erde, sie hat sieben Milliarden von uns.

Also wird ein Tag auf dieser Welt niemals nur ein Tag sein.

Wir sind so viel mehr.

Als wir begreifen.

Und ich.

Ich hätte mich nicht binden sollen, an dieses Mädchen, mit ihrem ausgehungerten Verstand. Ana. Wie oft habe ich versucht ihr zu entkommen, wie oft wollte ich mich losreißen, aus ihrer unsichtbaren Gewalt. Und doch bin ich bei ihr geblieben, in dieser Isolation, weil ich dachte, sie wäre die Einzige, die mich retten könnte, vor mir selbst.

Ob ich ihr vertraut habe? Nein. Ich denke nicht.

Und ob wir wirklich Freundinnen waren?

Nein. An keinem Tag.

Aber ich weiß, dass wir jetzt Hand in Hand in ein und demselben Bett liegen und sterben. Dass wir uns ineinanderkrallen, um nicht alleine zu sein, um zusammenzubleiben, um alles richtig zu machen. Wenigstens dieses eine Mal.

Wenn doch nur Chase endlich aufwachen könnte, um mich fortzuziehen, aus diesem eiskalten Wasser, das meine Lungen durchdringt.

Ja. Ich bin tot. Am Morgen. Das weiß ich. Am Abend. Denn mein Herz schlägt heute flehender als sonst. Ich kenne dieses Gefühl, den unruhigen Atem, die schwachen Glieder, doch etwas ist anders. Bisher kannte ich mein Herz gurgelnd, rasend, verzweifelt, schluchzend, hämmernd und hin und wieder aussetzend. Aber so müde und zitternd wie heute hat es noch nie geschlagen.

Die Schmerzen in meiner Brust gehen unter. Ich bin zu erschöpft, um sie wahrzunehmen. Ich war zu lange fort, um wach zu bleiben. Ich bin zu schwach, um die Zeit zurückzudrehen und mir all die Rasierklingen wieder aus dem Arm zu ziehen.

Ja. Es ist zu spät.

Um zu bleiben.
Die Nacht ist so kurz.
Der Morgen bald da.

Chase. Er rüttelt an meinem Gehirn. Er flüstert und flüstert mir etwas zu. Aber ich kann ihn kaum hören. Ich liege nur da und lausche in die Nacht hinein. Es ist still. So furchtbar still.
 Chase weint. Die Zeit regnet auf mein Gesicht.
 Und ich. Ich denke an all die Augenblicke.
Ich denke an all die Augen.
In die ich geblickt habe.
Und dann.
Schließe ich meine.

Mein Verstand durchbohrt den Raum hinter der Wand, er löst sich auf und verschwindet, dann kommt er plötzlich zurück und wird riesengroß. Seltsam verzerrt erstreckt sich die Nacht, leise gurgelnd ein Geräusch aus der Ferne, im Hintergrund ein Piepsen, dann noch eins, und schließlich all diese unruhigen Stimmen.
 Beim zweiten Hinhören wird mir klar: Das Gurgeln ist mein Herz.
 Es schlägt wieder.
 So wie damals, im Supermarkt.
 Als ich auch dachte, es wäre vorbei.
 Ja, ich erinnere mich daran. Jemand flüsterte mir zu: »Du wirst nicht sterben, du bist so stark.« Ich blinzelte und fragte mich, ob es das Letzte ist, was ich je hören werde. Ich fragte mich, ob es wirklich so zu Ende geht. Mein Körper krampfte, ich versuchte etwas zu sagen, doch ich konnte nicht mehr sprechen.

Einen Augenblick lang hatte ich Angst, an meiner Zunge zu ersticken, aber schließlich atmete ich wieder ein und aus. Und immer weiter.

Der Krankenwagen kam.

Die Menschen um mich herum wurden weniger, ein Mädchen lächelte mir zu, eine alte Frau schüttelte nachdenklich ihren Kopf, ein Mann fragte zum dritten Mal, ob er nicht irgendwie helfen könne, und dann fragte er noch einmal. Aber ich konnte ihm nicht antworten.

Langsam spürte ich meine Hände wieder, sie zuckten und fingen an zu kribbeln. Ich versuchte meinen Kopf zu drehen und war überrascht, dass es funktionierte. Mein Blick streifte den Rest von mir, beide Arme und Beine waren noch dran, auch wenn ich sie nicht spüren konnte.

Ich war kein Splitter. Ich war ein Mensch.

Und ich war dankbar.

Das zu verstehen.

Und auch diesmal. Lausche ich auf das Rauschen in meinen Gedanken und frage mich, wo es aufhört und wo die Welt beginnt. Chase hat einen Krankenwagen gerufen. Er wird gleich da sein. Das sagt er zu mir immer wieder, und ich bin zu schwach, um ihm zu sagen, dass ich ihn endlich hören kann.

Dass ich atme. Genau wie er.

Die gleiche Luft.

Ich bin so müde. Also schließe ich meine Augen und erinnere mich an die Zeit, damals, als ich sie noch kannte. Und der Nebel. Er ist so weich, dass er mich zudeckt, bis ich nicht mehr friere.

»Bleib wach«, flüstert eine Stimme. »Bleib wach.«

Einen Moment lang weiß ich nicht, woher sie kommt.

Dann fällt es mir wieder ein. Irgendwo im Leben. Wartet Chase auf mein Erwachen. Aber ich bin mir nicht sicher, ob ich weiß, wie das geht. Und wenn ich es schaffe, reicht es aus, Wort für Wort durch das Leben zu gehen? Oder sollte ich lieber rennen, so schnell, wie ich kann, Hauptsache weg von diesem Ort? Doch wo soll ich mich verstecken, wenn Ana alles durchschaut?

»Lilly«, flüstert Chase. »Lilly!«

Da öffne ich meine Augen.

Und auch diesmal.

Ist der Krankenwagen rechtzeitig da.

Die Sanitäter tragen mich hinaus in die Nacht. Es sind zwei Männer. Ja. Mädchen wie ich nehmen so etwas auch noch im Koma wahr. Aber es ist okay, dass sie mich mit EKG-Aufklebern zupflastern, ich sehe zu, wie sie die Drähte anschließen, ich zähle die Streifen auf meinem Arm, ich versuche, meiner Hautfarbe einen Weißheitsgrad zuzuordnen.

Der Motor wird leise ratternd gestartet.

Ich lausche in die stille Nacht.

Ich warte auf den Morgen.

Im Krankenhaus angekommen, macht die Krankenschwester alle Untersuchungen noch einmal von vorne, weil ich laut Rettungswagen-EKG schon hundert Jahre tot bin. Ich liege da, lausche auf das Piepsen der Geräte und denke mir, dass ich ein schlechter Vampir wäre; ich würde mir ständig aus Versehen in den Arm beißen und mich höchstwahrscheinlich selbst austrinken.

Ja, das geht mir durch den Kopf.
Ausgerechnet in diesem Moment.
Ich sehe das Blut aus meinem Arm hervorsprudeln, wie es auf den Fußboden tropft, gegen die Wände spritzt, und das Loch in mir.
Es wird immer größer.

»Darf ich nach Hause gehen?«, frage ich ein paar Stunden später, weil sowieso keiner etwas mit mir anfangen kann.
Der Arzt schüttelt seinen Kopf.
Auch Chase will, dass ich bleibe.
»Bitte«, sage ich. »Ich werde auch etwas essen.«
Der Arzt brummt vor sich hin.
Es war eine lange Nacht.
»Bitte, ich möchte nach Hause«, wiederhole ich.
»Bitte, lassen Sie mich einfach gehen.«
Der Arzt seufzt, wechselt ein paar Worte mit Chase, dann holt er ein Formular, mit dem ich ihn von jeder Form der Verantwortung und Haftbarkeit freispreche, weil ich gegen seinen Rat das Krankenhaus verlasse und mein tuckerndes Herz und meine zerkratzten Arme seiner Beobachtungsfähigkeit und Infusionsfreigabe entziehe.
Ja. Das Spiel kenne ich.
Es heißt Flucht.

*Was die Zeit nicht verändert,
das lässt sie zurück.*

Bestehen

Ich sitze auf einem Sofa, und um mich herum sind all diese jungen Menschen. Sie lachen, sie trinken, sie erzählen ihre gerade erlebten Geschichten.

»Wisst ihr noch, im letzten Schuljahr, die Abifahrt?«, fragt schließlich irgendwer.

Und da verlassen sie alle zusammen die gegenwärtige Zeit und kehren zurück in die Ferne. Sätze fliegen durch den Raum, wie bunte Wasserbomben, sie schlagen ein und sorgen für farbige Lachexplosionen.

Ein gemeinschaftliches Bild.

Voller Erinnerungen.

Und ich bin fasziniert von der Leichtigkeit eines Abends. Wenn ich das doch auch könnte, wenn ich nur aufhören könnte, meine Existenz an die Stimmen in meinem Kopf zu verschwenden, wenn ich dazugehören könnte.

Aber das tue ich nicht.

Hin und wieder, für ein paar Minuten, vielleicht sogar für ein paar Stunden, bin ich ganz normal. Ich lache. Ich esse viereinhalb Gummifrösche. Ich erzähle ein paar schöne Geschichten.

Und dann. Ganz plötzlich.

Verliere ich meine Augen.

Sie sehen durch Wände hindurch, durch Gegenstände, durch Personen, durch Türen, durch vorgezogene Vorhänge. Sie verrennen sich in einem unendlichen Raum, bis alle Farben zu einem einzigen farblosen Ton verschwimmen. Und dort muss ich verweilen.

Einen Moment lang zögere ich. Wenn ich mich anstrenge, komme ich davon, ein paar Mal blinzeln, und ich bin zurück in der Wohnung bei meinen lachenden Freunden.

So einfach ist das.

Nicht wahr?

Aber wenn ich es nicht schaffe, dann umfangen mich die fremden Stimmen. Ich höre das dumpfe Geräusch von Fäusten, die auf nackte Haut einschlagen, ich höre das ungeduldige Reißen von Stoff, das Brechen von Fingerknochen, und das Mädchen neben mir, es flüstert und flüstert die gleichen Sätze immer wieder vor sich hin: »Und morgen. Morgen. Wenn. Wenn wir vielleicht. Wenn wir. Nach Hause kommen. Zurück. Nach Hause. Nach Hause. Und wenn. Wenn ich. Wenn wir. Hier raus. Wir. Wir müssen doch. Und morgen. Morgen.«

In ihrer Sprache habe ich meine Zeichensetzung gelernt.

Ihre Satzlücken waren meine Atempausen.

Ihre Wortwiederholungen waren das Spiegelbild.

Meiner kaputten Gedanken.

Und noch heute.

Heute.

Enden meine Sätze.

Mitten im Wortgeschehen.

Das Sofa, auf dem ich sitze, zerbricht an zwei Stellen, rechts und links von mir. Der entstandene Spalt wird immer größer, und meine Freunde entfernen sich, ohne aufzustehen, in einen anderen Raum.

Ich halte die Luft an. Meine Hände zucken unruhig, sie versuchen, mich zu schützen, sie tasten, sie streicheln, sie schieben Luft beiseite. Winzige Gesten, kaum zu sehen.

Aber ich muss diesen Körper beschützen.

Ich muss.

Der Gürtel um meinen Hals, er wird zugezogen. Er schneidet tief in meine Haut. Ich reiße an dem Seil, das meine Hände gefangen hält.

Die Stimmen. Sie lachen.

Ein Glas fällt um. Ich lausche auf das Splittern.

»Lilly?«

Mein Name. Ja. Das bin ich.

»Lilly?«

Ja. Ich bin doch hier.

»Hey, Lilly!«

Es ist meine eigene Stimme.

Sie ruft nach mir, schon seit Jahren. Aber sie ist viel zu leise, für diesen mit Klängen überfluteten Zwischenraum ohne Schallbegrenzung. Doch manchmal, an guten Tagen, höre ich ihr zu.

Und dann lächele ich.

Den Schmerz weg.

Denn ich kann nicht für immer das gestörte Mädchen am Rand des zerteilten Sofas sein. Ich muss bestehen. Denn ich habe doch alles, alles, was ich mir wünschen kann. Und meine Freunde, sie springen unbeirrt um mich herum und sagen fröhlich: »Lilly! Du hast so ein Glück! Sieh nur, was du geschafft hast! Und du bist doch noch so jung! Lilly! Das bist du, du hast all die Worte!«

Ja.

Die Worte.

Lass den ersten und den letzten Buchstaben weg.

Und schon hast du diesen Ort.

Genau diesen. Ort.

Und der glasige Blick in meinen Augen, er hat kein Anrecht auf meine Sichtweise. Denn ich will die Farben sehen. Alle. Ich will hier bei euch sein. Also, warum stößt mich nie einer von euch an, wenn ich davondrifte? Warum sagt nie jemand ein Wort zu mir, um mich zurückzuholen, wenn ich nicht mehr kann.

Wenn ich nicht mehr kann.

Es wäre so schön, wenn jemand eine Hand nach meinem verlorenen Körper ausstrecken könnte, um mich wachzurütteln, um mir zu sagen: »Wir können dich sehen. Du bist hier, hier bei uns. Und du darfst bleiben. Niemand wird kommen, um dich wegzuholen. Du wirst nie wieder das nackte Mädchen umgeben von fremden Männern sein.«

Ich drifte davon, zwischen den Salzstangen und dem Lachen.

Leise ist es im Wald.

Und auch in der großen Stadt.

Ich mag die Nächte in Berlin. Früher mochte ich lieber die Morgenstunden, das erste Flüstern, die verschlafenen Lichter, um vier oder fünf Uhr früh, wenn ich nach einem Escorttermin nach Hause gefahren bin und endlich, endlich unter meine Bettdecke kriechen konnte. Ich habe immer das Fenster ganz weit geöffnet. Auch im Winter. Ich wollte die Luft auf meiner kalten Haut kitzeln spüren. Ich wollte hören, wie die Stadt erwacht.

Und dann bin ich eingeschlafen.

Für zwei, drei Stunden. Nur um wieder aufzustehen.

Und weiterzumachen.

Immer weiter.

Da berührt mich auf einmal eine Stimme. Und dann eine Hand. Jemand zupft an meinem Ärmel, erst ganz vorsichtig, und dann immer stärker. Bis ich schließlich meine Augen öffne und mich verwundert umsehe.

»Lilly«, sagt mein ehemaliger Klassenkamerad Alex leise. »Lilly, du gehörst auch hierher zu uns.«

Er sieht mich unsicher an.

In der Schule haben wir kaum ein Wort gewechselt.

Er war zu cool und ich zu unhungrig.

»Lilly?«, wiederholt er vorsichtig. »Ich kann dich sehen. Ganz sicher. Du sitzt genau neben mir.«

Da muss ich lächeln.

Erst weit entfernt.

Und dann ganz nah.

»Du hast meine Worte gelesen«, sage ich schließlich.

Alex nickt und wird ein bisschen rot, dann hält er mir eine Tüte mit Gummifröschen hin.

»Magst du einen?«, fragt er.

»Ja«, sage ich.

Wunderwesen

»Was ist Wortverkehr?«, will Chase stirnrunzelnd wissen und wedelt mit einem Zettel herum, den er bei mir auf dem Fußboden gefunden hat. »Und wieso wird er von deinem Wortfluss angeregt? Hey, was ist das!? Was zum Teufel ist der Stand der Worte? Und warum sollte man sich nicht auf einen Satz versteifen? Lilly!? Schreibst du jetzt etwa einen Wortporno, oder was?«

»Das ist aus dem Killermädchenbuch«, erkläre ich.

»Hast du das nicht irgendwann im letzten Jahr geschrieben?«, fragt Chase. »Warum fliegen denn all diese uralten Zettel hier rum?«

»Ich räume auf«, erkläre ich.

»Aufräumen sieht anders aus«, meint Chase und blickt sich in dem Chaos aus Kinderspielzeug und Papierfetzen um.

»Schmeißt du die Wortschnipsel alle weg?«, fragt er schließlich.

»Ein paar«, sage ich. »Aus den anderen können wir ja später ein Wortmemory basteln, bei dem man zusammenpassende Wörter finden muss.«

»Na, toll«, meint Chase. »Da habe ich ja schon verloren, bevor wir überhaupt anfangen zu spielen. Du kannst doch eh alle Wörter miteinander verbinden – du wortgewandtes Wunderwesen.«

»Ich bin nicht wortgewandt«, erwidere ich, »ich habe doch kaum etwas zum Anziehen. Ich bin einfach nur grammatikalisch inkorrekt und versuche das mit abstrakten Sätzen zu überdecken.«

»Grammatik?«, fragt Chase. »Was ist das? Habe ich noch nie von gehört. Jedenfalls nicht mehr, seit ich mit meiner Deutschlehrerin geschlafen habe.«

»Frau Meyer?«, frage ich entsetzt.

»Ach, stimmt ja – die auch!«, erwidert Chase und legt seine Stirn in Falten. »Die hatte ich ganz vergessen, dabei war sie richtig gut im Bett. Aber nein, ich meinte eigentlich Frau Clarin, für mich war sie immer Beatrice.«

»Chase, du bist unmöglich!«, sage ich kopfschüttelnd.

»Hey!«, meint Chase. »Das war ein Witz. Du musst nicht alles glauben, was ich dir erzähle! Schon vergessen: Ich bin Schauspieler, ich bin von Beruf aus Lügner.«

»Schon vergessen: Ich bin Schriftstellerin«, entgegne ich lächelnd. »Ich glaube von Beruf aus an Worte. Auch an deine.«

Chase grinst.

Dann fängt er wieder an, in meinen Zetteln herumzuwühlen.

»Verdammt, was ist denn das für ein System?«, fragt er. »Wie kann man ein Blatt Papier von elf verschiedenen Seiten beschreiben? Da erkennt man doch keinen einzigen Satz mehr. Ist das ein P oder ein Z? Wieso ist ein Kreuz hinter dem Fisch? Wieso ist da überhaupt ein Fisch? Schreibst du jetzt auch über das Meer? Und hast du irgendwo noch mehr von der Worterotik? Die hat meinen Lesefluss angeregt.«

»Leider nicht«, sage ich.

»Schade«, meint Chase enttäuscht und dreht einen Papierschnipsel in seinen Händen hin und her, um herauszufinden, wo oben und wo unten ist. »Hast du dann vielleicht ein paar kokainhaltige Sätze für mich?«

»Was für Sätze?«, frage ich.

»Sätze, die durch meinen Verstand rauschen und mich im Wortnebel versinken lassen«, erklärt Chase.

»Ach so«, sage ich.

Dann gehe ich zu einem meiner Bücherregale, ziehe ein Buch von Robert Cormier hervor und drücke es Chase in die Hand. Er wirft einen Blick darauf und das Buch anschließend auf mein Sofa.

»Ich meinte natürlich Worte von dir!«, sagt er und verdreht genervt die Augen.

»Du hast gerade Zärtlichkeit weggeworfen!«, beschwere ich mich.

»Was?«, fragt Chase.

»So heißt das Buch«, sage ich. »Zärtlichkeit.«

»Ich will aber lieber ein paar Worte von dir«, meint Chase ungeduldig. »Das Buch lese ich danach.«

»Okay«, sage ich seufzend. »Lass mich kurz nachdenken.«

»Ach, überspring doch das Denken«, meint Chase. »Quatsch einfach drauflos, das machst du doch sonst auch immer. Da wird schon ein bisschen Literatur dabei sein.«

Ich seufze und setze mich neben Zärtlichkeit auf das Sofa. Chase fängt währenddessen an, einen Stapel aus Worten auf meinem Wohnzimmerboden zu errichten und wirft mir zwischendurch erwartungsvolle Blicke zu.

»Für dich würde ich jeden Satz noch einmal schreiben«, sage ich schließlich. »Ich würde alle meine Absätze verdrehen und noch einmal ganz von vorne anfangen. Ich würde jedes Wort überdenken, ich würde

Satzzeichen setzen und Kommata, an all deinen Lieblingsstellen. Ich würde hinter jeden Ausruf ein zweites Ausrufezeichen setzen, ich würde die traurigen Worte in ein hübsches Satzmuster stecken, und ich würde selbst im flüchtigsten Satz keinen einzigen Buchstaben zurücklassen.

Und alles das.
Nur für dich.
Denn du weißt: Meine Welt sind die geschriebenen Worte. Und manchmal kenne ich keinen einzigen Menschen, nicht einmal dich. Ich bin gefangen in meinem Wortgefängnis. Das ist die Realität einer viel zu langen Geschichte.

Aber für dich.
Nur für dich.
Würde ich meine Worte fallen lassen.
Genau wie jedes Gewand.«

Ich höre auf zu sprechen, und Chase sieht mich an, als hätte ich ihm die größte aller Fragen mit *ja* beantwortet. Er lächelt. So schön wie die Zeit. Sein Turm aus Wortzetteln ist zielstrebig vom Fußboden in Richtung Zimmerdecke gewachsen, auch wenn er keine Chance hat, den nächsten aufmüpfigen Windhauch, der durch das geöffnete Fenster zu uns hereinweht, zu überstehen. Doch wahrscheinlich ist es sowieso egal, wie hoch man lose Worte stapelt, wenn sie keinen Grund haben, dann stürzen sie ein, bevor sie stehen.

Aber gib einem Wort einen Grund.
Und schon hast du einen Satz.
Vergiss dabei die Ansprüche der anderen, denn sprechen kannst du nur für dich selbst. Und wenn dir

jemand wirklich zuhören möchte, wenn jemand freimütig dem Klang deiner suchenden Stimme lauscht, dann versteck dich nicht hinter deinen Worten.
 Die Zeit ist zu laut.
 Für schweigende Sätze.

Resignation

Als Kind habe ich nachts oft im Flur auf den Fliesen gesessen, weil ich mich nicht getraut habe, zu meinen Eltern zu gehen. Und in mein Bett wollte ich auch nicht, weil ich wusste, dort warten die Ungeheuer der Nacht. Also habe ich mir gewünscht, ein Eisbär zu sein, mit ganz viel Pelz. Damit ich nie mehr frieren muss. Aber irgendwann habe ich gelernt: Der Nordpol schmilzt davon, die Eisbären sind vom Aussterben bedroht. Und da wollte ich dann doch lieber ein Mensch bleiben.

Manchmal verbringe ich meine Nächte neben Chase. So wie heute. Er schläft tief und fest, als wäre er Hüter der Nacht und Wächter der Abenddämmerung. Ich liege da und lausche. Sein Arm ruht um meine Taille und seine Hand berührt meine, wie aus Versehen, aber ich war wach, als er danach gegriffen hat. Ja. Meine Gedanken sind rückläufig. Ich sehe zu, wie wir ins Bett gehen, obwohl ich eigentlich lieber alleine schlafe. Und ich erinnere mich daran, wie Chase eines meiner Manuskripte gelesen hat, während ich einfach nur dalag, in seinem Arm, und aus dem Fenster gesehen habe.
»Und?«, wollte ich wissen, als er schließlich fertig war.
»Ein bisschen zu viele Tote«, hat Chase gemeint.
Ich habe genickt.
Es sind immer zu viele Tote.
Das fängt schon beim ersten an.

Aber das Leben war noch nie ein Einzelgänger, es kommt einher mit dem Tod, verwoben in jeden Augenblick, verbunden bis zum letzten Atemzug. Und manchmal, wenn ich neben Chase einschlafe und am nächsten Morgen wieder aufwache, während meine Träume in den letzten Schatten der Dunkelheit verschwinden, wenn ich erkenne, dass Chase noch immer da ist, direkt neben mir, einen Arm um meinen kaputten Körper geschlungen, dann erinnere ich mich daran.

Dass nichts auf dieser Welt.

Für immer bleibt.

Sie halten dein unbedecktes Gesicht in ihren ungreifbaren Händen und flüstern dir zu: »Kein Tag dauert länger als die Zeit.«
Du wartest auf ein Abschiedswort.
Und die Zeit, die verrinnt.
Sie tut weh.

Stille

Versprich mir, dass diese Stille vorbeigeht, sage ich zu Chase.
Chase sieht mich stirnrunzelnd an.
Versprich es mir, wiederhole ich. *Bitte.*
Chase räuspert sich einmal.
Chase, flüstere ich. *Du musst es sagen, damit ich es glauben kann.*
Da seufzt Chase.
»Lilly«, sagt er schließlich, »dir ist schon klar, dass du seit zwei Wochen kein Wort mehr gesagt hast, oder?«
Kannst du denn nicht wenigstens ein bisschen von meinen Lippen lesen?, frage ich verzweifelt.
»Was?«, fragt Chase.
Da klappe ich meinen stummen Mund zu.
Und gehe nach Hause.

Ja. So war das. Als ich nach einem Interview plötzlich kein Wort mehr sagen konnte, weil irgendeine Synapse in meinem Kopf sich quer vor mein Sprachzentrum gelegt hat und das einzige Geräusch, das ich noch zustande gebracht habe, ein Husten war. Zuerst dachte ich, mein Sprachleasing-Vertrag sei vielleicht abgelaufen, aber dann ist mir klargeworden, dass ich einen Virus in meinem Kopf habe, der sich von Selbstzweifeln ernährt, und dass ich wahrscheinlich einfach nicht dazu geschaffen bin, in der Öffentlichkeit und in den bildüberlagerten Zeitungen zu stehen.

Ich habe gehustet.
Dreimal. Zwei Tage lang.
Erst pro Minute, dann pro Stunde.

Aber meine Stimme zurückbekommen habe ich nicht. Und da habe ich schließlich einen Haufen Zettel beschriftet und zwei Papiertüten gebastelt, eine mit der Aufschrift *Grundwortschatz* und die andere mit *Fragen*.

Damit bin ich dann durch mein schweigsames Leben geschlichen und habe jedem Menschen, der irgendetwas zu mir gesagt hat, einen dieser Zettel unter die Nase gehalten, auf denen Sachen standen wie: *Meine Stimme ist weg. Bitte. Danke. Nein. Keinen Hunger. Ich bin nicht verrückt. Ja. Mir ist kalt. Bis bald. Ich gehe nach Hause. Ich esse genug. Du bist doof. Ich brauche einen Krankenwagen. Mir ist schwindlig, Ich weiß nicht. Ich schreibe nie wieder ein Buch. Lass mich in Ruhe. Ich war es nicht.*

Das hat ausgereicht, um einigermaßen gut durch den Tag zu kommen, auch wenn alle blöd geguckt haben und meinten: »Ähm, Lilly. Geh mal lieber zum Arzt. Das ist nicht normal. Und außerdem wollen wir gerne dein seltsames Gefasel hören. Komm schon, erzähl uns noch mal die Geschichte von dem bekifften Hasen. Ja? Bitte! Oder die mit dem Alien und Obama. Du musst doch nur Worte benutzen. Das ist ganz einfach.«

Aber um ehrlich zu sein, hatte ich keine große Lust mehr, mich zu bemühen. Am Anfang habe ich noch versucht zu reden, ich habe stundenlang auf dem Fußboden neben meinem Hai gesessen und alle Wörter durchprobiert, die ich kannte. Aber kein einziges wollte von mir sprechen. Also habe ich geweint, und dann habe ich noch mehr geweint, und dann habe ich wieder aufgehört zu weinen, und schließlich habe ich festgestellt, dass die Welt ganz anders klingt, wenn man ihr in vollkommener Stille entgegenschweigt.

Ich bin oft Harry besuchen gegangen in dieser Zeit, obwohl da ständig irgendein IT-Typ unter seinem Schreibtisch herumgekrochen ist, und ich Angst vor ihm hatte, wie vor jedem fremden Mann. Aber da ich nicht wusste, was ich mit dem Überfluss an Schweigsamkeit hätte anfangen sollen, bin ich einfach durch die Straßen spaziert, und wenn ich müde geworden bin, habe ich bei Harry und seinen Manuskriptbergen einen Halt eingelegt.

Als ich zum dritten Mal an einem Tag vor Harrys Bürotür aufgekreuzt bin, hat Harry noch mehr geseufzt als sonst. Das hat mir Angst gemacht. Und da habe ich mich mit meinem Stoffhasen, den ich dabeihatte, auf den Fußboden gelegt, weil das Sofa zu weich für meine Gefühle war.

Nachdem ich eine Stunde lang so dagelegen hatte, hat Harry schließlich gesagt, er könne das nicht mehr. Seine Stimme klang so, als wollte er mich in die nächstbeste Nervenheilanstalt verfrachten. Also bin ich schnell aufgestanden und wollte gehen, weil ich ihm ja nicht sagen konnte, dass ich nicht wieder eingesperrt werden will. Aber das war auch falsch. Harry meinte, ich sollte nicht wegrennen. Da bin ich umgekippt und geblieben. Und dann habe ich geweint, weil ich nicht wollte, dass es Harry wegen mir so schlecht geht. Aber daraufhin ging es ihm nur noch schlechter. Und mir auch.

Die Zeit hat sich wieder beruhigt. Harry und ich sind Reis mit Hähnchen essen gegangen, und der IT-Typ hat währenddessen weiter an Harrys PC herumgespielt. Ich war mir ziemlich sicher, dass er die Trojaner selbst vorbeigeschickt hatte, ich meine, so oft, wie Harrys PC kaputtgeht und der IT-Typ auftauchen muss, das ist nicht mehr normal. Nicht einmal ich kriege meinen Laptop so oft kaputt, und ich surfe ständig auf unanständigen Seiten herum, um zu gucken, was die Mädchen, die ich noch aus meiner nackten Zeit kenne, gerade so treiben, und außerdem lade ich mir jeden Schwachsinn runter, der aussieht, als könnte man ihn auf einer Festplatte gebrauchen. Harry hingegen hat 97 Firewalls, 38 Back-up-Systeme und eine ganze Ansammlung virtueller Antibiotika auf seinem Rechner, und trotzdem kommen die Trojaner ständig zu ihm. Das ist logisch gesehen vollkommen unlogisch.

Ich habe versucht ihm das aufzuschreiben, aber Harry meinte, so könnte es nicht sein, weil das ziemlich kompliziert klingen würde, aber ich fand, dass es wesentlich leichter klang als jede andere Möglichkeit.

Nach drei Wochen des beharrlichen Schweigens hat Chase mich gefragt, ob die wortreichen Zeiten nun endgültig vorbei seien, und meine Lektorin und Harry haben währenddessen eine Telefonkonferenz nach der anderen abgehalten, weil keiner von ihnen wusste, was sie zu mir sagen sollten, und weil sie dachten, es sei alles ihre Schuld, wegen dem Buch und der Presse und dem Druck.

Schließlich hat Harry gesagt: »Lilly, du musst zum Arzt.«

Und meine Lektorin hat gesagt: »Lilly, du musst zum Arzt.«

Da bin ich nicht mehr an mein Telefon gegangen, und Harry habe ich auch nicht mehr besucht.

Und als ich dann endlich, endlich wieder sprechen konnte, einfach so, von einem Tag auf den anderen, da waren Harry und meine Lektorin durch das viele Telefonieren Externefreunde geworden, und Harrys Computer war immer noch kaputt.

Und wenn es regnet. Und immer wieder regnet.
Dann werde ich davontreiben.
So weit ich nur kann.

Dasein

Chase liegt mit geschlossenen Augen auf dem Küchentisch und hört so laut Placebo, dass er gar nicht mitbekommt, wie ich mir ein Glas Wasser nehme und ihn anschließend eine Zeitlang mustere. Als ich schließlich die Anlage ausschalte, lächelt er und sagt: »Ich dachte doch, ich hätte irgendetwas gehört.«

»Song to say goodbye«, erwidere ich.

»Ja, den habe ich auch gehört«, meint Chase und setzt sich gähnend auf. »Schön, dass du endlich deine Stimme wiederhast. Dreieinhalb Wochen waren echt lang genug.«

»Finde ich auch«, sage ich und füge hinzu: »Aber warum liegst du auf dem Küchentisch?«

»Ich habe die wunderbare Sonne genossen«, antwortet Chase.

»Die ist vor zwei Stunden untergegangen«, entgegne ich.

»Aber ich nicht«, erwidert Chase.

Einen Moment lang schweigen wir uns an. Wir wissen beide, dass wir uns vermissen, in jedem Augenblick, in dem wir nicht zusammengehören. Und wenn ich eines gelernt habe, über Chase und mich und mich und Chase, dann, dass sich der Schmerz in ihm zu meinem bekennt.

»Es ist schön, dass du jetzt so oft bei mir schläfst«, meint Chase schließlich und nimmt einen Schluck von dem Rotwein, der neben ihm auf dem Tisch steht.

»Bist du sicher?«, frage ich.

Denn die meisten unserer Tage brechen mit meinem fluchtartigen Abgang herein; irgendwann zwischen vier und fünf Uhr halte ich es nicht mehr aus, neben einem Mann zu liegen, und verschwinde in der Morgendämmerung.

Der Weg des geringsten Widerstandes.

Ist immer noch die Kapitulation.

»Natürlich bin ich mir sicher«, erwidert Chase. »Ich bin der selbstsicherste Mensch auf der Welt. Sogar unser angreifbarer Verteidigungsminister würde das bezeugen, obwohl dem wahrscheinlich sowieso kein Mensch mehr Glauben schenkt. Aber wer will schon Glauben geschenkt bekommen. Ich meine, guck dir Jesus an, der hat auf seiner Wunschliste den Glauben angekreuzt, und was ist passiert, er wurde zurückgekreuzt.«

»Steht das so in der Bibel?«, frage ich.

»Keine Ahnung«, sagt Chase. »Ich interessiere mich nicht für Science-Fiction.«

»Hast du nicht früher Dark Angel geguckt?«, überlege ich.

»Das haben alle geguckt«, meint Chase. »Wegen Jessica Alba. Aber die hat jetzt ein Kind und einen Mann.«

»Vielleicht sollte ich gehen«, sage ich. »Und nie mehr wiederkommen.«

»Warum?«, fragt Chase. »Dann wäre niemand mehr hier, der überall unleserlich bekrakelte Papierfetzen und Notizzettel herumfliegen lässt, niemand, der beschließt, um drei Uhr morgens im Treppenhaus joggen zu gehen oder eine Wäscheleine quer über die Straße zu spannen, nur um ein paar rote Wollknäuel daran aufzuhängen. Und eine Schneemann-Großfamilie im Hof neben den Mülltonnen würde es dann auch nie wieder geben.«

»Es ist noch lange hin bis zum ersten Schnee«, sage ich.

»Es ist lange her, seit du wirklich hier warst«, erwidert Chase.

Stille.

Für einen Augenblick.

Dann fügt Chase hinzu: »Weißt du, es fühlt sich oft so an, als hätte ich dich verloren – ganz egal, wie oft du bei mir bist, ein Teil von dir ist nicht mehr da.«

Und ich weiß, er meint das Mädchen.

Das nie entführt worden ist.

»Wie die Zeit vergeht«, sagt Chase später an diesem Abend, »fragst du dich auch manchmal, wohin und ob sie jemals wiederkehrt?«

»Vergiss die Zeit«, sage ich, denn wir sind ihr lange genug hinterhergerannt. »Die kann auch ohne uns ein paar Runden drehen.«

»Da hast du recht«, meint Chase und reckt sich. »Wir könnten stattdessen ein paar Joints drehen.«

»Lieber einen Film«, schlage ich vor.

»Einen Film?«, fragt Chase.

»Ja, im Park bei den Enten«, sage ich.

»Die sind doch langweilig«, erwidert Chase. »Und außerdem würden die für ein Stück Brot ihre Seele verkaufen.«

»Würden sie nicht«, entgegne ich. »Die sind viel weiser, als du denkst.«

»Ach, so viel denke ich gar nicht«, meint Chase nachdenklich.

»Was machst du dann?«, frage ich.

»Zurzeit suche ich eine neue Wohnung«, erwidert Chase und angelt sich seufzend einen Sesamfisch aus der Crackerschale, die zwischen seinem mittlerweile geleerten Rotweinglas und einer Packung Taschentücher liegt. »Fans sind anmutige Psychopathen. Sie stehen vor deiner Haustür und klimpern mit ihren begierigen Augen, während du dich herausschleichst, um in Ruhe ein paar neue Socken kaufen zu können.«

»So schlimm?«, hake ich nach. »Bisher ging es doch immer irgendwie.«

»Das war, bevor ich in dieser dämlichen Liebeskomödie mitgespielt habe«, brummt Chase.

»Ich fand sie ganz lustig«, sage ich.

»So 'nen Schwachsinn guckst du dir an?«, fragt Chase kopfschüttelnd.

»Ich habe dich vermisst«, erwidere ich.

»Und da gehst du ins Kino?«, will Chase stirnrunzelnd wissen. »Warum kommst du nicht hierher?«

»Das Kino ist direkt bei mir gegenüber«, erwidere ich. »Bis zu dir sind es zehn Minuten.«

»Ach, du«, stöhnt Chase. »Du wirst immer bekloppter.«

»Werde ich gar nicht«, sage ich und nehme mir ebenfalls einen Sesamfisch. »Ich war schon immer so.«

»Nein«, entgegnet Chase. »Es gab eine Zeit, da warst du etwas weniger neben der Spur.«

»Neben der Spur?«, frage ich. »Oder auf dem Strich.«

»Ach, mein Winterherz«, seufzt Chase.
Und dann.
Noch bevor ich anfangen kann zu weinen.
Weil die Erinnerung an diese Zeit noch immer schmerzt.

Steht Chase auf und schlingt seine Arme um mich, so fest, als wären wir ungeschlagen; so sanft, als würden wir es für immer bleiben.

»Es ist vorbei«, flüstert er mir zu.

Und da weiß ich: Es gibt Fehler, an denen man scheitert.

Und Fehler, die scheitern an dir.

Sie zünden dich an und warten ab, bis die Flammen deinen Verstand umzingeln, und während du versuchst, dich aus den dichten Rauchschwaden und dem brennenden Scheiterhaufen zu befreien, wird dir auf einmal bewusst – dieser Fehler fackelt nicht lang. Du hast eine Chance. Also versuchst du ihn zu löschen. Und vielleicht hast du Glück und bist ein Phönix. Aber die Schuld, die du trägst, wird immer Gewicht in deinem Leben haben. Und wenn du dich daran erinnerst, wie nackt du einmal warst, dann ist es schwer, die passenden Kleider zu tragen.

Aber wenn da jemand ist, der mehr von dir versteht, als du ihm je erzählen könntest, dann erkennt er dein Schweigen in jedem Wort, das du sprichst. Und er sieht auch den Raum, hinter all diesen Lücken, in deinem Verstand.

Ja. Gedankengänge sind niemals ausgeschildert.

Und es gibt so viele Sackgassen.

In meinem Lebenslauf.

So weit unten.
Hier die Tiefe, dort der Sinn.
Zu erkennen, was steht und besteht.
Mit jedem Augenblick.
Der fällt. Und fällt.
Dir entgegen.
Mir empor.
Und doch: Wir beide.
So schön anzusehen.
So blind abzusehen.
Was kommt und geht.
Und wiederkommt.
Und alles.
Alles.
Wir.

Bevor ich falle

Eigentlich war das Manuskript für *Bevor ich falle* nur ein Witz, weil mein Verleger mir am Anfang ständig leere E-Mails geschrieben hat. Zuerst war ich mir nicht ganz sicher, ob es vielleicht eine unsichtbare Kommunikationsschranke gab zwischen meinem Gehirn und meiner Fähigkeit, Worte zu erkennen, aber Harrys Mails konnte ich lesen, und die von meiner Lektorin auch, also musste es ein anderes Problem sein. Und weil ich in der Regel immer davon ausgehe, dass ich das Problem bin, war ich mir auf einmal sicher, dass mein Verleger mich so blöd findet, dass er mir mit Absicht nur leere Worte schickt. Also habe ich ein Manuskript über einen worthassenden Verleger geschrieben, der durch die langen Gänge der Satzgestaltung wandert und einen Lektor nach dem anderen feuert, nur um anschließend ein paar Buchhändler zu tyrannisieren.

Als ich mit dem Manuskript fertig war, hat sich dann allerdings herausgestellt, dass mein Verleger mich gar nicht so doof findet und mir eigentlich einen Haufen netter E-Mails schreiben wollte, das Problem war nur, dass er gerade dabei war, ein moderner Mensch zu werden, und deshalb hatte er sich ein iPad gekauft, und mit dem konnte er nicht so richtig umgehen.

Ich fand das ziemlich lustig. Und als mein Verleger endlich verstanden hatte, warum ihm keiner mehr zurückschrieb, fand er das auch. Also habe ich ihm versprochen, dass er den Text über seine E-Mail-Verfehlung lesen dürfe. Vorher habe ich aber erst noch Harry besucht, weil ich von ihm wissen wollte, ob ich zu viele Kommata vergessen hatte.

Harry war ganz aufgeregt und meinte: »Lilly, das ist kein Text. Das ist ein richtig gutes Manuskript, und ich würde es gerne deiner Lektorin schicken.«

»Wirklich?«, habe ich gefragt.

»Ja«, hat Harry erwidert und mit dem dicken Papierstapel, den er sich am Wochenende ausgedruckt und gelesen hatte, vor mir herumgewedelt. »Allerdings solltest du aus dem Verleger einen Börsenmakler oder so machen.«

»Bist du verrückt?«, habe ich gefragt. »Dann geht doch der Grund, aus dem ich das Ganze geschrieben habe, verloren. Dann stehen die Buchstaben in der Luft. Wie soll denn das aussehen?«

Harry hat geseufzt und meinte: »Lilly, Literaturagenten, Verlagsleiter und Lektoren stehen *hinter* Büchern, nicht *in* Büchern! Also streich sie bitte alle wieder raus. Das kann man nicht positionieren. Menschen lesen lieber über Berufe, die sie interessieren.«

»Literaturagenten sind interessant«, habe ich erwidert. »Sie seufzen nur ein bisschen viel.«

»Nein«, hat Harry gesagt.

»Nein, beides?«, habe ich gefragt.

»Ja, beides«, hat Harry erwidert. »Also bitte, Lilly, änder das um, damit ich es deiner Lektorin schicken kann.«

Da habe ich gesagt: »Nein. Das geht nicht. Dann ist mein Verleger traurig. Ich habe ihm nämlich schon versprochen, dass er eine Geschichte zu lesen bekommt, die er verursacht hat.«

Harry hat die Augen verdreht und meinte: »So ein

Quatsch, Lilly! Für einen worthassenden Verleger gibt es keine Zielgruppe. Also, kann der Typ nicht einfach ein Politiker sein?«

»Nein«, habe ich entgegnet. »Ich weiß nicht, was das ist.«

»Du weißt nicht, was ein Politiker ist?«, wollte Harry wissen.

»Du etwa?«, habe ich zurückgefragt.

Harry hat kurz nachgedacht.

»Nein«, meinte er schließlich.

»Siehst du«, habe ich gesagt.

»Dann mach halt einen Anwalt aus ihm«, hat Harry schließlich vorgeschlagen. »Oder einen Immobilienmakler.«

»Nein«, habe ich weiter mein Recht auf Wortfreiheit vertreten. »Der muss ein Verlagschef bleiben, sonst bin ich satzuntreu. Willst du etwa, dass ich wortfremd gehe? Und Zielgruppe ist übrigens auch nur ein Wort, das irgendwer erfunden hat, der keinen einzigen Freund hat.«

Da hat Harry zweimal geseufzt und drei Manuskriptstapel viermal um sich selbst gedreht. Und dann hat er gesagt: »Von mir aus, lass alles so, wie es ist. Ich schicke das jetzt an deine Lektorin, und sie wird dir dann wahrscheinlich genau das Gleiche sagen wie ich.«

»Das ist okay«, habe ich gesagt. »Man muss den Text ja nicht veröffentlichen. Der ist doch eigentlich nur für meinen Verleger und sein verhaltensgestörtes iPad. Ich bin schon zufrieden, wenn die beiden es lesen, das ist mir Zielgruppe genug. Du hast doch genug andere Manuskripte, die du positionieren kannst.«

Da hat Harry irgendwas gebrummt.

»Iss wenigstens einen Keks«, hat er schließlich gemeint.

»Ich bin pappsatt«, habe ich erwidert.

»Sehr witzig«, hat Harry gesagt.

»Magst du mich trotzdem?«, wollte ich wissen.

Harry hat genickt.

Und dann noch einmal.

Und schließlich hat er *Bevor ich falle* an meinen Verlag geschickt.

Da ist es angekommen.

Und geblieben.

Abschied

Ana. Du warst das einzige Mädchen, mit dem ich je zusammen war. Wir kannten uns aus der Klinik – ich war da, weil ich nicht essen konnte, und du warst da, weil du noch weniger essen konntest. Wir hatten das gleiche Gehirn, das gleiche Befinden, den gleichen Schmerz. Wir wussten alles über einander. Ich erinnere mich an deine Stimme, als gehörte sie mir. All die Geschichten, die du mir erzählt hast, über dich und deinen Schmerz. Und ich weiß noch genau, wie du sagtest: »Meine Mutter ist nach Kanada gezogen, weil sie nicht mehr mit meinem Vater und mir im selben Land leben will, nicht einmal auf demselben Kontinent.

Manchmal ruft sie an, und dann fragt sie jedes Mal die gleichen Fragen.

Ich gebe ihr jedes Mal die gleichen Antworten.

Zum Abschied sagt sie: ›Ich liebe dich.‹

Und ich sage: ›Ich dich auch.‹

Dabei wissen wir beide, dass wir lügen.«

Ich war mir nie sicher, ob du den letzten Satz nur gesagt hast, weil du wusstest, dass es leichter ist, loszulassen als weiterzuhoffen. Und manchmal glaube ich, du wartest noch heute darauf, dass sie eines Tages wieder zurückkommt.

Aber deine Mutter ist gestorben.

Letztes Jahr an Krebs.

»Viel zu jung«, hat irgendwer gesagt.

»Aber das sind wir doch alle«, hast du erwidert.

Dann hast du deine Koffer gepackt und bist weggezogen. Und als wir uns endlich wiedergesehen haben, zum ersten Mal nach all den Jahren, da habe ich dich umarmt und gehofft, du würdest für immer bleiben. Aber noch bevor ich dich wieder losgelassen habe, wusste ich, dass du nie irgendwo bleibst.

Ich wusste, es ist das letzte Mal.

Ich wusste, du gehst, und wir sehen uns nie wieder.

Denn du wolltest stärker sein als der Rest der Welt, du wolltest an nichts und niemandem hängen, du wolltest dir beweisen, dass du alles kannst, was du willst, und zwar alleine.

Und ich? Ich wollte dir sagen, dass du wunderschön bist, genau so, wie du bist. Und dass es egal ist, was sie uns angetan haben, wer auch immer sie sind und wer wir seitdem geworden sind.

Ich wollte dich bitten, es besser zu machen als ich.

Ich wollte dir sagen: Hör auf zu rennen.

Wir sind doch längst da.

Aber das Ende.

Es war vor dir am Ziel.

Nichts ist realer als die Welt in deinem Kopf.
Nichts ist andauernder.
Als dein Schweigen.

Buchmesse

Eigentlich hatte ich ein Kapitel über die Frankfurter Buchmesse geschrieben, aber Harry hat es einfach wieder rausgestrichen und gesagt: »Es ist schon schlimm genug, dass mein Name ständig in deinem Manuskript auftaucht, da kannst du wenigstens die Buchmesse weglassen.«

»Aber da war es doch lustig«, erwidere ich. »Weißt du noch – der Hase?«

»Jaja, der Hase, wie könnte ich den vergessen«, brummt Harry. »Hast du das Ungeheuer etwa immer noch?«

»Natürlich«, sage ich. »Ich habe sogar ein Foto von ihm auf meiner Facebookseite.«

»Was war noch mal dieses facedings?«, fragt Harry.

Ich seufze. Und anstatt es ein drittes Mal zu erklären, sage ich Harry einfach, dass ich denke, dass man denken muss und deshalb wissen sollte, dass man nicht wissen muss, wie facebook funktioniert. Denn Freunde, die man mit einem Klick gewinnt, werden per Doppelklick zu Feinden, und einen weiteren Klick später weiß man schon gar nicht mehr, wer die überhaupt sind.

Das versteht Harry sofort.

Also nehme ich mir zum Abschied noch einen Entenkeks und gehe nach Hause. Dort angekommen, kürze ich das Kapitel über die Buchmesse und stopfe es einfach wieder zurück in mein Manuskript. Bis Harry das merkt, ist längst 2015 und das Buch schon erschienen.

Es fing alles damit an, dass ich meinen Hasen mit zur Buchmesse genommen habe, weil ich mich klein und nackt und befremdlich gefühlt habe und nicht alleine mit Ana sein wollte.

»Lilly!«, hat Harry ganz entsetzt gesagt, als wir uns vor dem Haupteingang getroffen haben. »Du kannst doch nicht deinen Hasen mitnehmen. Hasen gehören nicht auf die Buchmesse!«

»Aber das ist ein literarischer Hase«, habe ich gesagt.

»Nein!«, hat Harry erwidert. »Es gibt keine literarischen Hasen.«

»Ach, du«, habe ich gesagt. »Meer oder weniger Wasser ist See. Und noch weniger Wasser ist Teich. Und wenn man nicht untergehen will, in der breiten Strömung, dann braucht man etwas zum Festhalten.«

»Was?«, hat Harry gefragt. »Wieso? Was war das für ein Satz? Und was hat das mit dem verdammten Hasen zu tun?«

Aber der Hase und ich haben ihm nicht geantwortet. Wir haben uns nämlich sehr ausgeschlossen und missverstanden gefühlt. Und dann ist alles noch schlimmer geworden. Wir sind nämlich rein ins Foyer gegangen, und dort wollte Harry den Hasen doch tatsächlich an der Garderobe abgeben.

»Die können ihn da aufhängen«, hat er sehr sachlich gesagt.

Das fand ich nicht nett. Und der Hase fand es auch total scheiße, dass er gehängt werden sollte, nur weil er mit auf die Buchmesse wollte. Also haben wir Harry böse angeguckt, und da hat Harry fünfmal geseufzt, und schließlich hat er gesagt: »Okay. Von mir aus. Nimm den blöden Hasen mit. Aber kannst du ihn nicht wenigstens in deine Tasche packen?«

»Aber da sieht er doch nichts«, habe ich geantwortet. »Und außerdem zerknicken seine Ohren.«

Nachdem ich das gesagt habe, hat Harry mich angesehen, als wäre ich noch viel zu klein, um Bücher zu schreiben. Aber dann hat er den Hasen und mich schließlich doch noch zum Stand meines Verlages gebracht und gehofft, dass mein Verleger vielleicht gerade nicht da ist. Aber er war da. Und als er den Hasen gesehen hat, da hat er ihm sehr freundlich hallo gesagt und mir gleich von seinem Stoffpinguin erzählt. Dann kam auch schon ein anderer Autor an und meinte, er hätte ein Schaf und das könnte man ja eigentlich auch einmal mitbringen. Mein Verleger fand die Idee gut, aber dann hat er mir zugeflüstert, dass er unmöglich seinen Pinguin mitbringen könne, weil der schon so alt und zerfetzt sei, da er als Kind immer darauf herumgekaut hatte.

Harry fand das alles sehr seltsam. Das liegt wahrscheinlich daran, dass er sich nicht fortgepflanzt hat. Und wenn man keine Kinder hat, dann vergisst man irgendwann, wie groß die kleinste Sandburg ist und wie schön es sein kann, unbeeindruckt von der erdrückenden Masse seine eigenen Eindrücke zu sammeln. Aber dafür hat Harry jetzt ja mich. Und ich werde aufpassen, dass er nicht zu oft so schreckliche Worte wie Zielgruppe und Positionierung sagt und niemals von einem paragrafenbesetzten Stapel Vertragsrechtdokumenten erschlagen wird. Und falls er eines Tages mal wieder total überarbeitet ist, gehe ich ihn besuchen und erinnere ihn daran, wie die Welt funktioniert: Dein Job gehört dir.

Nicht du deinem Job.

So viel zum Hasen auf der Buchmesse. Er hat niemanden gestört. Und ich glaube, eigentlich mag Harry ihn auch. Er traut sich nur nicht, es zu sagen. Ich muss ihn ja schließlich auch ständig fragen, ob er mich noch liebhat.

Harry sagt dann immer: »Aber Lilly, das weißt du doch.«

Und dann freue ich mich, weil ich gar nicht richtig verstehen kann, wie man mich über einen so langen Zeitraum so viel mögen kann.

Ohne Unterbrechung.

Obwohl ich so viel Schwachsinn mache.

Schriftsteller

Wenn es eines gibt, was Schriftsteller können, dann ist das alles. Ja. Wir brauchen nur ein Alphabet, und schon gehört uns die Welt. Wir lieben das Geräusch, das Buchstaben verursachen, wenn sie sich miteinander verbinden, um Bestand zu erlangen. Und sollten wir uns eines Tages aufhängen, dann nur an einem Erzählstrang. Alles andere wäre uns zu trivial.

Wir sind allergisch gegen Worte, die wir nicht selbst erfunden haben, und bekommen epileptische Anfälle, wenn ein Buchhändler versucht, uns im Regal ganz unten einzuordnen. Wir kommunizieren nicht gerne mit anderen Menschen, aus Angst, unser Sprachbild könnte verderben. Wir sind neben der Spur und hinter der Zeit. Wir halten DSDS für ein Aufmerksamkeitsdefizitsyndrom, GZSZ für eine Geschlechtskrankheit und H2O für einen Hasen mit zwei Ohren.

Wir laufen gegen Türen und fragen, warum das Fenster zu ist. Wir gehen in den Park und sagen: »Wären Menschen zum Joggen auf die Welt gekommen, dann hätten sie mehr Beine.« Dann loggen wir uns bei facebook ein und schreiben: »Wer Worte mag, mag keine E-Books. Vegetarier gehen schließlich auch nicht zum Fleischer.«

Wir rattern ganze Ansammlungen kluger Sprüche und guter Ratschläge runter, die allesamt sehr schön klingen, aber leider nicht funktionieren. Wir erfinden einen Typen, der Meeresbiologie studiert, obwohl er Angst vor Wasser hat. Dann lassen wir ihn sterben und erfinden jemand Neues.

Wir gucken zu, wie Verlagswesen Scrabble spielen, und kriegen eine Schreibblockade. Da sitzen doch tatsächlich erwachsene Menschen um einen Tisch herum und puzzeln Buchstabenfetzen zusammen. Umgeben vom Wortrausch, besessen von der Interaktion zweier Umlaute, hin- und hergerissen zwischen Satzgefüge und Fügsamkeit der störrischen Verfasser. Sie schieben Endungen durch die Gegend, Entscheidungen eine Etage höher, und das Ende um den Inhalt herum, bis keiner mehr weiß, wo vorne und hinten ist, und dann verhandeln sie über die positionierungsbedingte Satzfähigkeit von grammatikalisch inkorrekten Literaturabhebungsversuchen, als ginge es um den Lauf der Welt.

Dabei dreht die sich von ganz alleine.

Egal, wie viele von uns in die falsche Richtung rennen.

Fallbeispiel

Manchmal sitze ich mit einigen entfernten Bekannten, die keine Ahnung von meiner Vergangenheit haben, zusammen in einem Restaurant beim Abendessen, und irgendwer fängt mit der Schlagzeile der aktuellen Zeitung an. *Vergewaltigte Frau nach einer Woche im Folterkeller entkommen* oder noch besser: *Entführtes Mädchen nach drei Jahren in den Händen ihres Peinigers wieder zurück in der Freiheit.*

»Unglaublich«, sagen die anderen am Tisch, »wie so etwas passieren kann! Das muss man sich mal vorstellen. Danach muss man ja total geschädigt sein.«

Ich bin das schweigende Fallbeispiel.

»Voll krass, was der wohl alles mit dem armen Mädchen angestellt hat?! Sie wird bestimmt nie wieder normal sein können!«

Montag. Dienstag. Mittwoch. Donnerstag.

Eine Woche hat nur vier Tage.

»Der Typ hat sogar Sexpartys mit ihr veranstaltet!«

Ana, bist du da?

Versprich es mir.

»Solche Sachen will ich gar nicht lesen. Das ist mir einfach zu pervers! Damit möchte ich nun wirklich nichts zu tun haben!«

Ich blinzele.

Den glühenden Schmerz beiseite.

»Auf dem Foto in der Zeitung hat sie ein Trägertop an, komisch, oder, dass die so etwas anzieht, man sollte doch eigentlich denken, dass man sich nach so einem Erlebnis eher weniger aufreizend anziehen würde. Vielleicht hat sie alles nur erfunden.«

Auf meinen Lippen wandert Ausdruckslosigkeit herum.

Genau wie in meinen abwesenden Augen.

»Ich bin müde«, sage ich schließlich.

Und stehe auf.

Vielleicht fragt sich jemand von den verschwommenen Menschen an dem Tisch, warum ich so merkwürdig bin, warum ich als Einzige nichts zu sagen habe zu einem so spannenden Thema. Ihre Blicke auf meinen Rücken hinterlassen berechenbare Spuren. Mag sein, dass sie ihre Augen verdrehen wegen mir und ihre Köpfe schütteln, sobald ich zur Tür hinaus bin.

Das ist schon okay.

Denke ich.

Denn Mädchen, die an einem gedeckten Tisch beisammensitzen und lächeln und lachen und glücklich sind, die werden nicht entführt. So etwas passiert nur fremden Mädchen, unbekannten Mädchen, irgendwelchen Mädchen.

Solange man sie nicht ansieht.

Sind sie gar nicht da.

Du versuchst zu erzählen, von dem was war.
Aber sie hören dir gar nicht zu.
Sie sehen dich nur an.
Sie schütteln ihre Köpfe.

Und dann fragen dich die Menschen: Warum?
Hast du so lange geschwiegen?

Meer

Es ist spät im Oktober, die Erinnerungen an den Sommer verlieren sich in einem letzten Sonnenuntergang, die Herbstblätter warten ungeduldig auf ihren Verfall, und die Regenwolken in der Ferne, sie versprechen eine nebelgraue Zeit.
Es wird dunkel.
Und dann wieder hell.
Ich frühstücke, obwohl ich sonst nie frühstücke, dann setze ich mich in mein Auto und fahre nach Hamburg, obwohl ich das eigentlich demnächst mit Chase machen wollte. Im Hotelzimmer angekommen, sitze ich auf dem leeren Bett und versuche mich zu erinnern, warum ich nach Hamburg gefahren bin. Doch alles, was ich noch weiß, ist, dass ich gerade mit dem Fahrstuhl gefahren bin, weil ich zu müde zum Laufen war. Aber das ist wahrscheinlich das Wenigste, was man wissen muss. Und während ich mir den Kopf über meinen Kopf zerbreche, verstehe ich auf einmal sehr gut, warum meine Freunde immer gleich denken, dass ich tot bin, nur weil ich manchmal für ein paar Stunden nicht an mein Handy gehe.

Ich verlasse mein Hotelzimmer und laufe durch die Straßen, wenig später wird mir kalt, also gehe ich zu Miss Sixty und probiere alle Hosen an, die mehr Stoff als Löcher besitzen, und finde schließlich zwei, die mir passen, ohne dass ich vorher fünf Portionen Spaghetti essen muss. Weil ich noch nicht wieder raus in die Kälte gehen will, teste ich auch noch alle Kleider und

Schuhe durch, bis ich am Ende so viele schöne Sachen gefunden habe, dass die Verkäuferin mir anbietet, die Tüten für mich im Geschäft aufzubewahren, bis ich auf dem Rückweg wieder daran vorbeikomme. Ich bedanke mich bei ihr, ziehe mir noch einen von den neuen Pullovern an und verlasse kurz darauf den Laden. Dann laufe ich weiter, um Straßenecken herum, an weinenden Kindern vorbei, neben Fremdenführern her, bis zu den Landungsbrücken. Dort angekommen, suche ich mir eine ruhige Stelle und setze mich auf den Boden, um das Wasser und die vorbeifahrenden Schiffe zu betrachten.

Ein kalter Wind rauscht durch mein offenes Haar, und ich weiß: Mein Leben ist schön. Ja, das weiß ich mit Sicherheit. Auch wenn ich es hin und wieder vergesse. Und damals, in der schlimmsten Zeit, als ich zitternd am Boden lag, da hat Chase mich immer und immer wieder zugedeckt. Ich wusste nicht, ob ich beerdigt werde oder geliebt. Ich wusste nur, dass es schön ist, nicht alleine zu sein.

Und meine Eltern, ich würde sie nicht eintauschen wollen. Gegen kein Glück der Welt. Ich weiß noch, früher habe ich immer gehofft, dass ich irgendwann den Mut finden würde, um zu meiner Mutter zu gehen und zu sagen: »Ich möchte mich so gerne in deine Arme werfen und dir von mir erzählen. Ich will weinen und weinen, und du sollst einfach nur für mich da sein. Aber ich weiß nicht, wie das funktionieren soll. Was könnte ich schon zu dir sagen? Wie könnte ich dir erklären, was mit mir geschehen ist. Wie sagt man: *Ich bin vergewaltigt worden. Mit sechs und auch noch mit sieben. Wochenlang, monatelang. Über Jahre hinweg. Ich würde es nicht wagen, die Stunden zu zählen.*

Vielleicht würdest du mich hassen, weil ich dir nie ein Wort gesagt habe, in all den langen Jahren nicht. Vielleicht würdest du dich hassen, weil du nie etwas bemerkt hast, in all den langen Jahren nicht. Und dann würdest du uns wahrscheinlich beide hassen, weil wir so sind, wie wir sind und nicht mehr. Aber ich wäre immer noch deine Tochter. Und du wärst immer noch meine Mutter. Genau wie vorher. Und wenn du mein Geheimnis kennst, dann muss ich wenigstens nie wieder lügen.«

Ja. Das wollte ich sagen.

Mit genau diesen Worten.

Stattdessen habe ich meinen Eltern mein Buch in die Hand gedrückt und gehofft, dass sie mich am Ende trotzdem noch mögen.

Und das tun sie.

Bedingungslos.

Und in der Zeit, die nach der Zeit gekommen ist, habe ich gelernt, dass ich nicht jeden Tag vergewaltigt werden muss, um mir einen neuen zu verdienen. Und ich habe auch gelernt: Es macht keinen Spaß, krampfend auf dem Boden im Supermarkt zu liegen, zwischen all den fremden Beinen und den vorbeirollenden Einkaufswagenrädern, während man auf einen Krankenwagen wartet, von dem man nicht weiß, ob er rechtzeitig kommt.

Es gibt schönere Augenblicke.

Als die, in denen wir sterben.

Verfassung

Es ist still im Winter. Ganz egal, wie schön die letzten Herbstblätter auf dem Regen umfangenen Asphaltboden vor sich hin flüstern. Im Frühling, im Sommer, überall verläuft sich die Zeit. Doch ich kenne diese Stille längst auswendig, und ich weiß: Sie geht vorbei. Nicht ohne mich zu streifen, und Streifen auf meinem Arm zu hinterlassen, aber das ist schon okay. Irgendwann verblasst jeder Schmerz. Und meine Befindlichkeit, vielleicht verzeiht sie mir die hungrigen Tage. Vielleicht empfängt sie mich lächelnd, obwohl sie weiß, dass ich weinen möchte. Aus Angst, vor meiner unfassbaren Verfassung.

Ja.

Geständnisse.

Mein Stand der Dinge war hart und eindringlich. Er kam meinem Verstand teuer zu stehen. Und meine Autobiografie, sie heißt *Splitterfasernackt*. Ich nehme an, das bedeutet, dass ich mir immer zuerst etwas anziehen muss, bevor ich mich zu einem anderen Schriftsteller in einen Raum stellen darf. Und wahrscheinlich wäre alles viel leichter gewesen, wenn ich den Titel *The winter I fall* bekommen hätte. Dann hätte ich aufstehen können, mit meinen weißen Winterknochen, im fallenden Herbst. Ich hätte die Luft in Buchstabenpartikel transformiert und ganz aus Versehen ein bisschen Literatur verursacht. Ich wäre zu einem Wortungeheuer mutiert, gnadenlos im Satzgefecht und furchtlos bis hin zum letzten Absatz. Ich hätte den Infinitiv aufs Neue zur Legislative der Wortgestaltung erklärt, ich hätte passiv an jedem Gesprächsstoff gezogen und aktiv aus jedem Fallbeispiel ein wiederauferstehendes Hauptspiel gemacht. Ich hätte Phantasie mit ph geschrieben, nicht mit f. Einfach nur so, weil es schöner aussieht. Ich hätte gelacht und gelacht. Über den Medienstrich und über die Worte, die ich von meinem Leben preisgegeben habe – obwohl jedes Leben unbezahlbar ist.

Dann wäre der Frühling gekommen.
Und vielleicht auch noch der Sommer.
Bis hierhin.
Keine Fragen.

Doch meine Worte, sie brennen auf diesem Papier. Ich würde sie gerne löschen. Und noch einmal ganz von vorne anfangen. Denn wenn man gelernt hat, in Parallelwelten zu flüchten, nur um das zu überleben, was man eigentlich gar nicht überleben kann, wenn man all das tut, von dem man genau weiß, dass man es lieber lassen sollte, um seiner selbst willen und um des Lebens willen, dann wird es schwer zu differenzieren.

Zwischen all dem, was war, und dem, was ist, und dem, was nie wieder sein wird.

Ich spreche aus Erfahrung. Denn ich habe es geschafft, mich auf dem Strich im Kreis zu drehen. Und das ist kein Fehler, den man zuerst begehen muss, um etwas daraus zu lernen. Man sollte vorher wissen, wie hoch der Preis ist, den man bezahlt, um sich freizukaufen.

Und die Medienwelt. Sie ist ein Zwiespalt. Sie ist eine moralische Unform der verbogenen Geradlinigkeit unseres Gewissens. Interviewpartner sind Stimmdealer. Sie kratzen Worte zusammen, sie tüten ein, sie wiegen ab, und am Ende kleben sie einen Zettel mit einer großen Zahl auf die Ware. Je spitzer die Nadel, desto besser der Schuss. Und die Schlagzeile heißt ganz bestimmt nicht Schlagzeile, weil sie irgendwen streicheln möchte. Genauso wenig wie Gewalt die Abkürzung von Zärtlichkeit ist.

Nackte Mädchen.

Kann man hervorragend verkaufen.

Wer weiß das besser als ich?

Im pressefreien Raum hat Freiheit einen vorgedruckten Namen. Keiner würde dort hinfahren, um Urlaub zu machen oder das große Glück zu finden. Es ist kein Ort zum Ankommen. Es ist ein umkämpftes Gebiet. Aber Interview bedeutet wörtlich übersetzt nichts weiter als Zwischensicht. Das sagt alles aus, was man wissen muss. Und es verschafft den notwendigen Überblick: Für den Raum dahinter, den Abgrund davor und die Widersprüche im Gesamtbild.

Inmitten all dieser Verhandlungsfehler steht jedenfalls das Leben herum und wundert sich über die Abart der fügsamen Zeit. Zusammenfügen kann sie keiner mehr. Und dennoch steht sie da und zerrt unruhig an ihren Zeigern. Und wie brav sie mit dem Kopf nickt, nur um alles richtig zu machen. Wie sie lächelt. Nur um schön genug für die Kameras zu sein. Und wie sie umkippt, gleich, nachdem der letzte Journalist den Raum verlassen hat.

Sie. Die Zeit oder ich?

Ja. Wir beide.

Und was diese Zeit mich gelehrt hat, ist einfach: Vergewaltigung ist keine gute Entschuldigung für irgendetwas. Ganz besonders nicht für den Schmerz, den ich mir selbst zugefügt habe, als ob ich die Gewalt, die mir angetan wurde, auch noch bestätigen müsste.

Davonkommen ist ein hässlich verpacktes Geschenk. Das habe ich verstanden, auch wenn ich nicht alles verstanden habe, was in den letzten Jahren geschehen ist. Und vielleicht ist es okay, wenn ich an dieser Stelle verrate: Manchmal habe ich Angst, weil die Welt so groß ist, und so voll mit Dingen, die ich niemals begreifen werde. Ja. Inmitten all dieser Worte, die von Hoffnung sprechen sollten und von der Schönheit des Daseins, verzweifele ich an meinen Gedanken. Denn all die Fragen, nach der Wahrheit, sie hinterfragen meinen Verstand. Und ich weiß nicht, wie lange ich mich noch hinstellen kann, vor die Journalisten, mit ihren Aufnahmegeräten und Kameras, nur um ein weiteres Mal zu sagen: »Ja. Das ist wirklich meine Geschichte. Und es tut mir leid, dass sie so hässlich ist. Nein, ich habe kein Beweisvideo, das ich bei YouTube hochladen kann. Und nein, ich habe nicht mit allen Männern auf dieser Welt geschlafen. Es gibt bestimmt noch ein oder zwei, die mich für eine Jungfrau halten.«

Fragen über Fragen.

Dabei stehen die Antworten, die ich geben kann, doch alle irgendwo in dem Buch, vor dem ich so gerne weglaufen würde, wenn ich nur wüsste, wohin. Aber vielleicht wird da am Ende ein Satz sein, der das lauernde Rauschen der Aufnahmegeräte übertönt und die ungnädigen Pressewesen zurück in Menschen verwandelt.

Vielleicht zahlt es sich aus, an die Wahrheit zu glauben.

Auch wenn sie weh tut.

Denn Aufeinanderzugehen ist kein Talent, das irgendwer besitzt. Es ist eine Form der gegenseitigen Achtung, die man teilen muss, um sie zu begreifen.

Du weißt nicht, wie es ist, ein entblößter Mensch zu sein, bis du dann dastehst, in diesem viel zu grellen Rampenlicht, und sie anfangen über dich zu reden und zu reden und zu reden, als wärst du Privateigentum des öffentlichen Rechtes.

Und wenn du dann eines Tages begreifst, dass kein Wortgewand der Welt auch nur annähernd so schön ist, wie deine nackten Knochen.

Wie wirst du dich bedeckt halten?

Angst

Ein Mann liest das erste Kapitel meiner Geschichte, den Teil, in dem ich sechs Jahre alt war und Schritt für Schritt zurückgewichen bin, von meinem schmutzigen Körper. Er hält das Papier in seinen Händen und sagt *hm*, dann zögert er einen Moment, um sich eine Zigarette anzuzünden, und macht schließlich erneut *hm*.

Ich finde das nicht sehr hilfreich.

Er räuspert sich.

Die Zigarette glüht.

Und dann sagt er schulterzuckend: »Ich finde es nicht glaubwürdig, es ist viel zu kalt dahingeschrieben. Und Mädchen wie du, die ficken doch gerne.«

Er grinst mich an. So breit wie ein Junkie. Und das Stechen in meiner Brust, es ist fast so gefährlich wie eine Rasierklinge in meiner unmittelbaren Umgebung.

Und atmen. Atmen.

Wer braucht das schon?

Ich will sagen, natürlich ist es kalt. Denn Vergewaltigung ist nicht warm und auch nicht zärtlich. Und, nein, ich finde es auch nicht glaubwürdig, dass ein Mann ein Kind fickt. Und ja: Ich schreibe *ficken*. Weil es schmutzig klingt und vulgär, weil es näher an meiner Schande steht als *Sex haben* oder *missbraucht werden*.

Aber wie soll ich die richtigen Worte finden, um etwas auszudrücken, das mir meine Stimme genommen hat und das Recht darauf, nicht schuldig zu sein? Wie könnte ich weniger distanziert davon schreiben, oder mit sanfteren Worten, wenn ich nach zwanzig Jahren noch immer nicht weiß, wie ich meinen Körper mit Sorgfalt berühren kann, ohne ihn dabei zu verletzen? Wie schwerwiegend ist mein Fall, wenn ich versuche, von meinem kältesten Augenblick zu schreiben, und jemand sagt darüber: Es ist zu kalt, um wahr zu sein.

Was soll ich darauf antworten?

Ich will nichts mehr auf der Welt als eine wärmere Version dieser Geschichte so lange zu wiederholen, bis ich frei bin und vergesse, wie überfordert ich mit meiner Stille bin.

Das könnte ich sagen.

Aber ich halte meinen Mund und schweige vor mich hin und um mich herum, ganz so, wie ich es gelernt habe. Und später dann, als ich meine Stimme zurückfinde, obwohl ich gar nicht nach ihr gesucht habe, frage ich den Mann, ob er rein zufällig einen Kamin zu Hause hätte.

Er sieht mich verwirrt an und nickt.

»Gut«, sage ich. »Das ist gut.«

»Warum?«, fragt er.

Da erkläre ich ihm, dass Papier gut brennt.

Fast so schön wie Zigaretten.

Auf nackter Haut.

Eines Tages wirst du einschlafen, weil kein Mensch länger als jede Nacht Alpträume haben kann. Eines Abends wirst du umkippen, weil kein Mensch alles bestehen kann, auch du nicht.
Und während du dann fällst, werden sich sämtliche Synapsen in deinem Kopf in Sternschnuppen und Nebelwolken verwandeln; es wird hell werden, so hell, dass du gar nicht merkst, wie dunkel es längst geworden ist.
Und während du dann endlich, endlich schläfst, wird es so still sein, dass du einfach vergisst, wieder aufzuwachen.

Für einen Moment wird die Zeit dich umfassen.
Allumfassend. Ein letzter Augenblick.
So unbegreiflich fern.
Alles, was war.

Wortgewalt

Wenn du ein Mädchen bist wie ich und gerade erst deine Stimme zurückgefunden hast, wie bestehst du den Nachhall? Wenn sie anfangen, dich über deine Entführung auszufragen, wenn sie wissen wollen, ob es die Russen waren oder die Albaner oder die Türken oder vielleicht sogar die Schweizer.

Was sagst du dann?

Nichts mehr.

Geh einfach weg und lass sie stehen.

Vielleicht kippen sie um, das ist nicht dein Problem.

Und falls sie noch einmal von vorne losfragen, dann sag in ihre ausdruckslosen Mienen alles das, was sie nicht unter eine Schlagzeile drucken können. Und wenn sie schließlich Einspruch erheben und die Unvollständigkeit deiner Worte auf Buchstabenbruch und Satzlückenkrater verklagen, dann sag ihnen: »Es ist kein Fehler, einen Raum zu lassen, der eigenständiges Denken erlaubt. Und noch weniger ist es ein Fehler, das Wissen, das man besitzt, mit dem Gefühlsvermögen zu verwalten, an das man glaubt.«

Und dann. Ja dann.

Verzeih ihnen das nackte Geschäft.

Und die nackten Fragen.

Vielleicht bist du mittlerweile weit genug vorwärtsgekommen und weit genug zurückgefallen, um zu wissen, dass das Verständnis, das wir in uns tragen, nur so groß sein kann wie die Chancen, die man uns gibt.

Und wenn irgendwer, der alles zu wissen glaubt,

aber nicht glauben kann, zu dir sagt: »Hey, Mädchen, du lebst, also wo liegt das Problem begraben und wie tief kann es sein?«

Was fragst du dich als Antwort? Wie viele Menschen wie wenig verstehen. Wie so wenig Zeit so viele Minuten verschlucken kann. Wie alles auf der Welt sich dreht und dreht und niemals ankommt.

Hab keine Angst.

Vor deinem Wissen.

Und vor deinem Schmerz.

Und wenn sie zu dir sagen, du solltest Stellung beziehen an der Medienfront, auf dem vollbesetzten Mienenfeld, direkt vor den blitzenden Kameras, dann stell dich ein, auf eine auswärtige Schau.

Und wenn sie anfangen, dich mit Puderzucker und Make-up zu bestäuben, und mit dem staubigen Schutt deiner Vergangenheit, nur damit du genau so aussiehst, wie sie sich gerne haben wollen, dann lächele an ihnen vorbei und sag kein Wort, das von dir spricht.

Und wenn sie dein Leben zusammenfassen, mit den Worten *vergewaltigt, verwahrlost, verkauft,* dann schreib zurück: »Vergewaltigt, verwahrlost, verkauft – dabei gibt es doch so viele andere schöne Worte mit V. Zum Beispiel Volkswagen oder Volvo. Ist ja schließlich eine Autobiografie.«

Und wenn sie dich dann geringschätzig mustern, dir ein Kondom unter die Nase halten und ganz beiläufig fragen: »Welches Verhältnis haben Sie heute zu Ihrem Körper?«

Dann antworte: »Ich bin zu verhalten, um darüber zu sprechen.«

Aber glaub nicht, dass irgendwer versteht, dass Sarkasmus ein gemeinsamer Nenner von Schmerz und Verzweiflung ist.

    Denn wenn du lachst, lachst du zu laut.
    Und wenn du weinst, weinst zu leise.
    So oder so. Bist du.
    Ein nacktes Ziel.

Und wenn sie wieder anfangen mit ihren ewig gleichen Fragen, warum und wieso und wie lange und wer? Und auf welcher Schule du warst, und wieso auf keiner anderen, und wer ist Chase, und wer ist Lady, und wie fühlt sich Sex an, wenn man nichts mehr fühlt? Macht es Spaß, sich die Arme aufzuschneiden, und ist es lustig, anschließend das Blut aufzuwischen? Ist jedes Lächeln von dir gefälscht, und weinst du nachts vorm Einschlafen oder morgens beim Aufwachen? Sag, würdest du dich umbringen, im Tausch gegen deine Jungfräulichkeit?
    Wenn sie all das fragen.
    Dann sei einfach still.
    Denn du weißt: In deiner Autobiografie sind so viele Worte, da ist kein Platz für Voyeurismus. Also suchen sie woanders.

Und wenn sie auf einmal sagen, *Mädchen, deine funkelnden Augen sind schöner als taubedecktes Gras;* wenn sie dir über deine Haare streichen, als wüssten sie, wie man dich berührt. Wenn sie flüstern und flüstern, alles das, was du gerne hören möchtest und noch viel mehr, dann vergiss nicht die Wahrheit.
    Deine Augen sind nicht grün.
    Und das feuchte Glitzern.
    Das ist kein Tau.

Straight to the point: Sex sells.
Literature not really.

So when they tell you: »You will not make it.«
Put yourself into a black-magic hat.
Become a white rabbit.
Eat some carrots.
Find some lucky clover.
Ask Alice.
About wonderland.

And when they tell you: »The media only want interviews about your naked book
you know, the sex and the sex and the sex.«
Then go straight to the next brothel.
Fuck everyone around.
Especially Armpit Jumper.

And finally when it comes to fall.
When they leave you right there.
When they leaf you – write there.
About the tree.
You are.

Growing.

Wir

Ich erinnere mich an damals. Das vergewaltigte Mädchen, das ich nicht mehr sein wollte, und ich. Wir haben so oft darüber geredet, was wir machen könnten gegen das Weinen. Als wir noch klein waren, sind wir ins Badezimmer geflüchtet, sobald die Tränen gekommen sind, und haben das Wasser aufgedreht, so stark es nur ging. Wir haben unser Gesicht gegen die kühlen Fliesen gepresst oder den Kopf in den Nacken gelegt, um die Tränen wegzublinzeln. Wir haben uns in den Arm gebissen oder uns blutig gekratzt. Wir wollten stark sein und kalt, wir haben uns so sehr bemüht, all diese beschissenen Gefühle ein für alle Mal abzuschalten. Wir haben Regeln aufgeschrieben und auswendig gelernt, wir konnten sie vorwärts und rückwärts im Schlaf, und wir haben kein einziges Mal gezögert beim Aufsagen. Wir haben uns geschworen, niemals zu lieben, niemals geliebt werden zu wollen, niemals schwach zu sein und niemals verletzlich.

Aber wir haben trotzdem geweint. Jede Nacht, an jeden Abend beim Einschlafen, in unseren Träumen und bis ins Morgengrauen. Und dann, eines Tages, konnten wir aufhören, einfach so von einer Sekunde zur nächsten, weil alle Tränen weg waren.

Wir haben sie nicht vermisst.

Oder vielleicht doch.

An den schlimmsten Tagen.

Und der neue Schmerz? Er war kälter, er hat sich hart angefühlt, nicht mehr weich, er hat geschlagen, nicht mehr gezerrt, er hat geschrien, nicht mehr gewispert.

Und wir in unserer Stille.
Wir haben geflüstert: Wohin?
Ja. Wohin.

There you are – waiting underwater.
For the rain to come.

Splitter

Vielleicht, ganz vielleicht, gibt es eine Version von meinem Leben, in der ich nicht vergewaltigt worden bin. Vielleicht, ganz vielleicht, hätte ich dann nie angefangen zu hungern und meine Tage zu zählen. Vielleicht, ganz vielleicht, hätte ich dann nie angefangen, meinen Körper zu verkaufen, um meinen Schaden zu begrenzen und die Gewalt zu begreifen.

Vielleicht, ganz vielleicht, ist Sex nur ein Wort. Und wenn ich schweige, bis zum Schluss, dann vergesse ich irgendwann die Wahrheit.

So einfach.

Ist die Stille.

Aber wahrscheinlich gibt es nur diese Zeit, mit all ihren abgebrochenen Stunden, den verschobenen Minuten, den kaputten Sekunden, und egal, wie schnell ich renne, egal, wie schön das Wortgewand ist, mit dem ich mich bedecke, ich werde immer.

Splitter. Faser. Nackt.

Sein.

Flüstern

Ach, Mädchen. Was tust du nur? Du hast doch alles Glück der Welt. Wenn man »Davonkommen« googelt, landet man auf deinen Seiten. Was willst du mehr? Nach all den Fehlern, nach all den dummen Dingen, die du getan hast – kannst du da nicht endlich anfangen zu lächeln?

Ja. Das kannst du. Natürlich.

Aber ich sehe doch: Es ist nicht echt.

Also sag mir, warum?

Warum wird die Angst nicht kleiner?

Ist es die Zeit, oder ist es dein Gehirn, das sich in seinen eigenen Strängen verfängt; oder sind es die Bilder in deinem Kopf, die du nicht ausblenden kannst? Und wie lange geht das nun schon so?

Für immer.

Eine ganze Ewigkeit.

Aber was ist für immer?

Wenn es vorbei ist.

Ich meine, sieh dich an, du musst nicht ewig bleiben, hier an diesem kalten Ort, der nur in deinen Gedanken existiert. Weißt du denn nicht, dass du alles in dir hast? Alles, was du brauchst. Also verlier dich nicht, in diesem kalten, kalten Winter. Soweit ich weiß, geht er irgendwann wieder vorbei.

Soweit ich weiß, kommt mitten im Schnee.

Ein neuer Frühling.

Und wenn du dich dafür entscheidest, dass du nie irgendwo bleibst, wenn du gehst und rennst und läufst und glaubst, dass ein Abschied von dir ein Abschied auf ewig sein muss, weil du nichts mitnehmen kannst, auf deinen fremden Wegen, dann vergiss nicht, dass da niemand mehr ist, der seine eisigen Hände um deinen Hals legt, in deine toten Augen sieht und dir zuflüstert, dass du ihm gehörst, wie alles auf der Welt.

Das sind nur Erinnerungen.

Das ist alles längst geschehen.

Die Zeit hat dich weitergezogen, in ihre Lieblingsrichtung, immer voran, obwohl du nicht leicht zu tragen warst. Sie hat dich in ihren holprigen Rhythmus eingebunden, und dein Herz, es hat laut genug geschlagen, um dich wach zu halten.

Und heute. Hier in dieser Zeit.

Stehst du vor mir und blickst zurück auf das, was du getan hast. Und dann siehst du ängstlich auf das, was du immer noch manchmal tust, um dir selbst zu entwischen. Deine Augen sind weit geöffnet, ich kann bis hinein in deine aufgewühlten Gedanken sehen. Also sag mir, kannst du den Schaden sehen, den du angerichtet hast, und erkennst du das Ausmaß? Und wenn die Antwort ja lautet, dann sag mir, wie konntest du nur?

So weit weg.

Von dir selbst.

Sein.

Erzähl mir die Wahrheit, sag mir all die Dinge, die du mit Sicherheit weißt, und dann sag mir, ist das wirklich alles, was du fühlen kannst – Schmerz und Schuld und Scham und dieser tödliche Frost in deinen nackten Winterknochen?

Nein.

Das ist nur der Moment.

In dem alles über dir zusammenbricht.

Und du weißt ganz genau, du stehst wieder auf. Morgen schon, wenn ein neuer Tag anbricht, wirst du ausbrechen, aus den Nächten der Vergangenheit.

Deine Angst – sie wird vergehen.

Und die Zeit danach.

Sie ist eine ganze Welt.

Geheimnisse

Du warst im selben Kinderheim wie ich, und ich erinnere mich daran, wie wir zusammen am zugeschneiten Fenster saßen und uns fragten, welche Farbe Weihnachtsbäume hätten, wenn sie nicht grün wären, und was wir an die Zweige hängen würden, wenn es keine Kugeln, Lametta, Sterne und Engel gäbe.

Du meintest: Staub.

Ich sagte: Spinnweben.

Dann sind wir Freunde geworden, irgendwie. Obwohl wir so unterschiedlich waren wie Politik und Zahnpasta. Du mochtest schwarzen Nagellack und schwarze Strumpfhosen und eigentlich alles, was schwarz war. Ich mochte weißen Schnee und grauen Regen und eigentlich alles, was irgendwie vom Himmel fiel.

Als wir uns zum ersten Mal gesehen haben, hast du mich mit schief gelegtem Kopf gemustert und gefragt: »Ist dein Lächeln echt?«

Ich habe genickt.

Das war eine wortlose Lüge.

Aber du hast sie sofort durchschaut.

Und deshalb hast du zurückgelächelt, genauso schief und falsch wie ich, und meintest: »Siehst du, ich kann das auch.«

Später dann, als wir uns etwas besser kannten, hast du zu mir gesagt: »All die wunderschönen Menschen, sie lieben es, deine Narben zu betrachten, und noch mehr lieben sie es, deinen bohrenden Schmerz zu mustern. Sie stehen dort, direkt vor dir, in der ersten Reihe, um einen guten Blick auf deine nackten Knochen werfen zu können. Und glaub ja nicht, dass sie für dich aufstehen und applaudieren. Aber sieh nur, wie sie davonrennen, sobald du ins Schwanken gerätst.«

Ich habe nichts darauf erwidert.

Aber ich wusste, wie das ist, wenn keiner sieht.

Und ich wusste auch: Selbstverständlichkeit steht nicht von alleine auf, um dir zu helfen, und sie steht auch ganz bestimmt nicht da, wo du sie gerade brauchst.

Ja. Wir Menschen sind seltsame Geschöpfe. Wir haben gelernt, die Tagesschau zu gucken und jedes Castingshowformat, doch was um uns herum geschieht, das nehmen wir nur noch aus den Augenwinkeln wahr.

Dabei wollen wir im Grunde genommen.

Viel Meer.

Sehen.

Die Tiefen des Ozeans, das Schlagen der Wellen, das Rauschen der Schaumkronen, die auftauchenden Wale, die eintauchende Sonne, die springenden Delfine und natürlich auch die Weiten.

Bis hin zum Horizont.

Ich erinnere mich an dich, als lägen die Kinderheimtage nur wenige Wochen zurück. Ich weiß noch genau, du warst die Einzige, die an ihrem Geburtstag kein Geschenk haben wollte, weil du Geburtstage grundsätzlich scheiße fandest. Du warst klüger als die meisten, die ich kannte. Und du hattest zu viele Menschen durchschaut, um dich verblenden zu lassen. Aber manchmal hast du vor dem Spiegel gestanden und dich angestarrt, als wärst du dir fremd. Du hattest Narben auf deinem Körper. Und du hast mich gefragt: »Weißt du, wie man sich auszieht, ohne sich zu entblößen?«

Ich wusste es nicht.

Denn ich war schon in Unterwäsche nackt.

Also hast du weiter in den Spiegel gestarrt, und ich habe mich neben dich gestellt und mitgemacht, um zu sehen, ob ich bald wenig genug bin oder noch mehr verhungern muss. Dabei wusste ich: Schönheit kann man nicht wiegen, man sollte viel eher abwägen, ob der Wert des Lebens ausreichend Gewicht hat, um ein Gewissen zu tragen.

Aber was machen wir nicht alles falsch.

Wenn wir nicht alles richtig machen.

Und doch finden wir immer irgendetwas, an das wir glauben können – an den Umbruch der Zeit, an den Einbruch des Frühlings, an den Zusammenbruch der Diktatur und an den geradlinigen Bruch mit unseren scharfkantigen Fehlern.

Ja. Eine aussichtslose Situation.

Sieht doch immer noch.

Sich selbst.

Wir sind älter geworden. Erst du, dann ich, und dann wir beide. Jedes Mal, wenn wir uns gesehen haben, wusste ich: Du könntest nicht glücklich werden, wenn dir jemand einen Regenschirm über den Kopf halten würde. Du würdest niemals einen Regenmantel tragen, den dir ein Verehrer geschenkt hat. Du hast noch nie deinen Tagesplan geändert, nur weil ein Nachrichtensprecher einen Sturm oder die Flut des Jahrhunderts vorhergesagt hat. Ja. Du nimmst jeden Stein, den irgendwer nach dir geworfen hat, und baust damit Stein für Stein dein Lebenswerk.

    Und wenn es fällt?

    Zu Sand und Meer.

    Dann segelst du.

    Davon.

Und ich? Ich träume auch vom Meer. Erst wenn ich aufhöre. Habe ich verloren. Und ich weiß noch genau, in all der Zeit, in der du dich mit einem Notendurchschnitt von 2,2 durch die Schulzeit geschummelt hattest, obwohl du locker auf jedem Zeugnis eine Eins hättest haben können, in all den Jahren, in denen du so tatest, als gäbe es für dich nichts Wichtigeres als Lipgloss und Modemagazine und Haarkuren – da verriet ich nie ein Wort über dein Geheimnis.

    Aber ich wusste genau.

    Es ist das gleiche.

    Wie meins.

Raum ist Zeit. Und Zeit ist überall.
So gesehen bin ich direkt hier.
Bei dir. Im Leben.

Antworten

Die Zeit verschwindet hinter einer Ansammlung von Monaten, und auf einmal ist schon wieder September. Der Frühling, der Sommer – sie sind nahtlos ineinander übergegangen, und irgendwie habe ich es geschafft, weiterzuatmen, auch wenn ich oft nicht weiß, warum.

Chase und ich sitzen auf seinem Balkon und beobachten einen Fotografen, der versucht, Chase zu beobachten, aber nicht weiß, dass Chase vor einigen Tagen auf die andere Straßenseite gezogen ist.

»So ein Depp«, meint Chase und steht kopfschüttelnd von dem gedeckten Tisch auf, um besser sehen zu können. »Wollen wir irgendetwas nach ihm werfen? Ich habe noch Joghurt im Kühlschrank.«

»Was für Joghurt?«, frage ich.

»Macht das einen Unterschied?«, will Chase wissen.

»Na ja«, erwidere ich, »wenn es einer mit Kirschen ist, dann würde ich ihn gerne essen.«

»Seit wann magst du Kirschjoghurts?«, fragt Chase.

»Seit meinem letzten Buch«, sage ich. »Da spielt doch eine Cherry die Hauptrolle.«

»Du bist so berechenbar«, meint Chase seufzend. »Oder eher beschreibbar. Und worum wird es in deinem nächsten Buch gehen? Um ein Zebra, das loszieht, um sich einen Eimer weißer Farbe zu kaufen, weil es ein Schimmel werden will?«

»Nein«, erwidere ich. »Aber das ist eine gute Idee. Darf ich sie übernehmen?«

»Von mir aus«, meint Chase schulterzuckend und

hört endlich auf, sich so weit über die Balkonbrüstung zu beugen, als wollte er sich hinunterstürzen. »Aber nur, wenn das Zebra quer zum Horizont gestreift ist.«

»Sind Zebras normalerweise längs gestreift?«, frage ich.

»Keine Ahnung«, antwortet Chase. »Ich weiß nur, dass sie gestreift sind. Und schwarz-weiß wie das menschliche Gehirn.«

»Mein Gehirn ist bunt«, erwidere ich.

»Dein Gehirn«, schnaubt Chase und wirft einen Keks nach mir, der kurz darauf vom Balkon segelt. »Dein Gehirn ist kein Maßstab für einen angemessenen Verstand.«

»War das eine Beleidigung?«, frage ich.

»Oder ein Kompliment«, meint Chase. »Kannst du dir aussuchen. Und jetzt iss endlich deinen Fisch, den habe ich dir extra im KaDeWe gefangen.«

»Ich esse doch«, entgegne ich und pike meine Gabel in ein Stück Brokkoli.

»Du schiebst dein Gemüse um den Fisch herum«, erwidert Chase grummelig. »Das hat nichts mit essen zu tun.«

»Du hast die ganze Zeit über der Brüstung gehangen und den Fotografen angestiert«, sage ich schulterzuckend. »Das hat auch nichts mit essen zu tun.«

»Ich habe schon aufgegessen, du Schleudergnom«, entgegnet Chase und verdreht seine Augen. »Aber wenn du magst, dann hole ich dir einen Kirschjoghurt aus dem Kühlschrank, und wir werfen die Fischreste auf den Fotografen da unten.«

»Okay«, sage ich.

Chase steht auf, geht in seine neue Wohnung und holt mir den Joghurt.

»Bekomme ich auch einen Löffel?«, frage ich.

»Wozu?«, fragt Chase. »Du hast doch Joghurt früher immer mit deinem Finger gegessen.«

»Da war ich vier«, entgegne ich.

»Na, und?«, meint Chase.

Und lächelt mir zu.

So verschworen wie damals.

In unserem Geheimversteck im Park.

Ich rühre mit meinem Finger in dem Joghurt herum, bis Chase mich schließlich fragt, was das werden solle oder ob ich einfach nur vorhätte, ihn in den Wahnsinn zu treiben.

»Wenn man nach rechts rührt, wird es mehr; wenn man nach links rührt, wird es weniger«, erkläre ich Chase. »Das haben mir die Kinder beigebracht.«

»Wenn du noch mehr rührst, dann schwappt es über«, meint Chase stirnrunzelnd. »Dann wird es weniger, egal, in welche Richtung du rührst. Und woher wissen deine Kinder überhaupt, wo rechts und links ist? Wenn ich zu denen sage, sie sollen nach rechts und links gucken, bevor sie über die Straße gehen, dann gucken sie nach oben und noch weiter nach oben und dann sagen sie – guck mal, Chase, ein Rabe.«

»Und ist da dann wirklich ein Rabe?«, will ich wissen.

»Nein, natürlich nicht«, sagt Chase. »Eher eine Krähe oder eine Taube oder ein verdammter Spatz. Und jetzt iss endlich deinen Joghurt, sonst erschlage ich dich mit dem Fisch.«

»Fühlst du dich eigentlich auch manchmal so furchtbar jung?«, frage ich und schiebe mir nachdenklich etwas von dem Joghurt in den Mund.

»Natürlich!«, antwortet Chase sofort. »Heutzutage dauert die Pubertät doch sowieso fünfzehn Jahre oder länger. Je nachdem, wie dumm man ist. Ich meine, auf jeder bekloppten Trinkflasche steht, wie man sie aufmacht. Traurig, oder? Und dann steht auf dem Etikett auch noch, dass ein Liter vier Gläser à 250 ml ergibt. Himmel! Wer das nicht weiß, sollte nicht aus einem Glas trinken.«

»Ach«, sage ich schulterzuckend. »Fünf Prozent von zweimal dümmer als normal ergibt acht oder eine andere Primzahl zwischen neun und elf. Das haben mir auch die Kinder beigebracht. Und weißt du was: Es ist trotzdem schön, ein Mensch zu sein.«

»Da hast du ausnahmsweise mal recht«, meint Chase.

»Außerdem haben wir noch Chancen«, füge ich hinzu. »Zwölf Prozent von uns wissen, was ein Defibrillator ist und wie man ihn benutzt.«

»Toll«, entgegnet Chase. »Aber buchstabieren können das nur zwei Prozent, von der Hälfte der Zwölf.«

Eine halbe Stunde später habe ich den Joghurt aufgegessen und Chase meinen Fisch. Die Sonne und der Fotograf haben sich verzogen, aber die Luft ist warm und erfüllt von dem Rauschen der Stadt.

»Werden wir eigentlich irgendwann Sex haben?«, fragt Chase.

»Klar«, sage ich. »Gollum hat den Ring am Ende doch auch bekommen.«

»Dir ist schon klar, dass er dabei verbrannt ist!?«

»Sage ich doch.«

»Na, toll«, meint Chase.

»Ja«, bestätige ich.

»Und werden wir oft Sex haben?«, will Chase wissen.

»Dreimal im Jahr – wenn es hochkommt«, erwidere ich.

»Sehr witzig«, brummt Chase. »Wirklich. Zum Totlachen.«

»Ach, du«, sage ich und wechsele das Thema. »Meinst du, es ist okay, in Zeiten von Navigationsgeräten Umwege zu fahren?«

»Na, klar«, erwidert Chase. »Gott hat doch auch die ganze Welt unter Wasser gesetzt, anstatt einfach alles nur ein bisschen nass zu machen und dann eine Ladung Strom reinzuschmeißen.«

»War das eine Antwort auf meine Frage?«, will ich wissen.

»Nein«, meint Chase. »Es war nur ein halbwegs passendes Beispiel.«

»Sind wir ein Beispiel?«, frage ich.

»Nein«, entgegnet Chase. »Wir sind das Hauptspiel.«

»Und was spielen wir?«, will ich wissen.

»Verstecken«, meint Chase.

»Hm«, überlege ich. »Wie alle Menschen.«

»Ja«, sagt Chase. »Aber immerhin hinterlässt du eine Spur aus verstreuten Buchstaben, da ist es nicht ganz so schwer, dich zu finden.«

»Meinst du?«, frage ich.

»Klar«, erwidert Chase. »Wozu kannst du hässliche Worte in klangvolle Sätze verpacken, wenn nicht, um erkannt zu werden?«

»Vielleicht bin ich ja einfach von einem Wortparasiten besessen, der mich benutzt, um seinen literarischen Schwachsinn zu verbreiten«, überlege ich.

»Könnte auch sein«, meint Chase. »Zum Glück ist es kein politischer Parasit.«

»Ja«, stimme ich zu.

»Und was denkt der wortreiche Parasit in deinem hübschen Kopf gerade?«, will Chase wissen.

»Nichts«, antworte ich.

»Komm schon«, meint Chase. »Da ist immer irgendwas.«

»Wenn dein letzter Funken Hoffnung eine Starkstromleitung ist, dann lass dich nicht verleiten«, sage ich.

Chase grinst.

»Das war eine gute Gedankenumleitung«, meint er zufrieden. »Aber du hast mir immer noch nicht verraten, worüber du zurzeit schreibst?«

»Über einen kleinen Alien, der auf die Erde kommt, um die Weltherrschaft zu übernehmen«, erzähle ich. »Aber Angela Merkel hat keine Zeit für ihn. Und der arme kleine Alien, mit seinen zwei Hörnern und dem Drachenschwanz und den Rückenstacheln, zappt sich quer durch die Welt, um endlich jemanden zu finden, der ihm das Weltmachtübernahmeformular X3.17-8.1 geben kann oder ihm den Weg zur Weltübernahmestelle verrät. Aber da hat er nicht mit den Menschen gerechnet. Die haben nämlich alle keine Ahnung.«

»Klingt nach dem dritten Teil deiner Autobiografie«, meint Chase.

»Ich bin kein Alien«, erwidere ich.

»Ach, stimmt«, sagt Chase. »Diese Zeit ist ja vorbei.«

Und dann, während es endlich anfängt zu regnen, nach diesem warmen Spätsommertag, der unauffällig in einen gewittrigen Herbstabend übergeht, spazieren Chase und ich zum Lietzenseepark, um die Enten anzugucken.

Wir sind die Einzigen, dort, im strömenden Regen. Und einen Moment lang frage ich mich, was geistig gesunde Menschen eigentlich den ganzen Tag über tun. Denen muss ja schrecklich langweilig sein. Die kommen abends von der Arbeit nach Hause, kochen, essen, räumen die Spülmaschine ein, gucken Nachrichten, putzen sich die Zähne und haben anschließend Sex mit ihrem Ehepartner, ihrer Freundin, ihrem Freund oder von mir aus auch mit allen gleichzeitig. Was soll's. Sie tun es einfach. Das muss man sich mal vorstellen. Wahrscheinlich kuscheln sie danach auch noch miteinander oder rauchen zusammen oder backen einen Kuchen.

Unvorstellbar.

Manchmal bin ich mir nicht ganz sicher, ob ich vielleicht einfach viel zu schnell viel zu alt geworden bin. Ich meine, ich habe in den letzten Monaten einundzwanzig Manuskripte und was weiß ich wie viele Songtexte geschrieben. Ich war ein Tiger, ein Hase, ein Alien, ein Serienkiller, ein Hai und eine Kirsche. Anschließend war ich der Winter, der Frühling, das Meer, die Zeit, der Tod und zwischendurch auch noch ich selbst.

All das in Worten.

In meinem stillen Gehirn.

Und ja, ich weiß, wie jung ich noch bin und wie alt Menschen werden können und dass man in der Zeit dazwischen 9 384 729 Freunde bei facebook adden kann.

Das Leben ist wunderschön, keine Frage.

Aber die Antwort darauf.

Suchen wir doch.

Interpretationsfreiraum

In der Zeitung stand, meine Mutter sei tot. Also habe ich meinen Vater angerufen und gefragt, was wir jetzt mit den ganzen Yogamatten machen könnten.

»Was? Wieso?«, hat mein Vater gefragt. »Was willst du denn mit den Yogamatten?«

»Na, wenn sie tot ist, braucht sie doch keine Yogamatten mehr«, habe ich gesagt.

»Wer ist tot?«, hat mein Vater verwirrt gefragt.

»Deine Frau«, habe ich gesagt.

»Deine Mutter?«, hat mein Vater gefragt.

»Das ist doch dasselbe«, habe ich erwidert.

»Stimmt«, hat mein Vater gemeint.

»Ja«, habe ich bestätigt.

»Aber warum sollte sie tot sein?«, wollte mein Vater wissen.

»Ich weiß nicht«, habe ich erwidert. »Menschen sterben, das tun sie ständig.«

»Aber nicht heute«, hat mein Vater gesagt.

»Doch«, habe ich entgegnet. »Menschen sterben an jedem Tag.«

»Aber nicht deine Mutter«, hat mein Vater erwidert. »Die ist heute bei einem Seminar über die Anwendung von Notfallsendern bei Herzpatienten, weil sie demnächst im ambulanten Pflegedienst arbeiten wird.«

»Dafür braucht man Seminare?«, habe ich erstaunt gefragt. »Piepen die Dinger nicht einfach los, und dann kommt ein Krankenwagen?«

»Keine Ahnung«, hat mein Vater erwidert. »Frag deine Mutter. Solange sie noch lebt.«

»Sehr witzig«, habe ich gesagt.

»Ja, so bin ich«, hat mein Vater gemeint.

»Und du bist sicher, dass sie noch lebt?«, habe ich nachgehakt.

»Meine Frau?«, hat mein Vater gefragt.

»Meine Mutter«, habe ich entgegnet.

»Ja«, hat mein Vater gemeint. »Natürlich bin ich mir sicher.«

»Hm«, habe ich überlegt. »Dann muss da wohl irgendwer meinen Roman mit meiner Autobiografie verwechselt haben.«

»Warum sollte irgendwer etwas so Dummes tun?«, hat mein Vater gefragt und ins Telefon geschnaubt.

»Ich weiß nicht«, habe ich erwidert und dabei den Zeitungsartikel noch einmal überflogen. »Also, wenn ich das richtig lese«, habe ich schließlich nachdenklich hinzugefügt, »steht da, dass du ebenfalls tot bist.«

Prostitution

Was machen Prostituierte an Weihnachten? Sie kaufen sich leuchtend rote Festtagsdessous mit schneeweißen Bommeln und ein passendes Strapsband dazu.

Ja. So etwas brauchen Männer.

In der Heiligen Nacht.

Um sich von ihren Frauen zu erholen.

Und das ist leider kein Witz, sondern die hässliche Wahrheit, und die Regel ist keine Ausnahme, wozu gibt es schließlich Schwämmchen und Oralverkehr.

Große Brüste ziehen runter.

Und versperren die Sicht.

Aber sie steigern den Anstieg. Und auch wenn es heißt, Prostituierte hätten das Recht, sich jederzeit wieder anzuziehen, es gibt viele, die stehen nicht freiwillig auf der Straße. Andere regeln den Verkehr und die Häufigkeit der Zusammenstöße. Aber wenn es hoch kommt, ist der Sex vorbei, bevor die Nacht begonnen hat. Und vielleicht bleibt genug der Dunkelheit übrig, um sich darin zu verstecken und vor der Dämmerung zu entfliehen.

Und wenn nicht?

Dann kommt ein neuer Morgen.

Und mit ihm ein unberührter Tag.

Vielleicht reicht das aus.

Im roten Licht lernt man, woher das Wort Entscheidung kommt. Von den aufgeschlossenen Männern, die sich entscheiden zwischen dem Angebot der offenliegenden Scheiden.

Es ist ganz einfach.

Es ist nur Sex. Es geht vorbei.

Und man muss keine einzige Sprache sprechen können, solange man nur weiß, dass man seinen Mund auch für andere Sachen benutzen kann. Wenn man nicht schlucken will, tut man einfach so, wenn man nicht küssen will, schließt man seine Augen, und wenn man nicht mehr atmen kann, dann hält man die Luft an.

Bis zum letzten Atemzug.

Und, ja, natürlich erinnert man sich am Ende der Zeit an seinen letzten Kunden, als hätte man ihn geheiratet. Und in wie vielen Betten man gelegen hat, weiß man auch noch. Es ist nicht so, dass man jeden Mann auf der Straße ansieht und sich fragt, ob es der ist, von dem man denkt, dass er es ist, oder doch eher sein bester Freund oder sein Arbeitskollege, oder einfach einer von diesen Typen, die nur mal kurz geguckt haben; aber man vergisst sie nicht, die roten Nächte. Und in der Einsamkeit dieser Gedanken fragt man sich, wie viel man von sich gegeben hat.

Ich weiß noch genau: Mein letzter Freier.

Er hat sich von mir verabschiedet.

Und dann war ich frei.

Aufeinanderzugehen

Sie schlingt ihre Arme um meinen Hals, so fest, als wären wir Freundinnen, dabei kennen wir uns nur vom Sehen. Aber sie hat meine Geschichte gelesen, und auf einmal erzählt sie mir ihre. Und während sie mir all diese hässlichen Geheimnisse ins Ohr flüstert, weiß ich, dass ihr Parfum an mir haften bleibt, bis zum Abend, und dass ich den Geruch nie wieder vergessen werde.

Sie lässt mich los.

Ihre Augen sind umrahmt von dunklen Ringen, sie hat nicht geschlafen in der letzten Nacht, aber sie lächelt, und schließlich flüstert sie mir zu: »Er hat mich ins Gesicht geschlagen. Immer wieder. Und dann hat er gesagt: *Dich wird sowieso niemals ein Mann ansehen.* Aber weißt du was, Lilly, ich habe ihm das Gegenteil bewiesen, ich bin fast fünfzig und die Männer sehen mich immer noch an!«

Da muss ich weinen, weil sie so stark ist. Und weil ich weiß, wie schwer dieser Kampf für sie ist, und wie schwach man sich fühlen muss, um so stark zu werden.

Und sie weiß das auch.

Und deshalb zieht sie mich ganz dicht an sich heran, und es ist ihr egal, dass alle Menschen im Café uns neugierige Blicke zuwerfen; es ist ihr egal, was andere über sie reden, sie hat genug gehört und gesehen.

Sie legt ihre Hände um mein Gesicht, umfängt meine flüchtenden Blicke, und dann sagt sie zu mir: »Weißt du, warum wir so stark sind? Weißt du, warum? Weil wir niemals jemanden schlagen werden. Niemals. Weil wir die Menschen um uns herum immer mit Achtung behandeln werden, weil wir ganz genau wissen, dass hinter jeder Fassade ein Mensch mit einer Geschichte steckt.«

*Ich lag in dem Spalt zwischen der Wand und der
Zeit. Und mein Verstand? Er war überall.
Nur nicht dort, wo ich ihn sehen konnte.
»Stille«, habe ich geflüstert, »ist kein Geräusch.«
Stille ist ein Gefühl.
Es lauert.
Hier.*

*Ich lag in dem Abgrund zwischen der Nacht und
der Zeit. Und mein Befinden? Es lag neben mir.
Aber mein Dasein sprach nicht von mir.
»Zuhause«, habe ich geflüstert, »ist kein Ort.«
Zuhause ist ein Gefühl.
Es war.
Hier.*

Anfang

Das Erste, was ich im Leben gelernt habe, hat mir ein Mann beigebracht. Er hat gesagt: »Das ist unser kleines Geheimnis. Du wirst es niemals jemandem erzählen. Hörst du? Niemals! Wenn dir dein Leben lieb ist. Und solltest du es wagen, jemals die Wahrheit zu erzählen, dann werde ich dafür sorgen, dass du deinen Mund nie wieder öffnen kannst – verlass dich darauf.«

Ich habe zugehört und gelernt.

Und verlassen.

Habe ich mich auch.

Seitdem bin ich körperlos unterwegs.

Meine Gedanken sind seltsam verschoben, ganz so, als gehörten sie längst nicht mehr mir. Ich atme ein und aus und vergesse, wofür. Ich schlafe nicht ein und nicht aus und verliere die Nacht.

Ja. Wenn man erst einmal verrückt genug ist, weit entrückt in die Fremde, dann ist es leicht, jeden Fehler gleich fünfmal hintereinander zu begehen, nur um auszutesten, ob man sich so weit verändern kann, dass der Schmerz einen irgendwann nicht mehr erkennt.

Doch auch die Zeit.

Kann uns dort nicht finden.

Ich zähle meine blauen Flecken, die Narben und die Kratzer. Ich taste nach meinen Rippen und meinen Knochen und manchmal auch nach meinem Verstand. Es gibt Tage, da kann ich ihn nirgendwo entdecken, da weiß ich genau, es ist alles vorbei. Dann erinnere ich mich an all die Worte, die ich zusammengebracht habe, um mich wieder zusammenzufügen, und während ich feststelle, dass ich immer noch ein Haufen Einzelteile bin, frage ich mich, ob ich mir all die Erinnerungen umsonst blutig gekratzt habe.

Vielleicht hätte ich sie ruhen lassen sollen.

Vielleicht war es lebensmüde, meinen Namen unter den nacktesten Autobiografietitel aller Zeiten zu stellen. Wenn ich Pech habe, dann ploppen demnächst lauter Sexanzeigen und Pornoseiten auf, sobald man meinen Namen googelt. Anschließend hat man dann die gesamte Festplatte voll mit Viren und trojanischen Frauen.

Ja. So etwas denke ich.

Bis ich es besser weiß.

Und manchmal, im Hinblick und Rückblick auf mein zerlöchertes Gehirn, habe ich Angst davor, dass alle Menschen um mich herum passiv wahnsinnig werden könnten. Das wäre nicht gut. Die Welt hat sowieso schon einen Drehwurm, ein bisschen mehr Gradlinigkeit und etwas weniger Gratwanderungen würden ihr guttun; vielleicht auch weniger steile Abhänge und Abhängigkeiten.

Dafür ein leises Wort.

Erkenntnis.

Los.

Und ich. Ich würde so gerne in jedem Augenblick ein großes Stück vom Himmel sehen, Regenwolken und Sommerstürme, Winternebel und Flugenten mit riesigen Flügeln. Aber ich kenne meine Welt nur ungestüm, mein Dasein ist immer auf der Flucht, mit einer unglaublichen Geschwindigkeit stürzt es hastig von einem Ort zum nächsten, dann taucht es plötzlich jenseits aller Möglichkeiten auf, doch nur für ein paar Sekunden, dann löst auch schon ein Winterregen den Frühlingsflug ab und die Zeit, die davonhastende Zeit.

Sie verschwindet.

Und heute, zwischen all meinen Worten, traue ich mich noch immer nicht, meine Autobiografie zu öffnen und in das Spiegelbild meines Lebens zu sehen. Vor jeder Lesung habe ich Angst, mir zu begegnen. Und Ana, sie ist auch immer an meiner Seite. Ich habe sogar das Buch, das ich bei den Lesungen dabeihabe, eingeschlagen, damit ich mir wenigstens nicht ins Gesicht sehen muss. Aber wenn ich schließlich anfange, meinen Satzbruch vorzutragen, dann gibt es kein Zurück mehr nach vorne, dann bin ich wieder ganz hinten in meiner Vergangenheit.

So nackt können Worte klingen.

So schutzlos.

Wenn die Bedeutung des Lebens.

Auf dem Strich auf der Strecke bleibt.

Und doch, trotz all dieser unsicheren Tage, trotz der Nächte, in denen ich versucht habe, in der Dunkelheit zu verschwinden, trotz all dem, erinnere ich mich daran, was für ein Glück ich habe, hier sein zu dürfen. Im Nachspiel der Zeit.

Und ich weiß: Meine Geschichte zu veröffentlichen, unter meinem richtigen Namen, das war ein Versprechen von mir an mich.

Dass ich noch hier bin.

Im Leben.

Und, ja, es ist wesentlich leichter, irgendeine hübsche Maske durch die Welt zu tragen als die nackte Wahrheit. Und natürlich ist es immer einfacher, eine Rolle zu spielen, als ein ehrliches Wort zu sagen. Aber der Preis, den man dafür bezahlt, jemand anders zu sein, ist hoch. Man verliert den Bezug zu sich selbst, und wenn man nicht aufhört davonzulaufen, wird man für immer außer Atem sein.

Die Zeit vergeht zu schnell für längst vergangene Gefühle. Das habe ich gelernt, während sich Ana meine Gedankenfreiheit und meinen Verstand ausgeliehen hat.

Hungrige Selbstversuche.

Selbstmordversuche.

Ana till the end.

Aber am Ende stirbt nicht Ana.

Am Ende stirbst du selbst.

Wintermädchen

*Diese Zeit
wird nicht für immer
so hungrig
an unseren Knochen
nagen.*

Heimspiel

Vor meiner ersten Lesung an meiner ehemaligen Schule habe ich mir gesagt: Dieses eine Mal werde ich nicht der einsame Alien auf dem Schulhof sein. Dieses eine Mal bin ich nicht so unsichtbar, dass ich aus Versehen vergesse, dass es mich gibt.
Dieses eine Mal wird es okay sein.
Und dann? Dann geht es weiter.
Irgendwie.
Und so war es auch. Ich bin dort hingegangen, ich bin geblieben, ich habe kein einziges Wort verloren, und dann habe ich alles aufgeschrieben.
Was ich jetzt weiß.

Irgendwann im Frühling, vor vielen, vielen Jahren, bin ich in meine Schule gegangen und habe gesagt: »Ich komme nie mehr wieder.«
Meine Mitschüler haben mit ihren Lateinbüchern, Grammatikheften und Algebradiagrammen vor meiner Nase herumgewedelt und gesagt: »Hey, Lilly, du musst doch erst noch dein Abitur machen! Dazu sind wir hier! Und wir haben es fast geschafft!«
Aber ich hätte lieber jeden einzelnen Pflasterstein in Berlin mit meiner krakeligen Handschrift versehen, als jemals wieder eine Klausur zu schreiben oder mich über ein Zeugnis zu definieren, auf dem steht, dass ich immer noch leicht gestört sei und es leider nicht zustande gebracht hätte, wieder zurück zu meiner ehemaligen Verfassung zu finden. Ja. Fassungslosigkeit macht sich breit, wenn man aus der vorgefertig-

ten Fassung fällt, und anfängt, seltsame Sätze zu verfassen.

»Du kannst jetzt nicht einfach gehen«, hat ein Lehrer zu mir gesagt.

»Du solltest bleiben«, hat eine Lehrerin kopfschüttelnd hinzugefügt.

»Du bist gar nicht mehr hier«, hat Ana geflüstert, so laut, dass sie alles übertönt hat.

Also habe ich auf das Abitur verzichtet.

Und auf die Abschlusszahlen.

Meiner unberechenbaren Zeit.

Irgendwann im Winter, viele Jahre später, bin ich zurück in meine ehemalige Schule gegangen und habe festgestellt, dass sie unwesentlich kleiner geworden ist und zugleich wesentlich weiter. Komischerweise sind auch die Lehrer jünger geworden, einige von ihnen wussten sogar, wie man eine SMS schreibt und satzinduktive Konversationen ohne eingeschobenes Akkusativobjekt oder die intransitive Offensichtlichkeit der Intervention führt.

Aber vielleicht lag es auch an mir.

Vielleicht bin ich ein paar Zentimeter gewachsen.

Vielleicht hat mein Gehirn ein paar neue Synapsen verknüpft.

Oder vielleicht waren es einfach nur meine Worte, die einen Raum gefunden haben, um weiter zu klingen, als ich denken kann, und tiefer zu fallen als der überschattete Asphaltboden, auf dem ich herumstolpere, wann immer ich verschwinde.

Ja. Ich hatte furchtbare Angst vor diesem Ort. Im ersten Moment habe ich mich gefühlt wie die Neue in der Klasse. Und irgendwie dachte ich, es würde ganz bestimmt so wie damals sein, als ich selbst noch zur Schule gegangen bin und nicht wusste, wofür man überlebt. Aber es war das Gegenteil. Meine Worte haben zu mir gestanden und ich zu ihnen, und nur wenige Monate später bin ich auch schon zurückgekehrt, an diese Schule, und habe dort die Vorpremiere meines zweiten Buches *Bevor ich falle* gehalten. Da waren über zweihundertfünfzig Schüler, die sich mit ihren Lehrern und Referendaren auf Sportmatten in der Aula ausgebreitet hatten, nur um mir einen Raum für meine Worte zu geben.

Es war leise. So leise wie damals, als ich nicht wusste, warum das Meer rauscht. So leise wie damals, als ich vergessen hatte, wofür man eine Stimme braucht.

Aber es war kein Schweigen. Kein Stillleben.

Und auch kein Loch im Klangbild.

Es war einfach nur die Zeit.

Und dann stand da auf einmal dieses Mädchen vor mir, sie war noch ganz jung, vielleicht dreizehn oder vierzehn Jahre alt. Sie hat gelächelt und gelächelt, aber ihre Augen waren so traurig.

Sie hat gesagt: »Meine Mutter hat sich umgebracht. Das ist noch gar nicht so lange her, und seitdem lächle ich ohne Pause. Weil ich solche Angst davor habe, was passiert, wenn ich damit aufhöre. Vielleicht fange ich an zu weinen. Und wie höre ich damit wieder auf?«

Sie hat weitergelächelt.

So lautlos, dass ich weinen wollte.

Dann hat sie *Bevor ich falle* aus ihrer Tasche gezogen. Das fliegende Mädchen auf dem meeresblauen Cover und sie – so ähnlich. So wunderschön.

»Ich habe es gelesen«, hat sie gesagt. »Dreimal hintereinander. Dabei habe ich es erst seit einer Woche. Und ich wollte, dass du weißt, dass deine Worte mir Mut gemacht haben. Vielleicht ist es bei mir ja auch so wie bei Cherry. Vielleicht brauche ich einfach Zeit, um zu wachsen.«

Dann hat sie mich umarmt, so stürmisch, dass ich beinahe umgekippt wäre. Aber ich habe sie gehalten, sie und mich und die Zeit. Und als sie mir schließlich zugeflüstert hat: »Versprich mir, dass du weiterhin Schullesungen machen wirst. Für Mädchen wie mich und Mädchen wie dich. Und für alle anderen, die verstehen, wie es sich anfühlt, unter Wasser zu atmen.«

Da habe ich wortlos genickt.

Und sie hat gelächelt.

Und gelächelt.

Courage

Am Anfang war es nicht leicht, Schulen davon zu überzeugen, dass es wichtig ist, über Vergewaltigung zu sprechen, über nackte Angst, über die Stille im Nachhall und über das Bestehen danach. Aber wenn man dem Schweigen keine Stimme gibt, wie soll es jemals enden? Und so habe ich trotzdem angefangen, sämtliche Oberschulen in Berlin anzuschreiben und dann die in Brandenburg und die in München und in Köln und Frankfurt und Bielefeld und so weiter, bis ich auf einmal so viele Anfragen hatte, dass Chase sich kopfschüttelnd vor mir aufgebaut hat und meinte: »Bist du dir sicher, dass du sieben Lesungen in fünf Tagen halten kannst, ohne dabei durchzudrehen?«

»Ich weiß nicht«, habe ich gesagt.

»So, so«, hat Chase gebrummt. »Und wer passt auf dich auf, wenn du durch die Welt tourst?«

»Na, ich habe immer einen Security-Typen dabei«, habe ich erklärt.

»Aha«, hat Chase gesagt. »Wie wäre es denn, wenn du mich einmal fragen würdest, ob ich nicht auf dich achtgeben könnte.«

»Du?«, habe ich gefragt.

»Ja, ich«, hat Chase gesagt und mit seinen Muskeln herumgewedelt.

»Also, na ja«, habe ich gesagt. »Du hast doch bestimmt Besseres zu tun.«

»So ein Quatsch«, hat Chase erwidert. »Es gibt nichts Besseres auf der Welt als Einsatz für Worte.«

»Das hast du aus einem meiner Manuskripte geklaut.«

»Die Hälfte meines Wortschatzes habe ich von meinem kleinen Wortschatz geklaut«, hat Chase grinsend entgegnet.

»Von mir aus«, habe ich gesagt. »Dann kommst du ab jetzt halt mit auf Tour. Darf ich dich auch in meine Zwischenspiele einbauen?«

»Was ist das?«, wollte Chase wissen.

»Der Ausdruck meiner Worte in lautlosen Bildern.«

»Also doch keine Lesungen«, meint Chase. »Eher eine Wortperformance in mehreren Akten. Was genau schwebt dir denn vor?«

»Wir könnten rote Wolle benutzen«, überlege ich.

»Willst du deine Leser umgarnen?«

»Nein, die werfen wir rum, damit sich alle in meinen Handlungssträngen verwickeln und meine Gedanken besser nachvollziehen können«, erkläre ich. »Dann haben sie bildlich vor sich, dass man sich nicht in kaputten Verhaltensmustern verstricken sollte.«

»Aha«, brummt Chase. »Dann kaufen wir jetzt also tonnenweise Wolle.«

»Ja, und dann brauchen wir auch noch Wattetupfer und Kompressen und Kunstblut und Stoffbuchstaben und ein paar von meinen Manuskripten.«

»Ach ja, brauchen wir das alles?«, fragt Chase stirnrunzelnd.

»Klar«, sage ich, »womit sollen wir denn sonst den Boden auslegen?«

»Wie bitte?«, beschwert sich Chase. »Wir machen was?«

»Na, ich brauche doch eine Wortgrundlage.«

Und so kam es also, dass Chase und ich und der Hai auf Wortreise an Schulen gegangen sind. Wir haben vor den unterschiedlichsten Jahrgängen und Schülern gelesen, vor einzelnen Klassen bis hin zu vierhundert versammelten Jugendlichen, die mich angesehen haben, als würde ich nie wieder unsichtbar sein. Es gibt Schulen, an denen wir mittlerweile schon fünfmal waren, es gibt Schüler, die kommen seitdem zu jeder meiner öffentlichen Lesungen in ihrer Umgebung.

Wir hatten wunderbare Lehrer um uns herum, die sich mit ihrem gesamten Kollegium zusammengesetzt haben, um über Selbstverletzung zu reden und all die Dinge, über die niemand sprechen will, weil es leichter ist, nicht hinzusehen. Und wir hatten Schüler, so stark, dass sie ohne zu zögern aufgestanden sind, in einem Raum, in dem es viel leichter war, sich zu verstecken.

Ich weiß noch genau, der körperlich behinderte Junge, der bei meiner Frage »Wer von euch weiß, wie groß der Schmerz ist, der einen Menschen verschluckt?« als Einziger aufgestanden ist. Er war so klein, dass er auch stehend nicht viel größer war als die Sitzenden um ihn herum. Aber gesehen habe ich ihn doch.

Und da wusste ich von den Wellen, die wir schlagen.

Wenn wir uns nicht geschlagen geben.

Nach der Lesung ist er zu mir gekommen und hat mich gefragt, woher ich den Mut nehmen würde, um weiterzumachen, nach allem, was war. Er hat gesagt: »Es wäre schön, wenn du mir das sagen könntest, denn ich habe keinen Mut mehr und ich weiß nicht mehr weiter.«

»Das sind Menschen wie du«, habe ich gesagt. »Ihr gebt mir diesen Mut. Weil ihr aufstehen könnt, für euch und die Wahrheit – auch wenn ihr auf wackeligen Beinen steht.«

»Das reicht aus?«, hat der Junge gefragt.

»Es ist ein Anfang«, habe ich gesagt.

»Und ich?«, wollte der Junge wissen. »Woran halte ich mich?«

»An dich«, habe ich erwidert. »Sieh dich doch nur einmal um, du bist der Einzige, der die Courage hatte aufzustehen. Daran musst du dich halten: dein Dasein.«

Da hat der Junge gelächelt.

Und Chase hat geweint.

Manchmal haben wir schwere Lesungen. Dann stehe ich anschließend verloren in der Gegend herum und frage Chase, wie viele Menschen man wohl in einen Raum stellen muss, um ein Ungeheuer zu erhalten.

Chase sagt dann immer: »Lilly, nimm den Hai und geh schlafen. Es ist schon fast so spät wie dein Gehirn.«

Wenn ich ganz besonders tief am Boden liege, sagt Chase zu mir: »Lilly, du bist so stark wie Jesus, der wurde auch genagelt und ist anschließend aufgestanden und hat weitergemacht.«

Und natürlich tut es weh, vor Sechstklässlern zu lesen, und am Ende einige Schülerinnen vor sich stehen zu haben, mit ihren knallbunten Jacken und den beklebten Schulranzen, die sagen: »Guck mal – meine Arme sehen genauso aus wie deine. Geht das irgendwann vorbei? Oder muss ich jetzt für immer ein Unterwasserzebra sein?«

Für im Meer.
Ja.
Vielleicht.
Aber irgendwann.
Lernen wir schwimmen.

*Es ist eine Geste der Achtsamkeit,
Raum zu geben an einem Ort,
an dem Gewalt geherrscht hat,
damit diejenigen, die überlebt haben,
einen Grund finden
zu überstehen.*

Lesungen I

Ich erinnere mich oft an die Lesung in meinem Verlag, in dem riesigen Gebäude, in dem man sich prima im Kreis verlaufen kann. Meine Lektorin hatte vorher mindestens zweimal zu mir gesagt: »Versprich mir, dass du nicht traurig bist, wenn es eine ganz andere Lesung wird als sonst. Du musst bedenken, dass hier alle zusammen arbeiten und da wird sich keiner die Blöße geben, für seinen Schmerz aufzustehen; und mit roter Wolle werfen wird wahrscheinlich auch niemand. Sei bitte nicht enttäuscht, wenn nicht so viele Leute da sind, die Lesung ist ja tagsüber, und die meisten Kollegen haben einfach viel zu viel zu tun. Und die Geschäftsführer sowieso. Von denen wird höchstens einer dabei sein können.«

Am Ende waren alle drei Geschäftsführer da. Und obwohl mein Verleger gesagt hatte, dass sie nach einer Stunde gehen müssten, wegen irgendeiner wichtigen Konferenz, waren sie zwei Stunden später immer noch da und haben mitgeholfen, die Papierfetzen wieder aufzuheben und die Wolle aufzuwickeln.

Ich habe »Danke« geflüstert, ganz leise zu meinem Verleger hin. Und er hat lächelnd zurückgeflüstert: »Ach, Lilly – da vorne wartet die Zeit.«

Da wusste ich, dass er meinen Titelvorschlag für mein neues Buch angenommen hatte. Und dass es weitergehen würde.

Von hier an.

Bis in die Zeit.

Und ja: Sie sind versammelt aufgestanden.

Alle Verlagswesen.
Um mir wortlos zu sagen.
Dass sie hinter mir stehen.

Das ist der Widerstand, der uns zurückverwandelt.
Von einem Gegenstand.
In einen Menschen.

Lesungen II

Ich werde immer wieder gefragt, wie ich es hinbekomme, von so vielen Schulen eingeladen zu werden, mit dieser Thematik. Um ehrlich zu sein, sind es gar nicht so viele, wenn man bedenkt, dass ich hundert Schulen anschreiben muss, um eine Antwort zu bekommen. Vielleicht liegt es daran, dass die E-Mails schon in den Sekretariaten verschollen gehen. Ich weiß es nicht. Es gibt Bundesländer, aus denen habe ich noch nie eine Antwort bekommen. Nicht einmal eine Absage.

In Berlin sind Chase und ich mittlerweile dazu übergegangen, einfach an die Schulen zu fahren und uns die Lehrer direkt zu schnappen. Manchmal haben wir Glück, und wir finden jemanden, der etwas Zeit für uns hat. Und sonst fragen wir einfach im Sekretariat, ob sie unsere Unterlagen in die Fächer von einigen Deutsch- und Ethiklehrern legen könnten.

Den größten Teil meiner Zeit verbringe ich damit, E-Mails zu schreiben, Hotels zu buchen und Termine zu koordinieren. Ach ja, und natürlich damit, auf Lesereise zu sein. In den letzten Monaten waren Chase und ich so viel unterwegs, dass ich gar nicht mehr weiß, wo ich wohne.

Und was mir dabei hilft, all das hinzubekommen?

Das seid ihr. Diejenigen von euch, die zu meinen Lesungen kommen und anschließend losrennen, an ihre ehemaligen Schulen und Universitäten, um Lehrer dazu zu bringen, uns einen Raum zu geben. Ihr

organisiert ganze Touren, und knüpft mit roter Wolle Kontakte für mich.
Danke.
Für diesen unbeschreiblichen Rückhalt.
Ich hoffe, ihr wisst: Zeit zurückzubringen, um Zeiten zu heilen, das vermag niemand auf dieser Welt. Aber Zeit voranzubringen, um Zeit zu erleben.
Das ist die Welt.

Und an all die Mädchen, die mir hinterherreisen, wo auch immer ich gerade lese: Ihr bestätigt mein Dasein entgegen der Stille. Es ist ein Versprechen, von euch und von mir an uns, aneinander zu wachsen, miteinander heranzuwachsen, und eines Tages erwachsen zu werden.

Und natürlich gibt es Augenblicke, in denen ich mich frage, ob ich nicht einfach alle Lesungen absagen und auf irgendeine einsame Insel ziehen sollte. Da würde ich dann zwischen viel zu hohen Palmen auf viel zu viel Sand sitzen und viel Meer sehen.
Ich würde dem Rauschen lauschen.
Und der Stille.
Ich würde dabei zusehen, wie sich die Wellen im Bruchteil einer Sekunde brechen, und brechen und wieder zusammensetzen, zu neuen Wellen, und wie sie davontauchen.
In diesen Tiefen.
Die kein Mensch versteht.

Aber wie schon gesagt: Ich habe gelernt, unter Wasser zu atmen. Und ich weiß, ich tauche im Meer wieder auf. Und neben mir, auf einer Luftmatratze, so groß wie ganz Berlin, treibt Chase und flüstert mir zu: »Eines Tages werde ich den Hai in massenhaft Geschenkpapier einwickeln und vor dir auf den Boden legen. Ich werde sagen ›Rate mal, was das ist‹, und du – du wirst *Hai raten.*«

Ja. Vielleicht.

Ganz vielleicht.

Und die Antwort auf diese Frage, die mir wieder und wieder gestellt wird: »Wer ist Chase? Und liebt ihr euch, bis ganz zum Schluss und immer dann?«

Was könnte ich dazu sagen, ohne mich noch mehr zu enthüllen?

Nichts. Nur die Wahrheit: Der Chase in meinen Büchern setzt sich zusammen aus den Männern, die mich halten und gehalten haben.

Der Chase in meinem Leben.

Ist alles das.

Und Meer.

Lesungen III

Wir freuen uns jedes Mal sehr, wenn Lehrer zu uns sagen: »Vielen Dank für das Angebot, aber wir haben leider kein Interesse an einer Lesung, das Thema passt einfach nicht an unsere Schule, so etwas gibt es hier nämlich nicht.«

Dann sehen Chase und ich uns immer einen Moment lang schweigend an und tun so, als wüssten wir auch nicht, dass Meer aus salzigem Wasser besteht.

Es wird kalt.

Für einen unsichtbaren Augenblick.

Aber der geht vorbei, wie alles, was schmerzt und reißt und brennt.

Und dann sage ich zu Chase: »Das muss ein sehr schöner Ort sein, diese Schule, da ist noch nie jemand vergewaltigt worden. Noch nie. In all den Jahren, in denen es nun schon Zeit gibt.«

Und Chase sagt: »Ja. So wird es sein. Genau so.«

Und das glauben wir dann.

Nicht.

Lesungen IV

Sie ist das schönste Mädchen in ihrer Klasse. So schön, dass ich anfange zu weinen, als sie mir nach der Lesung ins Ohr flüstert: »Kein Mensch kennt meine Geschichte. Nur du. Du kannst sie sehen – nicht wahr?«

Sie streicht sich eine Haarsträhne aus dem Gesicht.

Um ihr Handgelenk schlingt sich ein roter Faden, es ist ein Stück der Wolle, die wir mitgebracht haben, für unser Zwischenspiel.

»Keine Angst«, sagt sie. »Ich heiße nicht Ana. Aber dieses Band, es verknüpft meinen Verstand mit dir. Und solange ich keine Stimme habe, kann ich mich an deine halten.«

Fünf zwölfjährige Jungen in der dritten Reihe. Sie verwickeln sich vergnügt in den Fäden, bis Chase der Geduldsfaden reißt. Er unterbricht die Lesung und geht mit den Jungen nach draußen, nach fünf Minuten kommen sie wieder rein, und wir fahren fort durch die Vergangenheit.

Eine halbe Stunde später räumen wir auf. Überall im Raum sind Schüler und sammeln meine Wortsplitter auf. Sie legen sie zurück in meine unsicheren Hände und lächeln mir zu. Und dann stehen da auf einmal fünf Jungen vor mir und sagen: »Es tut uns so leid. Wir wollten dich nicht verletzen mit unserem Lachen, wir wussten nur nicht, wie wir damit umgehen sollen, mit dieser Situation. Wir dachten, es wäre leichter, nicht ganz bei der Sache zu sein.«

»Ist schon okay«, sage ich. »Ihr seid jetzt hier. Das zählt.«

»Darf ich dich umarmen?«, fragt einer der Jungen. »Als Entschuldigung. Oder tut das zu sehr weh?«

Er steht vor mir und blinzelt.

Ich blinzele zurück.

Und da fängt er an zu weinen und schlingt seine Arme um meinen Hals.

»Als wir draußen waren«, schluchzt er, »da hat Chase uns gefragt, wie wir uns fühlen würden, wenn wir an deiner Stelle da stehen würden und erzählen von dieser Zeit.«

Er schluckt und schnieft.

Einer seiner Freunde gibt ihm ein Taschentuch.

Keiner lacht. Kein Einziger.

»Ich fühle mich so schrecklich«, fährt der Junge fort, »weil ich doch genau weiß, wie schlimm das für dich sein muss. Weißt du, mein Vater. Er hat mich jahrelang missbraucht und zusammengeschlagen. Ich kann nicht darüber reden. Ich kann es einfach nicht. Und als du angefangen hast zu erzählen, da war es so viel leichter zu lachen, als zu weinen.«

»Ich weiß«, sage ich und halte ihn ganz fest. »Was meinst du, wie oft ich Witze reiße, damit der Schmerz mich nicht zerreißt?«

»Hin und wieder?«, fragt der Junge.

»Ja«, sage ich, »und hinfort.«

Lesungen V

Irgendwo im Norden. Zwei Lesungen an einem Tag. Die eine splitterfasernackt und leer, die andere bedeckt und zärtlich. Ein Raum so winzig wie das menschliche Gewissen, ein Raum so allumfassend wie die Zeit.

Ein Publikum so unsichtbar wie nichts – nichts, was wir begreifen.

Ein Publikum so stark wie alles.

Alles, was wir verstehen.

Ja. Die unberechenbare Zeit. Ich werde mich niemals an ihr messen. Wie vermessen wäre das? Aber ich erinnere mich an die kaputten Stunden zwischen den beiden Lesungen, wir haben dagelegen, Chase und ich. Auf dem kalten Fußboden, in dem toten Raum. Um uns herum lagen noch immer die Papierfetzen, die blutigen Wattetupfer, die schneeweißen Wortschnipsel, die winterroten Fäden.

Ich wollte weinen.

Aber ich wusste nicht, wie.

Ich wollte atmen, aber ich konnte nicht mehr.

Ich wollte fragen: »Warum ist kein Einziger aufgestanden, kein Einziger?«

Aber ich wusste die Antwort: Weil Menschen nicht wissen.

Wie man besteht.

Ja. Es ist schwer. Von Vergewaltigung zu erzählen, wenn keiner zuhört. Wenn in den hinteren Reihen alle Schnippschnapp spielen. Wenn blauweißes Handy-

licht die Gesichter verblendet. Wenn die wenigen, die verstehen, sich nicht bekennen.
Aus Angst.
Vor den anderen.

Der Raum hat die Fenster verschluckt und das Licht und den davonfahrenden Schulbus. Ich wusste bis dahin genau: Meine schönsten Lesungen hatte ich immer an Schulen – die Elfjährigen, die versammelt füreinander aufgestanden sind, die Dreizehnjährigen, mit den fast verblassten Narben, die Sechzehnjährigen, mit ihren unsichtbaren Armbändern.
Bis zu diesem Tag.
Ein Wort für alles.
Courage.

»Lilly«, hat Chase schließlich gesagt: »Lilly, du musst atmen.«
Aber die Stille war wunderschön.
»Lilly«, hat Chase wiederholt.
Doch ich habe immer noch nichts gehört.
»Lilly«, hat Chase geflüstert. »Lilly …«
Und ich? Ich war.
Verschwunden.

»Warum?«, habe ich schließlich gefragt. »Warum tut es so weh?«
Es war still. Wie im Meer. Aber dann.
Hat Chase alles gesagt, was zu sagen blieb.
»Weil sie dich alleine gelassen haben.«

Ein Satz.
Der brennt.

Lesungen VI

Das erste Mädchen, dem ich je ein Buch signiert habe, damals 2011, auf der Frankfurter Buchmesse. Um mich herum standen all diese Sanitäter und haben mich angestarrt, als wäre ich verschwunden. Dann haben sie meinen Kopf abgetastet, weil sie dachten, da wäre vielleicht ein Loch. Und natürlich war da ein Loch, aber es war so tief, dass man es von außen nicht sehen konnte. Und obwohl ich fünfmal gesagt hatte, dass ich okay sei und nur kurz umgekippt wäre, wollte mir keiner glauben. Sie haben immer wieder meinen Kopf angefasst und meine Rippen und meinen Arm, bis ich mich gefühlt habe wie im Bordell.

Da habe ich mich ganz fest an meinen Hasen geklammert und mir vorgestellt, ich wäre auch einer. Aber das hat nicht geklappt. Dafür hat sich der eine Sanitäter vor mir aufgebaut, seinen Kopf schief gelegt und mich eine Weile gemustert. Dann hat er sich an Harry und die Verlagswesen gewandt und gefragt: »War das Problem mit dem Hasen schon vorher da?«

Das fand ich doof.

Und deshalb habe ich gesagt: »Das ist kein Problem, das ist ein Hase.«

Daraufhin sind die Sanitäter weggegangen, und auf einmal stand das Mädchen vor mir. Sie hat mein hellblaues Buch in den Händen gehalten und mir zugeflüstert: »Ich habe es nicht gelesen. Ich kann es nicht. Denn ich bin wie du. Aber irgendwann werde ich den Mut finden. Ganz bestimmt.«

Und das hat sie auch.

Mittlerweile war sie bei über zwanzig Lesungen mit dabei. Und eines Tages, nach einer besonders schönen Lesung, kam sie zu mir auf die Bühne und hat gesagt: »Weißt du noch, das Mädchen und du an der Bushaltestelle – ihr konntet nicht reden über das, was euch angetan wurde. Also hat sie dir schweigend eine Tüte mit Weintrauben hingehalten. Du hast siebzehn davon genommen, eine für jedes Jahr vor den gestohlenen Tagen.«

Sie hat mir etwas in die Hand gedrückt.

Eine kleine Tüte.

Mit Trauben.

»Es sind genau elf Stück«, hat sie lächelnd gesagt. »Für die anderen Jahre, bis hierhin. Denn auch die gehören zu dir.«

Lesungen VII

Ein junger Mann an einer Berufsschule. Nachdem die Lesung vorbei ist, kommt er zu mir auf die Bühne, und Chase geht beiseite, obwohl er mich sonst nie mit einem fremden Mann alleine lässt. Aber dieser Mann hält ganz bedacht Abstand zu mir, und in jeder seiner Bewegungen und Gesten liegt Achtsamkeit.

Und da steht er dann vor mir.

Und verneigt sich.

Und sagt: »Ich habe seit zwei Jahren einen kleinen Bruder. Meine Eltern haben ihn aufgenommen, als er sechs Jahre alt war. Seine Geschichte ist wie deine. Und es ist niemals leicht mit ihm, denn er lässt niemanden an sich heran. Aber ich bin doch jetzt sein großer Bruder, was könnte ich da mehr tun, als es zu versuchen. Und du. Du hast mir geholfen zu verstehen.«

Ein Mädchen mit kalten Augen. Sie starrt die ganze Lesung über an mir vorbei aus dem Fenster. Ich habe Angst davor, dass sie mich hasst. Wegen der Worte oder der Zeit oder wegen all der anderen Dinge.

Aber am Ende steht sie als Einzige auf.

Und sagt so laut, dass es jeder hören kann: »Ja. Ich weiß, wie es sich anfühlt, unter Wasser zu atmen. Man kriegt keine Luft.«

Meine Hochachtung.

Vor so viel.

Courage.

Lesungen VIII

Ein Mädchen, so schön wie die aufdämmernde Zeit. Sie steht vor mir und sagt: »Meine Freundin hat dein Buch gelesen, dann hat sie gelächelt und sich Wort für Wort dein Dasein in ihren Arm geritzt.«

Das Mädchen sieht mich an.

Ihre Augen verwandeln sich in Rabenfedern.

»Du warst alles das«, fügt sie hinzu. »Alles das, woran sie sich halten konnte.«

Das Mädchen berührt meine Schulter. So flüchtig.

Als wären wir längst nicht mehr hier.

»Meine Freundin«, fährt sie schließlich fort. »Sie hatte ein Herz, so sanft und so nackt wie deines. Du hast ihr Mut gemacht, sich daran zu halten.«

Das Mädchen blinzelt.

Ihr Gesicht verwandelt sich in sanfte Gewalt.

»Meine Freundin«, sagt sie, »ist tot.«

Ein anderes Mädchen, so schön wie die lautlose Nacht. Sie kommt vor mir zum Stillstand und sagt: »Ich habe dir ein hässlich verpacktes Geschenk mitgebracht.«

Das Mädchen hält mir ihren verbundenen Arm vor mein zerschnittenes Gewissen.

Es wird kalt. So kalt wie damals.

Im Winter.

»Hab keine Angst«, sagt das Mädchen, »das ist nur der Schnee.«

Da strecke ich meine Hand aus und fange an, den Verband zu lösen, ich verwickele mich in zersplitterte

Gedanken, ich verwandele mich in ein nacktes Hirngespinst, ich lausche dem Rauschen der Abbruchstille hinterher.

Ich sage: Kein Wort.

Kein einziges.

Wort.

»Sieh nur«, sagt das Mädchen, als ich fertig bin.

Und ich sehe.

Ihre Tätowierung.

Das Mädchen lächelt und streicht sacht über ihren Arm.

»Da wird nie wieder Platz für blutige Einschnitte sein«, sagt sie zum Abschied. »Da stehen jetzt deine Worte.«

Vielleicht wird da nach Zeiten ein Mensch an deiner Seite stehen. Aufrecht, dem Tod widersprechend, dem Leben zu eigen. Unantastbar im Dasein, unangefochten – ein Verstand.
Und ja, er wird sagen: Wenn sie mich fragen, warum gerade du und nicht jede andere, dann würde ich ihnen keine Antwort geben, denn es gibt Fragen, die haben keinen Raum verdient.

Und wenn sie sagen, die Tage mit dir seien verschwendete Wochen, und die Wochen mit dir verlorene Monate, und die Monate mit dir, sie seien nichts weiter als ein belangloses Jahr, dann würde ich die Zeit beenden, in der Worte wie diese deinen Verstand durchbrechen.
Ich würde sie stehen lassen, mitten im Regen, in ihrem unnachgiebigen Erregen.
Ich würde gehen, Hand in Hand mit dir. Und ja, ich würde jeden verdammten Fehler noch einmal begehen, nur um hier zu sein.
Hier, an deiner Seite.

Und wenn sie zweifeln und zweifeln, an dir und an mir und an uns und an all dem, was wir sind und sein könnten, dann würde ich lächeln und lächeln und alles verstehen.
Ich würde ihre befremdlichen Augen durchschauen, ich würde die Angst in ihrem Dasein erkennen, ich würde mich nie wieder zwischen der Wand hinter

meinem Gewissen verlieren, ich würde ihr entgegenblicken, der Wahrheit und dir.
Und ja: Ich würde lieben.
Dich und die Zeit.
Und die Courage.
In dir.

Und wenn sie dann immer noch behaupten, du seist nicht gut genug, nicht schön genug, nicht klug genug, dann würde ich aufstehen, für dich, und sagen: Wenn ihr sie nicht sehen könnt, dann seht ihr auch mich nicht. Und wenn ihr mich nicht seht.
Was soll ich dann noch hier?

Damals

Als ich ein kleines Kind war, da wusste ich, ich werde niemals unter Wasser atmen können, weil ich kein Hai bin. Später habe ich gelernt, dass man sich nicht unter Wasser befinden muss, um die Luft anzuhalten. Und während ich schließlich versucht habe zu wachsen, von Grund auf hoch, da habe ich begriffen, dass es tief unten im Meer sowieso viel zu dunkel ist, um jede einzelne Seifenblase zu zählen.

Ich kann mich nicht mehr daran erinnern, aber meine Eltern haben mir erzählt, dass ich als Kind die erste Woche auf der Intensivstation verbracht hätte. Meine Mutter konnte nicht zu mir kommen, weil sie Depressionen hatte, von der anstrengenden Geburt. Wahrscheinlich, weil ich schon damals lebensmüde war und als Erstes versucht habe, mich im Fruchtwasser zu ertränken, und anschließend dazu übergegangen bin, mir meine Nabelschnur um den Hals zu wickeln.

Aber mein Vater war bei mir. Ich habe es in seinem Tagebuch nachgelesen. Er hat einen Finger in meine Hand gelegt, und ich habe ihn gehalten, und er hat gehofft, dass ich ihm erhalten bleibe.

Und das bin ich.
Bis heute.

Nun stehe ich hier und betrachte die seltsame Zeit und ihre Abbrüche; so viele verschwommene Bilder habe ich noch nie auf einem Haufen gesehen. Und ich glaube zu wissen, Seite an Seite mit dem Tod zu spazieren kann nicht das Ziel des Lebens sein.

Ja. Wo würde das hinführen.
Wenn er uns führt.

Und hier, mitten im Leben, liege ich auf meinem Bett und lasse den Hai auf meinem nackten Bauch hin und her schwimmen. Es ist kein echter Hai, nur einer aus Stoff. Aber ich habe viel Fantasie.

Das muss reichen.

Früher hatte ich einmal drei Kaninchen: Grompy, Grizzly und Gromit. Doch das ist schon lange her, mittlerweile sind sie alle im Kaninchenhimmel. Da gibt es wahrscheinlich massenhaft Kohlrabi und Möhren und Klee. Und falls es nicht so ist, dann wird es irgendwie anders sein.

Und so, wie es ist.

Wird es okay sein.

Mein Leben hat sich verändert, in einigen Beziehungen, aber was meine Beziehungen betrifft, nicht wirklich. Ich bin immer noch am liebsten alleine. Ich mag die Stille. Und meine vertrauten Räume. Ich gehe meinen Freunden aus dem Weg, obwohl ich sie gerne um mich habe, ich schalte mein Handy aus und wundere mich über das abwegige Schweigen.

Ab und zu treffe ich Männer auf der Straße, die mich anlächeln und mir kaum merklich zunicken, als würden wir gemeinsam ein Geheimnis bewahren – dabei bewahren wir nichts weiter als unser falsches Gesicht.

Einige von ihnen bleiben stehen, versuchen meinen Blick einzufangen oder meine Gedanken, und schließlich sagen sie: »Ich erinnere mich an dich. Es war schön, dich zu kennen, auch wenn es nur eine Illusion war.«

Und da stehen wir dann.

Und sehen uns an.

Und die Zeit, sie schleicht sich davon, weil sie nicht teilhaben will an dieser Erinnerung, an die gekauften und verkauften Stunden.

Ja. Schwäche war noch nie meine Stärke.

Noch heute erwische ich mich manchmal dabei, wie ich mich an meinen Gefühlen vorbeischiebe, um ja nicht berührt zu werden, von irgendeinem Schmerz, der größer sein könnte als ich.

Dabei weiß ich ganz genau.

Irgendwann, in der naheliegenden Ferne, ist auch mein Stillstand garantiert.

Und bis es so weit ist, möchte ich mich nicht in endlosen Kreisen um meinen Verstand herum drehen. Wozu verabschiedet man sich von einem Fehler, wenn man ihn nicht loslassen kann?

Loslassen.

Wie einfach wäre der Fall?

Und wenn die anderen schließlich fragen: »Aber hast du dich damals im Bordell nicht auch geborgen gefühlt? So klang es jedenfalls in *Splitterfasernackt*. Bist du nicht angekommen, irgendwie?«

Was soll ich darauf antworten?

Geborgenheit.

Ein schönes Wort.

Wenn man weiß, wie man daraus Sätze formt.

Und falls Geborgenheit daher kommt, dass man geborgen wird, aus den Trümmern seiner Seelensplitter, dann ist der dazugehörige Ort ganz bestimmt kein Bordell. Ich meine, ja, ich habe mich dort verstanden gefühlt, ich habe Mädchen getroffen, die in genau derselben Stille gefangen sind, und ich war gemeinsam mit meinem fremden Körper und meinem entfremdeten Gehirn in einem Raum gefangen, der mich dazu gebracht hat, mich anzusehen.

Aber kein Mädchen verkauft seinen Körper.

Und kriegt ihn anschließend unbeschädigt wieder zurück.

Die erste Vergewaltigung, damals als Kind.
Ich weiß nicht mehr, was genau ich gefühlt habe.
Aber ich weiß noch genau,
dass ich aufgehört habe
zu fühlen.

Grenzen

Wo auch immer die Grenzen liegen, die uns davon abhalten, der Mensch zu sein, der wir gerne sein würden. Wo auch immer die Linie gezogen wird, die uns mit sich zieht, in einen Raum, in dem wir nicht bleiben wollen. Egal, wie viele Namen wir tragen, egal, wie viel Schuld, wie viel Angst. Und ganz egal, wie viele Fragen wir haben und wie viele Antworten.

Im Jenseits, irgendwo dort, wo uns niemand sehen kann, an diesem Ort, an dem wir außerhalb der Grenzen unserer Wahrnehmung die Welt beobachten – dort sind wir nicht mehr als alles das, woran wir glauben.

Und wenn wir an nichts mehr glauben?

Dann sind wir nichts weiter.

Als alles das.

Was wir einmal wussten.

In Vergessenheit zu geraten ist einfach. Genauso einfach, wie abhandenzukommen. Nie wieder aufzutauchen ist die logische Konsequenz von zu viel Tiefgang. Auf den Grund gehen und liegen bleiben. Von unten sehen Wellen wie betrunkene Schatten aus. Keine Angst mehr haben vor dem Tod, denn sterben ist nicht schwierig.

Und das Leben?

Es geht vorbei.

Bis es so weit ist, kann man es weitläufig umgehen. Für immer die Luft anhalten ist auch nichts weiter als ein todernstes Spiel.

Und wir alle lieben Spiele.

Nicht wahr?

Wir tragen jeden Tag eine Befindlichkeit durch die Gegend, die nur so empfindungsbereit ist, wie wir es ihr zugestehen. Und wir gestehen nicht allzu viele unserer Geheimnisse. Stattdessen lächeln wir um die Wette, wir wetten um den Tag, wir tagen in fremden Kreisen, wir kreisen um unseren Verstand. Wir sind okay. Manchmal mehr und manchmal weniger. Wir haben Freunde. Oder auch nicht. Wir lügen. Oder wir sagen die Wahrheit. Und schweigend brüllt irgendwer, direkt in unser Gesicht.

Aber wir haben keine Ohren. Und sehen können wir auch nichts.

So blendend grell – die dunklen Tage.

Wie gerne würden wir einfach weiterschlafen.

Aber trotzdem sind wir heute hier, alle zusammen in diesem Raum. Und wenn wir uns umsehen – was wissen wir über die, die uns umgeben? Wissen wir genug, um etwas zu behaupten? Wissen wir genug, um zu verstehen? Wissen wir alles, was wir wissen wollen? Wissen wir mehr als alle anderen?

Oder kennen wir im Grunde genommen.

Noch nicht einmal uns selbst.

Ja. Es gibt so viele Fragen, die wir uns stellen könnten, wenn wir die Zeit dafür hätten. Aber wir sind in Eile. Wir sind ständig auf der Flucht. Denn wir sind Menschen. Und wozu haben Menschen Beine?

Um blindlings durch die Welt zu stolpern.

Wir vertreten alles. Wir trampeln lautstark durch die Stille. Wir stillen jedes Verlangen. Wir verlangen nach unserem Anwalt. Wir walten unsere Macht.

Nur aus den Augenwinkeln nehmen wir wahr, wie

die Welt verrutscht, in ihrem Verlauf der Umlaufbahn. Kaum merklich macht sich unser Gewissen breit, bis es platt am Boden liegt. Nachdenklich kauen wir auf der Zeit herum. Besessen von jeder ungezählten Stunde.

Es ist so berechenbar.

Wie oft wir uns verrechnen.

Und wenn wir ein Leben lang alle Menschen umgehen, mit denen wir nicht umgehen können. Wenn wir laufen und laufen und rennen und flüchten; wenn wir niemals innehalten, um irgendwem eine Hand hinzuhalten. Wenn wir alles geben, um niemandem etwas von uns zu geben, wenn wir um jeden Preis alle Werte verlieren.

Dann kommen wir ganz bestimmt als Erste ins Ziel.

Aber was ist das für ein Ziel?

Und wer will es erreichen?

Wer sind wir, wenn alle die, die uns lieben, uns eigentlich gar nicht leiden können. Wenn sie nur applaudieren, weil sie Angst vor uns haben oder nicht weiter auffallen wollen. Wer sind wir? Wenn wir siebentausend Facebookfreunde haben, aber keinen einzigen, dem wir vertrauen.

Die Antwort darauf.

Kann man nicht googeln.

Winter

Der Winter hat sich in diesem Jahr so heftig auf den Herbst gestürzt, dass sich überall am Straßenrand seltsame Gebilde aus Laub und Schnee auftürmen, die aussehen, als wollten sie nie wieder schmelzen.

Es ist so kalt, dass mein Gehirn einfriert. Aber das macht nichts. Viele Menschen haben es ohne Denken weit gebracht. Und die Kinder finden sowieso, dass wir genug im Weltatlas gelesen haben, und Zahlen, so sagen sie, gibt es unendlich viele, was will man da noch berechnen? Jetzt wollen sie lieber Rentierohren, Weihnachtsmützen und Schneeelfengewänder basteln. Und dann wollen sie auch noch Fensterbilder, Türrahmenbilder und Wanderweiterungsbilder bis hinauf zum Himmel, der aus einer mit Leuchtstickern übersäten Zimmerdecke besteht. Ich habe keine Ahnung, wie man schlafen kann, wenn das ganze Zimmer mit Leuchtungeheuern zugeklebt ist. Doch da ich sowieso nicht weiß, wie man schläft, ist das keine Frage, die mich irgendwie weiterbringt. Und die Kinder finden natürlich alles toll, was leuchtet. Wenn es nach ihnen ginge, würden alle meine Bücher tagsüber unsichtbar sein und nachts leuchten, genauso wie die Sammelbilder aus den Cornflakespackungen.

»Ich will aber nicht wie etwas aus einer Cornflakespackung sein«, sage ich zu den Kindern.

»Ach, Lilly«, erwidern die Kinder. »Nun sei mal nicht so alt.«

»Ich bin nicht alt«, entgegne ich.

»Verglichen mit Hannah Montana schon«, sagen die Kinder.
»Wer ist Hannah Montana?«, frage ich.
»Das weißt du nicht!?«, rufen die Kinder entsetzt. »Dann musst du aber wirklich schon sehr alt sein!«
»Danke«, sage ich.
»Bitte«, sagen die Kinder. »Gern geschehen.«
»Von mir aus könnt ihr mich doch in so eine Cornflakesschachtel stecken«, füge ich gnädig hinzu. »Enger als in unserem eingestürzten Iglu kann es nicht sein.«
»Stimmt«, sagen die Kinder und lachen. »Wir müssen unbedingt ein neues Iglu bauen. Kann Chase vielleicht helfen? Der hat große Arme, da geht alles schneller. Unsere Arme sind noch klein. Und deine sind auch nicht gerade der Hammer.«
»Meine Arme sind total der Hammer«, entgegne ich. »Damit kann ich alle eure Leuchtsterne von der Zimmerdecke pflücken.«
»Wehe!«, rufen die Kinder. »Man darf nicht nach fremden Sternen greifen. Und außerdem brauchst du dazu eine Leiter. Und wenn du da runterfällst, dann brichst du dir ein Bein, und dann kannst du nicht mit uns Schlitten fahren. Das wäre ziemlich doof.«
»So, so«, sage ich. »Das wäre also doof.«
»Ja«, erwidern die Kinder schulterzuckend. »Was denkst du denn? Das wäre schade um den Schnee. Wir haben doch so selten welchen in Berlin.«
»Und mein Bein?«, frage ich.
»Ach, das«, sagen die Kinder. »Das verheilt, und außerdem können wir dir was auf den Gips schreiben.«
»Ihr könnt doch noch gar nicht schreiben«, entgegne ich.

»Na, klar!«, beschweren sich die Kinder. »Unsere Namen. Wir fangen alle mit L an, genau wie du: Leo, Livia, Lara, Lennox und Elsa.«

»Elsa wird mit E geschrieben«, erwidere ich.

»Ist doch egal«, meinen die Kinder. »Das hört man nicht.«

»Okay, von mir aus«, sage ich. »Ich bin für Buchstabenfreiheit. Aber sagt mal, pflegt ihr mich wieder gesund, wenn ich mit meinem Gipsbein herumhopse?«

»Logisch«, sagen die Kinder. »Was sollen wir denn sonst machen? Alleine Iglus bauen? Das können wir doch noch gar nicht. Und Chase will immer da sein, wo du bist. Ja! Wir wissen genau, wie verliebt er in dich ist. Ihr solltet echt mal heiraten! Aber ihr dürft euch dann nicht ständig küssen, das ist eklig. Aber weißt du, was nicht eklig ist – Gummibärchen! Und davon kaufen wir dir ganz viele, wenn du nicht mehr laufen kannst. Da sind nämlich Vitamine drinnen, und die machen gesund.«

»Wer hat euch denn diesen Schwachsinn beigebracht?«, frage ich stirnrunzelnd.

»Der Fernseher«, antworten die Kinder.

»Und das glaubt ihr wirklich?«, hake ich nach.

»Nö«, sagen die Kinder. »Wir sind doch nicht dumm! Aber Gummibärchen schmecken so lecker, da ist das egal.«

»Welche mögt ihr am liebsten?«, will ich wissen.

»Die roten und die weißen«, rufen die Kinder. »Und die grünen und die gelben und die orangen.«

»Das sind alle«, erwidere ich.

»Ja!«, rufen die Kinder und grinsen.

Dann überlegen sie einen Moment, und schließlich fragen sie: »Du, Lilly, ist man ein besonderes Gummibärchen, wenn man das einzige blaue in der Tüte ist? Oder ist man dann ein Fehler oder ein Fabrikunfall?«

»Man ist kein Fehler, weil man eine andere Farbe hat als andere«, antworte ich. »Das wisst ihr doch. Und ihr seid alle einzigartig.«

»Wie meinst du das?«, fragen die Kinder. »Wenn wir alle blau sind, dann ist es doch nichts Besonderes mehr.«

»Doch«, erwidere ich. »Denn ihr steckt alle in unterschiedlichen Tüten.«

»Ach, so«, sagen die Kinder erleichtert. »Aber können wir uns besuchen?«

»Klar«, sage ich. »Und wenn ihr wollt, könnt ihr euch mit den anderen Gummibärchen zusammentun, dann gibt es irgendwann gestreifte.«

»Oder wir freunden uns mit Lakritze an«, schlagen die Kinder vor.

»Dann werdet ihr Gummivampire«, sage ich.

»Au ja!«, rufen die Kinder. »Die sind auch lecker!«

Dann gucken sie auf die Uhr und sagen: »Ist der eine Zeiger da, wo er vor einer Stunde schon mal war und der andere eine Zahl weiter als vor einer Stunde?«

»Ja«, sage ich. »Fast.«

»Dann müssen wir uns beeilen!«, drängen die Kinder. »Wir haben erst zehn Eisbären und fünf Elche und drei Schneehasen und einen Schneehaifisch gebastelt. Wenn Mama und Papa uns abholen, dann wollen wir den Winter fertig haben!«

»Und wenn eure Eltern euch fragen, was ein Schneehaifisch ist?«, will ich wissen. »Was sagt ihr dann?«

»Ach«, sagen die Kinder und winken ab. »Das fragen die nicht, weil sie doch genau wissen, dass sie es nicht verstehen. Also werd bloß nicht so schnell erwachsen, Lilly, bleib lieber so wie wir. Und kriegen wir jetzt endlich ein paar Gummibärchen? Dann sind wir auch still und reden nicht mehr alle durcheinander!«

Ja. So sind die Kinder.

Offen für das Ende der Konversation.

Aber insgeheim fragen sie sich, warum Erwachsene so wenig Fragen haben, obwohl sie so vieles nicht wissen. Und dann müssen sie auch noch ständig irgendetwas versteuern, und anschließend wundern sie sich, dass sie nie irgendwo ankommen, dabei geht das doch gar nicht, wenn man sich versteuert.

Ja. So sind die Erwachsenen.

Hals über Kopf verknotet.

Zum Glück sind wir keine Giraffen.

Und die Kinder, sie wundern sich sehr, wie wir es geschafft haben, trotz all dem die schönen Spielplätze zu bauen und Lego zu erfinden und Robin Hood und die Leuchtaufkleberfarbe. Aber Kinder sind sowieso die größten Menschen auf der Welt. Sie halten Umspannwerke für Kunstwerke mit buntem Gewickel drum herum, sie trinken Milch aus Strohhalmen mit Geschmackspulver und lachen sich dabei schwindlig, dann stopfen sie heimlich ein paar Smarties in eine Steckdose, um zu gucken, ob sie in einer anderen Steckdose drei Zimmer weiter oder drüben in der Küche wieder herauskommen. Da ist doch schließlich der Stromfluss drinnen oder etwa nicht?

Smarties. Welcher Erwachsene ist eigentlich auf die Idee gekommen, kleine bunte Pillen für Kinder zu verkaufen und die auch noch ausgerechnet Smarties zu taufen? Jeder halbwegs smarte Mensch sollte wissen,

dass wir alle schon suchtgefährdet genug sind und spätestens mit sechzehn unsere erste Ecstasy-Pille einwerfen, auch ohne Vorbereitungszeit.
Aber Kinder.
Die denken andere Sachen.
Sie sitzen auf der Schaukel, baumeln mit ihren Beinen, damit sie weiter fliegen, und sagen sich: Wenn ich ein Hai wäre, dann würde ich keine Robben und Delfine fressen, und wenn das Meer eines Tages überschwemmt wird von dem auslaufenden Öl der riesigen Tankschiffe und Bohrinseln, dann verwandele ich mich in einen Seeadler und fliege bis an einen Ort, den die Erwachsenen noch nicht kaputt gemacht haben.

Krokodile

Was machst du da eigentlich ständig mit deinen Kuscheltieren?«, fragt Chase. »Kannst du den blöden Hasen und den dummen Hai nicht einfach mal zu Hause lassen?«

»Zuhause ist kein Ort«, erwidere ich. »Zuhause ist ein Gefühl.«

»Jaja«, brummt Chase. »Das hast du neulich geschrieben. Es erklärt trotzdem nicht, warum du seit zehn Minuten das Krokodil zu dem anderen Krokodil watscheln lässt.«

»Na, es gibt dem anderen Krokodil Drogen«, erkläre ich.

»Drogen?«, fragt Chase.

»Ja«, sage ich. »Ein Krokodeal.«

»Ach du«, seufzt Chase.

Und da liege ich dann am Abend. Neben mir liegt die Giraffe, und neben der Giraffe liegt der Hase, und dahinter zwei Meter Kuschelschlange. Und noch ein Stück weiter hinten, gleich neben dem Hai, liegt Chase.

Dabei bin ich doch viel zu alt für Kuscheltiere.
Oder vielleicht auch nicht?
Ja. Manchmal.
Manchmal.
Bin ich erst sechs Jahre alt.

Die Stille kennt deinen Namen.
Aber ich kenne ihn auch.

Und ich flüstere dir zu: Wir sind hier.
Mitten im Dasein.

Was wir daraus machen.
Wird entscheiden.
Wer wir sind.

Glück

Die Zeit nennt mich Glück. Meine Bücher erscheinen in Frankreich und in Holland, und meine Manuskripte stapeln sich mittlerweile quer durch Harrys Büro und die Wände hinauf.

Mein Verleger ruft an und sagt: »Lilly, ich würde so gerne all deinen Worten ein Zuhause geben, aber deine Jugendbücher haben einen besseren Platz verdient als den, den ich ihnen geben kann. Wir sind einfach kein Jugendbuchverlag, und ich möchte nicht, dass deine Worte hier untergehen.«

Er lächelt mir zu.

Ich sehe es.

Obwohl er 500 Kilometer entfernt in München an seinem Bürofenster steht, neben dem großen Waisen-Hai, den ich bei meinem letzten Besuch auf seinem Schreibtisch ausgesetzt habe und der jetzt im Wortmeer eine neue Haimat gefunden hat.

»Hm«, sage ich nachdenklich.

»Hm«, sagt auch mein Verleger.

Und wir wissen beide.

Diese Stille.

Sie ist schön.

Wir legen auf. Es fängt an zu schneien.

Und dann.

Dann ruft mein Verleger bei einem befreundeten Verlag an und erzählt dem Verlagsleiter von meinen Worten und von dem Mädchen, das ich bin und war und sein werde, und von dem ich heranwachsen darf, zu einer jungen Frau, mit einem Herzen, das atmet und lacht und lebt.

Ein paar Wochen vergehen.
 Und ich gehe mit ihnen.
 Dann ruft Harry an und fragt: »Sag mal, Lilly, du hast nicht zufällig Lust, im nächsten Jahr auch noch bei einem anderen Verlag ein Buch herauszubringen?«

Winterwassertief

Erinnerst du dich, was du zu mir gesagt hast, damals, als du wieder angefangen hast zu sprechen? Du bist ganz dicht an mich herangekommen und hast mir zugeflüstert: Du weißt nicht, was Schweigen ist, bis es in deine Verfassung beißt.

Erinnerst du dich daran?

Ja, natürlich tust du das.

Genau wie an all die anderen Augenblicke, die sich zusammengetan haben, um dein Leben zu gründen. All die nackten Jahre, all die fremden Männer. Und ich weiß genau, manchmal ertappst du dich auch heute noch bei dem Gedanken, vor dir selbst davonzulaufen, zurück ins nächstbeste Bordell, nur um mitzuerleben, dass du überlebt hast und kein Schmerz der Welt dich je wieder berühren wird.

Nicht an der Stelle.

An der alles zerbrochen ist.

Es ist schwer zu begreifen, was du getan hast. Und noch schwerer zu greifen bist du. Denn du bist immer auf der Flucht.

Dabei möchtest du so gerne bleiben.

An diesem wunderschönen Ort.

Und natürlich fragst du dich manchmal, ob es etwas geändert hätte, wenn du in einem anderen Haus aufgewachsen wärst, mit einem anderen Nachbarn. Ja, und was wäre, wenn du dein siebzehntes Lebensjahr auf einem anderen Kontinent verbracht hättest? Vielleicht wärst du dann nie vergewaltigt worden und könntest stattdessen fließend balinesisch sprechen.

Vielleicht hättest du dann nie ein Bordell von innen gesehen.

Ja. Vielleicht. Ganz vielleicht.

Aber das werden wir beide.

Niemals wissen.

Und wenn ich dich vor mir sehe, mit deinen müden Augen und dem leeren Blick, dann möchte ich dir sagen: Hab keine Angst, ich bringe dich sicher durch den Herbst mit all seinen stürmischen Gewittern, und ich bin da, wenn der Winter noch kälter wird als jeder Winter zuvor. Es wird nicht leicht sein. Niemals. Aber im nächsten Jahr kommt ein neuer Frühling.

Und falls du dich das fragst: Ja, dein Leben.

Es gehört dir.

Und deine Splitter, sie liegen quer über das Alphabet verstreut, aber du kannst es dabei belassen, du musst sie nicht wieder aufheben, lass sie einfach dort, in anmutigen Sätzen, ein Geständnis, an dein nacktes Gewissen.

Irgendwer.

Wird dich schon finden.

Und das Zeitlos, das du in deinen Händen hältst, es ist ein Versprechen der Welt an dich, dass du dazugehörst. Und ich weiß, egal, wie schwer es manchmal wiegt, im Grunde genommen möchtest du kein anderes Los ziehen.

Denn die Zeit, die du hast.

Sie gehört auch mir.

Ja. So unscheinbar verschiebt sich dein Dasein. Mitten durch die Nacht, vorbei an jedem Wort, das du nicht mehr erkennst, wenn deine Stimme sich wieder einmal in einem unnachgiebigen Fehlverhalten des längst verklungenen Nachhalls versteckt und du gedankenverloren versuchst, all die abgelaufenen Stunden zu manipulieren. Und vielleicht nehmen wir beide hin und wieder eine Abkürzung um unser Empfinden herum und taumeln auf Umwegen über die hauchdünne Bandbreite unserer Verfassung.

Aber es wird hell, an jedem Morgen.
Das kannst auch du sehen.
Nicht wahr?
Und ich weiß, du hast Angst vor der Stille und jedem Geräusch.
So viele Menschen reden. Und reden.
Und sagen kein Wort.
Aber hörst du nicht, wie sie alle lauschen?
Und sieh nur, dort unter den bahnbrechenden Wellen.
Nebelregengrau dein Bewusstsein.
Winterwassertief.
Dein Verstand.

*Und da stehst du dann, in deiner viel zu entblößten Gestalt, zwischen viel zu viel Schönheit; und das Rauschen, es dröhnt in deinem Kopf, und die hässlichen Narben, sie pochen in deinem Bestehen.
Auf deiner Pulsader.
Steht in Rasierklingenschrift: Ana.
Aber du weißt die Wahrheit. Nicht wahr?
Du kennst deinen Namen.
Lilly.*

Endspiel

Ein neues Jahr hat längst begonnen. Es ist hellgrünes Frühlingswetter. Der April ist fast vorbei und die Regentage verziehen sich so langsam hinter die Sonnenstrahlen.

Ich packe meinen Koffer.

Viel brauche ich nicht, ein paar Kleider, ein Buch, einen Stift, ein bisschen Papier und ein paar Briefmarken, damit ich Lady und Hailie aus Hamburg schreiben kann.

Aber ich werde nicht lange weg sein.

Nur ein paar Tage in der Nähe vom Meer.

Dann komme ich wieder zurück.

Aber bevor wir nach Hamburg fahren, Chase und ich, werden wir noch einen kurzen Zwischenstopp bei meinem Literaturagenten einlegen, damit ich ihm dieses Manuskript vorbeibringen kann. Ja. Mittlerweile weiß ich, dass meine Worte bei ihm in sicheren Händen liegen – die geschriebenen, die erzählten, und auch die unausgesprochenen.

Und ich weiß, er wird mir seine Tür öffnen, ich werde die vertrauten Manuskripträume betreten und mich zwischen all den Klebezetteln und Wortgebilden zu Hause fühlen. Vielleicht werde ich sogar einen Zookeks essen.

Ein Schaf oder einen Löwen.

Und dann werde ich sagen: »Harry, erinnerst du dich noch, als ich zum ersten Mal hier war?«

Und mein Agent wird antworten: »Natürlich erinnere ich mich noch daran!«

»Ich auch«, werde ich sagen.
Und dann werde ich lächeln.
Und Harry auch.
Weil wir beide wissen, dass diese Zeit einen Knoten hat, mitten in der Zeitachse, festgezogen um meinen Verstand. Aber wenn man vorsichtig am richtigen Ende des Fadens zieht, dann kann man jeden Knoten lösen.
Auch den.
Aus einem roten Band.

Harry wird ein paar Zootiere aus ihrem Tütengefängnis befreien, und ich werde am Fenster stehen und hinaus über den großen Innenhof schauen. Ein Wind wird durch die blühenden Sträucher rascheln, und ich werde hinausdeuten, in die naheliegende Ferne, und sagen: »Sieh nur, es ist Frühling.«
»Ja«, wird Harry bestätigen. »Der Winter ist endlich vorbei.«
Einen Moment lang werden wir gemeinsam am Fenster stehen und einen verirrten Vogel auf der Suche nach seinem Nest betrachten. Er wird es finden, das versteckte Nest und den wartenden Baum. Und dann werde ich Harry diese Geschichte in die Hand drücken.
Er wird mich überrascht ansehen.
Und schließlich wird er fragen: »Was ist das?«
»Das ist die Nachspielzeit in Worten«, werde ich antworten.
»Lilly ...«, wird Harry sagen.
»Ich weiß«, werde ich erwidern.
Ich weiß, wird auch Ana flüstern.
Lilly, ich weiß.

Aber wissen wir es wirklich? Wissen wir, was von hier an passiert, und viel wichtiger noch: Haben wir verstanden, was bis hierhin alles geschehen ist?

Lilly, wird Ana noch einmal wispern.

»Lilly«, wird auch Harry wiederholen.

Und da werde ich mir auf die Lippe beißen, wie so oft. Ich werde hinab auf den Boden schauen und dann hinüber zu dem großen Stapel aus Manuskripten – einundzwanzig Stück, alle von mir.

Ich werde wissen: Draußen im Wagen wartet Chase.
    Auf mich und die Zeit und die Courage in mir.
    Und da werde ich zurückkehren.
    In diesen Augenblick.
    In den ich gehöre.

Epilog

Ich strecke meine Hand aus und greife nach dem hellblauen Buch in meinem Regal. Es fühlt sich anders an als beim ersten Mal. Nicht mehr ganz so schwer und nicht mehr ganz so nackt.
    Einen Augenblick lang verharre ich in der Zeit.
    Sie lächelt mich an, so lautlos wie damals.
    Aber das Schweigen.
    Es ist vorbei.

Ich halte meine Geschichte in den Händen.
    Etwas raschelt zwischen dem Papier.
    Und da weiß ich: All die Worte.
    Sie halten ihren Bestand.

Und ich, vielleicht stehe ich auch irgendwo dort.
    Hinter der Nacht, im Winter der Zeit.
    Und morgen.
    Ja.
    Morgen.
    Bin ich auch noch hier.

*You will be, you will be a happy girl,
and there will be, there will be
a wonderful world,
and you will grow, you will grow
into a beautiful soul,
and when you die, when you die,
there will be, there will be
a hole in the world.*

Danksagung

courage   beauty   faith

03.11.2011 – 20:00	22.04.2013 – 09:00	02.09.2013 – 19:00
09.01.2012 – 09:00	22.04.2013 – 12:00	06.09.2013 – 11:30
10.02.2012 – 19:30	23.04.2013 – 10:30	13.09.2013 – 19:30
15.03.2012 – 20:00	04.05.2013 – 14:00	20.09.2013 – 11:00
19.04.2012 – 20:00	05.05.2013 – 14:00	28.09.2013 – 17:30
19.10.2012 – 11:00	15.05.2013 – 15:00	30.09.2013 – 19:00
25.10.2012 – 20:30	16.05.2013 – 19:00	01.10.2013 – 11:45
14.11.2012 – 19:00	17.05.2013 – 09:45	02.10.2013 – 10:30
21.11.2012 – 11:30	24.05.2013 – 19:30	10.10.2013 – 19:30
06.12.2012 – 11:40	29.05.2013 – 15:15	14.10.2013 – 19:00
17.01.2013 – 20:00	29.05.2013 – 19:30	18.10.2013 – 11:00
20.01.2013 – 19:00	01.06.2013 – 20:00	22.10.2013 – 20:00
23.01.2013 – 14:00	04.06.2013 – 09:30	24.10.2013 – 10:00
23.01.2013 – 19:30	05.06.2013 – 07:30	25.10.2013 – 11:00
29.01.2013 – 11:00	12.06.2013 – 10:00	28.10.2013 – 10:00
05.02.2013 – 17:00	14.06.2013 – 13:30	01.11.2013 – 11:00
18.02.2013 – 11:45	14.06.2013 – 19:00	05.11.2013 – 19:00
20.02.2013 – 11:00	28.06.2013 – 18:00	06.11.2013 – 20:00
06.03.2013 – 17:30	30.06.2013 – 18:00	07.11.2013 – 14:00
09.03.2013 – 20:00	08.07.2013 – 19:00	08.11.2013 – 19:30
11.03.2013 – 14:00	26.07.2013 – 20:00	11.11.2013 – 08:50
14.03.2013 – 19:30	18.08.2013 – 16:00	13.11.2013 – 13:30
19.03.2013 – 19:00	19.08.2013 – 13:00	15.11.2013 – 07:50
21.03.2013 – 19:30	20.08.2013 – 19:00	15.11.2013 – 15:00
05.04.2013 – 21:00	23.08.2013 – 20:00	16.11.2013 – 21:00
18.04.2013 – 21:00	30.08.2013 – 13:00	28.11.2013 – 13:30

01.12.2013 – 19:00	03.03.2014 – 10:10	02.07.2014 – 12:00
06.12.2013 – 11:00	03.03.2014 – 13:30	02.07.2014 – 19:00
07.12.2013 – 22:00	06.03.2014 – 14:30	03.07.2014 – 09:30
09.12.2013 – 11:45	07.03.2014 – 11:00	07.07.2014 – 10:00
10.12.2013 – 10:30	10.03.2014 – 11:25	21.07.2014 – 11:00
11.12.2013 – 14:25	11.03.2014 – 10:45	22.07.2014 – 10:55
12.12.2013 – 10:45	13.03.2014 – 10:30	22.07.2014 – 14:05
13.12.2013 – 10:10	14.03.2014 – 11:00	23.07.2014 – 10:35
16.12.2013 – 10:00	17.03.2014 – 11:45	24.07.2014 – 07:45
20.12.2013 – 11:00	19.03.2014 – 14:30	25.07.2014 – 19:00
08.01.2014 – 12:30	25.03.2014 – 12:00	04.09.2014 – 13:00
17.01.2014 – 19:00	25.03.2014 – 14:00	08.09.2014 – 10:30
20.01.2014 – 17:30	02.04.2014 – 09:30	09.09.2014 – 10:45
21.01.2014 – 11:45	02.04.2014 – 13:45	10.09.2014 – 10:30
22.01.2014 – 10:30	03.04.2014 – 12:30	11.09.2014 – 11:00
22.01.2014 – 13:30	03.04.2014 – 21:00	12.09.2014 – 09:30
26.01.2014 – 19:00	03.05.2014 – 18:00	03.10.2014 – 09:15
27.01.2014 – 12:00	05.05.2014 – 11:45	07.10.2014 – 10:00
28.01.2014 – 13:00	06.05.2014 – 11:20	08.10.2014 – 09:40
29.01.2014 – 09:30	07.05.2014 – 11:00	09.10.2014 – 10:20
29.01.2014 – 11:30	08.05.2014 – 19:00	10.10.2014 – 11:10
30.01.2014 – 17:30	09.05.2014 – 16:00	13.10.2014 – 11:00
10.02.2014 – 20:00	12.05.2014 – 09:50	14.10.2014 – 14:00
11.02.2014 – 09:15	13.05.2014 – 13:30	15.10.2014 – 10:15
14.02.2014 – 10:00	13.05.2014 – 19:30	17.10.2014 – 12:00
18.02.2014 – 10:00	15.05.2014 – 20:30	20.10.2014 – 11:30
20.02.2014 – 13:00	19.05.2014 – 10:30	21.10.2014 – 17:00
21.02.2014 – 19:30	19.05.2014 – 18:30	22.10.2014 – 11:00
24.02.2014 – 09:20	21.05.2014 – 11:50	22.10.2014 – 20:00
25.02.2014 – 10:40	22.05.2014 – 17:00	23.10.2014 – 10:40
26.02.2014 – 09:50	03.06.2014 – 11:00	06.11.2014 – 17:30
27.02.2014 – 11:30	18.06.2014 – 11:15	10.11.2014 – 08:00
28.02.2014 – 20:30	20.06.2014 – 11:00	10.11.2014 – 11:40

11.11.2014 – 16:00	17.11.2014 – 14:00	27.11.2014 – 10:00
12.11.2014 – 13:30	18.11.2014 – 09:45	27.11.2014 – 13:30
13.11.2014 – 09:35	21.11.2014 – 17:30	05.12.2014 – 11:30
13.11.2014 – 18:00	25.11.2014 – 16:00	08.12.2014 – 11:00
14.11.2014 – 10:20	26.11.2014 – 10:00	09.12.2014 – 13:00

~~not~~ good enough   ~~not~~ smart enough   ~~not~~ pretty enough

LILLY LINDNER

SPLITTER FASER NACKT

Lilly Lindner ist sechs, als der Nachbar beginnt, sie regelmäßig zu vergewaltigen. Er droht ihr mit dem Schlimmsten, falls sie etwas ihren Eltern erzählen sollte. Und so schweigt das kleine Mädchen. Schließlich zieht der Mann weg – doch Lillys Leben ist längst aus dem Lot. Mit 13 Jahren fängt sie an zu hungern – damit von ihrem geschundenen Körper möglichst wenig übrig bleibt. Doch die Schande macht sie damit nicht ungeschehen. Und so beschließt Lilly als junge Frau, ihren Körper, der ihr schon lange nicht mehr gehört, in einem Edel-Bordell zu verkaufen. Und ausgerechnet hier beginnt sie, ihre ungeheuerliche Geschichte aufzuschreiben – und verfasst ein beeindruckendes, provozierendes Buch von großer Sprachgewalt.

»Ein hochintelligentes, sprachbegabtes, körperlich und seelisch schwer geschädigtes Mädchen hat ein Buch über ein ebensolches Mädchen geschrieben. Es heißt ›Splitterfasernackt‹. Und es ist erschütternd.«
Süddeutsche Zeitung

LILLY LINDNER

BEVOR ICH FALLE

Roman

Ein eindringlicher Roman über Verlust und Verletzung – und über die Kraft der Worte

»Ich war neun Jahre alt, als meine Mutter beschlossen hat, dass sie das Leben nicht mehr mag. Sie hat mich hochgehoben und ganz fest in ihre Arme geschlossen, dann hat sie mir einen Gutenachtkuss gegeben und mich in mein Bett gelegt. Meine gelbe Giraffe lag neben mir und die bunte Kuscheldecke auch. Ich weiß das noch so genau, als wäre es heute gewesen. Dabei sind Jahre vergangen, seit diesem letzten Tag in meinem Leben.«

»Ein kunstvolles, poetisches Romandebüt.«
Brigitte

LILLY LINDNER

DA VORNE WARTET DIE ZEIT

Roman

Die Menschen in der Stadt am Waldrand. Sie leben miteinander, sie leben nebeneinanderher, sie sind allein, sie sterben – und doch hängen sie und ihre Schicksale alle zusammen: der Kriminalkommissar, der einer grausamen Entführungsserie auf der Spur ist, das Mädchen aus gutem Hause mit dem untragbaren Geheimnis, der weise Forscher der Zeit und die Mutter, die ihre kleine Tochter verliert.

Ein geschickt konstruierter, sprachgewaltiger Roman über die Gleichzeitigkeit der Geschehnisse und den Zufall, der zwischen Leben und Tod unterscheidet – von *Spiegel*-Bestsellerautorin Lilly Lindner.